生态农业观光园规划:
理念与案例

● 黄毅斌 刘 晖 翁伯琦 等著

中国农业科学技术出版社

图书在版编目（CIP）数据

生态农业观光园规划：理念与案例/黄毅斌等著.—北京：中国农业科学技术出版社，2012.12（2025.1重印）

ISBN 978-7-5116-1148-2

Ⅰ.①生… Ⅱ.①黄… Ⅲ.①生态农业-观光农业-旅游资源-经济规划-中国 Ⅳ.①F592.3

中国版本图书馆CIP数据核字（2012）第277022号

责任编辑	李 雪　穆玉红
责任校对	贾晓红
出版发行	中国农业科学技术出版社
	北京市中关村南大街12号　邮编：100081
电　　话	（010）82106626　82109707（编辑室）
	（010）82109702（发行部）
	（010）82109709（读者服务部）
传　　真	（010）82109707
网　　址	http://www.castp.cn
印　　刷	北京中科印刷有限公司
开　　本	787×1092　1/16
印　　张	18.25
字　　数	308千字
版　　次	2012年12月第1版　2025年1月第9次印刷
定　　价	42.00元

◀━━ 版权所有·翻印必究 ━━▶

《生态农业观光园规划：理念与案例》

编写人员

黄毅斌　刘　晖　翁伯琦　丁中文

刘明香　李艳春　林　怡　柯碧南

代 序

观光农业，或称为"休闲农业"、"旅游农业"、"观赏农业"、"乡村旅游"等不同概念，是一种以农业和农村为载体的新型旅游业。观光农业是利用农村空间、农业自然资源和农村人文资源，通过以旅游内涵为主题的规划、设计与施工，把农业建设、科学管理、农艺展示、农产品加工、农村景观及旅游参与融为一体，使旅游者充分领略农业艺术及农业自然情趣的新型产业。观光农业是融合林业的生产、生活和生态功能，连接农业、农产品加工业、服务业，贯穿农村的第一、第二、第三产业的新型消费业态。发展观光农业，对于转变农业生产方式，促进农民增收，推进新农村建设具有重要的意义。

随着国民经济的发展和人民收入的提高，城乡居民的休闲消费需求日益增长，我国观光农业已进入快速发展的新阶段。呈现出规模不断扩大，功能拓展延伸，模式丰富多样，内涵不断深化的发展态势。据农业部统计，全国农家乐已超150万家，规模园区达1.8万家，年接待人数超过4亿人次，年经营收入1 200亿元以上，带动1 500万农民受益。

2011年农业部发布了《全国休闲农业发展"十二五"规划》，该规划提出，到2015年我国休闲农业将成为横跨农村第一、第二、第三产业的新兴产业，成为促进农民就业增收和满足居民休闲需求的民生产业，成为缓解资源约束和保护生态环境的绿色产业，成为发展新型消费业态和扩大内需的支柱产业。因此，我国观光农业必将进一步迅猛发展，显示出其强大的生命力和发展潜力。但是，从总体情况来看，我国观光农业仍存在一系列困难和问题。首先，在外部环境方面，主要存在思想认识不统一、政策引导不到位、产业扶持政策滞后、行业管理不规范、融资渠道不畅通、企业运行负担过重等问题；再者，从产业内部看，主要存在着园区规划不科学、功能布局不合理、经营管理水平不高、从业人员素质较低、基础设施建设落后、经营不规范等问题。这些困难和问题已经成为制约观光农业发展的瓶颈。

以"整体、协调、循环、再生"为指导的中国生态农业理论和技术体系，具有广泛的生物多样性、产业复合型和生态优化、环境优美的特性，是观光农业的优良载体。观光生态农业是生态农业和观光农业的有机结合，是以生态学、系统科学和环境美学为指导，因地制宜地设计融农业生产、示范推广和观光休闲为一体的观光农业功能区；是应用生态农业和循环经济技术，合理构建不同功能区之间和生态系统内部的物质再生循环和能量多级利用模式，建立起具有良好持续再生能力的综合生产结构。由此可见，观光生态农业模式可实现合理利用资源，改善生态环境，提高农业综合效益，是推动我国休闲农业发展的一种新型农业模式。

本书作者长期从事观光生态农业研究，并指导和完成多个生态农业观光园的规划与建设。本书是多年经验的总结，旨在探索观光农业与生态农业的内在联系，为我国观光农业的研究推广及经营管理提供参考。

除署名的作者外，参与本书写作的还有潘伟彬（第1章、第3章、第9章）、应朝阳、林永生（第1章、第7章）、陈恩、林斌斌（第3章）、苏明河（第8章）、刘灿洪、王义祥（第9章）。另外，本书涉及的研究工作还得到福建省农科院农业生态研究所徐国忠、何萍、李春燕、罗旭辉、陈志彤等人的鼎力相助。

感谢林良美先生和福建龙佳生态温泉山庄对本书相关研究及示范园建设的鼎力支持。

感谢刘克辉研究员对项目研究和本书写作的悉心指导和无私帮助。

本书的相关研究和出版得到国家科技支撑计划（2012BAD14B03、2008BAD95B08、2012BAD14B15）、科技部星火计划（2007EA20019）、福建省科技专项（2005YZ1004、2001Z078、2005NZ1022）、农业部福州农业环境科学观测实验站、福建省丘陵地区循环农业工程技术研究中心（2010N2003）、福建山地草业工程技术研究中心（2005N029）、福建省农业科学院科技创新团队（STIF-Y01）的资助。另外，本书的出版还得到福建省"百千万人才工程"人选培养资金的资助。在此，向给予本书顺利出版提供帮助的各级领导、同事和相关单位致以衷心的感谢。

由于水平有限，书中的疏漏和不当之处在所难免，恳请广大读者批评指正。

作 者

2012年10月

目 录

第一章　生态农业观光园的理论基础 ……………………………[1]

- 第一节　中国生态农业的理论与技术模式 ……………………[1]
- 第二节　观光生态农业的内涵与特性 …………………………[11]
- 第三节　生态农业观光园的规划与设计理念 …………………[16]
- 第四节　生态农业观光园的生态模式选择与配套技术构建实证 ………[22]

第二章　乡村生态农业观光园规划
——以协力生态农庄为例 ……………………………[33]

- 第一节　项目背景和意义 ………………………………………[33]
- 第二节　现有基础条件分析 ……………………………………[36]
- 第三节　生态农庄的结构与功能 ………………………………[42]
- 第四节　生态农庄的建设思路和基本原则 ……………………[44]
- 第五节　发展目标、功能分区和项目策划 ……………………[45]
- 第六节　分区建设方案 …………………………………………[47]
- 第七节　基础设施建设 …………………………………………[64]
- 第八节　生态保护和绿化建设 …………………………………[66]
- 第九节　农庄形象塑造和经营模式 ……………………………[68]
- 第十节　组织机构与管理制度 …………………………………[74]
- 第十一节　投资概算与资金筹措 ………………………………[76]

第三章　休闲生态农业观光园规划
——以龙佳生态休闲山庄为例 ………………………[79]

- 第一节　建设背景和意义 ………………………………………[79]
- 第二节　基础条件 ………………………………………………[81]
- 第三节　市场需求分析 …………………………………………[84]
- 第四节　总体建设构想 …………………………………………[87]
- 第五节　分区建设方案 …………………………………………[93]

第六节	基础设施建设方案	[101]
第七节	投资概算与资金筹措	[104]
第八节	形象塑造和市场开发	[105]
第九节	组织机构与管理制度	[109]

第四章 果业生态农业观光园规划
——以万宝山观光果园为例 [112]

第一节	基本情况和立项必要性	[112]
第二节	市场分析	[115]
第三节	项目建设的总体思路	[116]
第四节	重点项目建设方案	[122]
第五节	经营管理	[128]
第六节	投资与产出概算	[131]

第五章 茶业生态农业观光园规划
—— 以满堂香现代生态农业园为例 [133]

第一节	项目背景和意义	[133]
第二节	现有基础条件	[136]
第三节	市场需求分析	[140]
第四节	园区总体建设构想	[142]
第五节	专业区建设方案	[145]
第六节	园区重点项目满堂香茶文化村建设	[158]
第七节	园区基础设施建设	[165]
第八节	产品方案设计	[168]
第九节	园区形象塑造与营销策略	[168]
第十节	投资概算	[169]
第十一节	环境评价与保护对策	[172]

第六章 蔬菜业生态农业观光园规划
——以三华现代生态农业园为例 [174]

第一节	背景和意义	[174]
第二节	基础条件分析	[176]
第三节	市场需求分析	[178]
第四节	总体建设构想	[179]

第五节	现代农业示范区建设方案	[186]
第六节	防护林带建设方案	[191]
第七节	基础设施建设	[196]
第八节	投资概算和效益分析	[196]

第七章　牧业生态农业观光园规划
　　——以玉华山生态农业园为例 …………………… [198]

第一节	背景和意义	[198]
第二节	现有条件分析	[200]
第三节	主要产品肉兔的市场分析	[202]
第四节	总体建设构想	[203]
第五节	分区建设方案	[204]
第六节	基础设施建设	[219]
第七节	投资概算	[220]

第八章　渔业生态农业观光园规划
　　——以甘文现代生态农业园为例 ………………… [222]

第一节	示范园区建设的基础	[222]
第二节	指导思想与发展目标	[225]
第三节	发展重点与产业布局	[229]
第四节	重点建设项目	[233]
第五节	重点项目投资概算	[241]
第六节	政策措施	[244]

第九章　生态农业科技园规划
　　——以向阳农业生态科技园为例 …………………… [247]

第一节	建设的背景和意义	[247]
第二节	基础条件分析	[250]
第三节	总体设计	[252]
第四节	分区建设方案	[257]
第五节	基础设施建设	[267]
第六节	形象塑造和文化建设	[270]
第七节	营销策略和产品开发	[273]
第八节	投资概算和资金筹措	[277]

第一章 生态农业观光园的理论基础

观光农业,或称为"休闲农业"、"旅游农业"、"观赏农业"、"乡村旅游"等不同概念,是一种以农业和农村为载体的新型旅游业。观光农业始于二战后的欧美国家,之后在日本、台湾等地充分发展并日趋成熟。由最初的小规模的观光果园形式,发展到统一规划的集观光、休闲、娱乐、教育为一体的观光农业园区、观光农业带,走向多元化、多层次规模经营,成为国际旅游业发展的一个热点。随着我国经济的发展和农业结构的不断调整,20世纪90年代后期观光农业在我国迅速兴起。但由于理论研究不够、配套技术滞后及规划建设的随意性等问题,许多观光农业建设项目并没有产生应有的效益。生态农业的研究虽然在中国也仅有20多年的历史,但由于具有良好的传统基础,因此已形成较成熟的理论与技术模式。生态农业具有生物多样性、系统多样性和生态多样性等特点,是发展观光农业的有利基础。

2003年农业部推出了十大生态农业模式和技术,并将其作为今后一段时间的重点任务加以推广。观光生态农业是其中一项新的技术模式,该模式是指以生态农业为基础,强化农业的观光、休闲、教育和自然等多功能特征,形成具有第三产业特征的一种农业生产经营形式。主要包括高科技生态农业园、精品型生态农业公园、生态观光村和生态农庄等4种模式。因此,观光生态农业是以生态农业为基础、以观光农业为表现形式的新型农业模式,是二者的有机结合。

第一节 中国生态农业的理论与技术模式

20世纪70年代末,西方"生态农业"被引入中国,立足我国国情,继承我国传统农业精华和西方现代农业优势,形成了人与自然协调发展的中国生态农业新模式。中国生态农业在建设中强调把发展经济放在首位，兼顾生态和社会效益；主张化肥、农药等化石能源的适当投入和资源在时空上的巧妙配置，促进农业生态系统的物质循环和能量流动，把农业纳入持续、稳定、协调发展的轨道。

中国生态农业在指导思想、根本目标上与可持续农业基本一致，具有典型的可持续农业特征，可以实现资源可持续利用、代际公平、农民增收和农村发展等目的。同时中国生态农业与西方生态农业又具有重要区别。西方生态农业一开始就强调低投入，仅是针对小农场或单个农户或进行某种生态农作设计；而中国生态农业强调以生态经济原则指导农林牧副渔各业，对整个农业乃至农村系统进行合理布局和设计，同时提高系统投入效率和产出效率，可将这种生产方式扩大到整个农业生态系统，或者整个县域、市域，具有广泛的参与性和影响力。正如美国著名的中国农业研究者 D. Taylor（1992）所说："中国生态农业同西方的可持续农业几乎可以说是彼此平行的概念。也许主要的不同点在于前者受政府的推动作用更大，更加强调和突出生态学的理论指导，而且重视农村农林牧副渔多业的有机结合和物质循环利用，不像后者那样更强调减少农业化学品的投入。此外，前者更重视中国生态农业在为农村多余劳力提供工作机会和增加农业收入中的作用。"因此，中国生态农业与西方生态农业没有本质的必然联系，二者名称上生态农业（Ecological Agriculture）的重复完全是个巧合，中国生态农业是具有中国特色的可持续发展的农业道路[1]。

一、中国生态农业的概念和特点

"生态农业"最初是由美国土壤学家 William Alboreeht 于 1970 年首次提出。此后，英国农学家 Worthington 发展并充实了生态农业的内涵，将生态农业定义为"生态上能自我维持，低输入，经济上有生命力，在环境、伦理和审美方面可接受的小型农业"。中国生态农业的概念于 1981 年首次提出，是以生态学家马世骏为代表的一批科学家选择性地吸取了国外生态农业的研究成果，结合中国国情，提出了"中国生态农业"的概念，组织推动了不同规模的试点、示范。经过近 30 年的探索和发展，基本上已达成共识。认为中国生态农业是：运用农业生态学原理和系统科学方法，把现代科技成果与传统农业精华结合起来而建立的具有高功能、高效益的农业体系[2~5]。农业部颁布的《生态农业示范区建设技术规范》中,将中国生态农业(Chinese Ecological Agriculture)定义为:因地制宜利用现代科学技术,并与传统农业精华相结合,充分发挥区域资源优势,依据经济发展水平及"整体、协调、循环、再生"的原则,运用系统工程方法,全面规划,合理组织农业生产,实现高产、优质、高效、可持续发展,达到生态与经济两个系统的良性循环和经济、生态、社会三大效益的统一[5]。

中国生态农业与西方生态农业相比较有其自身的特点[5,6]。

1. 高产、优质、高效相统一

发达国家的农业现代化水平高,产品大量过剩,增产不再是主要目标,而我国人口与土地矛盾的国情,决定着正处在由传统农业向现代化农业转型的中国农业,必须在高产的前提下走优质、高效的发展道路。

2. 现代科学技术与传统农业精华相结合

当代的生物技术、生态技术、机械技术等,在生态工程中常常与传统农业技术结合应用,不但易被广大农民接受,而且适合我国生产条件复杂与劳力资源丰富的特点。例如,从稻田养鱼、稻田养萍发展形成的稻—萍—鱼生态模式已不是一般叠加。

3. 强调化学产品的适当投入

生态农业体系是一个复杂的开放的半人工系统,仅仅依靠自身的物质和能量难以维持系统的持续发展,必须由外界输入必要的物质和能量(如病虫害大规模发生时的农药投入),但系统要以自身的结构功能来维持其发展演化,达到外部投入的逐渐减少。如经过几年种养的稻—萍—鱼体系可减少外部化肥和农药投入达50%~70%。

4. 劳力密集型和技术密集型相结合

我国人多地少,农村劳力丰富,许多生态农业模式都发展为劳力密集型企业,配以精湛的农业工艺和农业生态工程技术,创造了显著的经济效益,如庭院立体农业模式。

5. 个别农场发展与区域发展相结合

我国生态农业强调从促进区域整体可持续发展的角度出发,以生态户、生态村、生态乡(镇)、生态县,甚至生态市、生态省为单元,进行不同等级区域的生态建设,将农户、农场的发展与整个区域的发展紧密地结合起来,相互促进,共同发展,因而具有旺盛的生命力,得到了广大农户和各级政府的大力支持,发展迅速。

二、中国生态农业的理论基础

以生态学和系统论为基础的农业生态理论,应遵循以下几个基本原理[7,8]。

1. 生物与环境协同进化原理

生态系统中的生物和环境不是孤立存在的,它们之间有着密切的相互联系和复杂的物质、能量交换关系。环境为生物的存在提供了必要的物质条件,生物为了生存和繁殖必须从环境中摄取物质与能量,如空气、光、水分、热量和营养物质等,与此同时,在生物生存、繁殖和活动过程中,也不断地通过释放、排泄及其他形式把物质归还给环境。环境影响生物,生物也影响环境,而受影响改变的一方又反过来影响另一方,如此反复进行从而使两方不断地相互作用、协同进化。中国生态农业应遵循这一原理,因地因时制宜,合理布局,合理轮作倒茬,用地和养地相结合。

2. 生物之间链索式的相互制约原理

生态系统中的众多生物通过食物营养关系相互依存、相互制约,例如从绿色植物到食草动物再到食肉动物,通过捕食与被捕食的关系构成食物链,多条食物链相互交错、连接构成了复杂的食物网,由于它们相互连接,其中一个链节的变化都可能影响其他的链节,甚至会影响到整个食物网。在生物之间的这种食物链关系中有着严格的量比关系,处于相邻链节的生物,在个体数目、生物量上均有一定比例,通常前一营养级生物能量转化成后一营养级生物能量的比例为10∶1。中国生态农业遵循这一原理巧妙衔接食物链,能最大程度挖掘资源潜力。

3. 能量多级利用与物质循环再生原理

生态系统中的食物链既代表了能量的流动、转化关系,也代表了物质的流动、转化关系,从经济上来看还是一条价值增殖链。根据能量物质逐级转化10∶1的关系,食物链越短,结构越简单,它的净生产力越高。在农业生态系统中,由于人类对生物和环境的调控及对产品的期望不同,必然有着不同的表现和结果,例如对秸秆的利用,直接返回土壤的话,它经过很长时间发酵分解才能发挥肥效,参与再循环,而如经过糖化或氨化过程使之成为家畜饲料,利用家畜排泄物培植食用菌,生产食用菌后的下脚料又用于养殖蚯蚓,最后将蚯蚓利用后的残余物返回农田作肥料，使用于生物食物和排泄未能参与有效转化的部分能得到利用、转化，从而使能量转化效率大大提高。

4. 结构稳定性与功能协调性原理

自然生态系统中，经过长期的相互作用，在生物与生物、生物与环境之间，建立了相对稳定的结构，具有相应的功能。生态农业要提供优质高产的农产品，必须建立稳定的生态系统结构。为此，要遵循以下原则：

发挥生物共生优势原则：如利用蜜蜂采蜜和传授花粉的优势，把果树栽培与养蜂结合起来，以及稻田养鱼，鱼稻共生，可以在生产上和经济上起到互补作用。

利用生物相克以趋利避害的原则：如白僵菌防治措施等。

利用生物相生相养的原则：如利用豆科植物的根瘤菌固氮、养地和改良土壤结构等。

这种生物与生物、生物与环境之间相互协调而保持一定比例关系所建成的稳定性结构，有利于系统整体功能的充分发挥。

5. 生态效益与经济效益统一原理

生态农业是人类的一种经济活动，目的是为了增加产出和经济收入，而在生态经济系统中经济效益和生态效益的关系是多重的，既有同步关系，还有背离关系，还有同步与背离相互结合的关系。在生态农业中，为了同时取得高的经济效益和生态效益必须遵循以下的原则：

资源合理配置原则：应充分合理利用国土，这是生态农业的一项重要任务。

劳动力资源充分利用原则：在农村生产劳动力大量过剩的情况下，一部分农民从事农产品加工、农村服务业，与土地分离。

经济结构合理化原则：既要符合生态要求，又要适合经济发展和消费的要求。

专业化、社会化原则：生态农业只有突破了自然经济的范畴，才可能向专业化和商品化过渡。

三、中国生态农业的主要技术体系

生态农业可以分为生态农业模式与生态农业技术两大部分，假如说生态农业模式是农业在系统和整体意义上重组的硬件部分，生态农业技术则是农业在系统和整体意义上重组的软件部分[5]。生态农业技术体系是能够支持生态农业模式顺利运作并达到预期目标的多个单项技术的有机组合。自20世纪80年代以来，中国的生态农业在广泛的实践和研究过程中，出现了丰富多样的生态农业技术体系。具有代表性的大致有以下几种[9~12]：

1. 立体结构生态农业技术体系

包括空间结构和时序结构两种。在空间上，把处于不同生态位的多种生物种群进行合理搭配构成多级利用的生物复合群体，在时间上实行轮作复种多熟制使生产活动与自然环境变化保持协调，从而提高光、热、土、水等在时空上的利用率，达到增加产出，提高单位土地的利用率。如立体种、养殖技术；农作物间作、套种和轮作技术；冬季农业开发技术等模式。

2. 物质能量多层分级利用技术体系

强化消费者和还原者在农业生态系统中的作用，常以农牧结合为核心，达到能量多级利用，物质循环再生。如秸秆多级利用技术，禽、畜粪便多级利用技术，沼气、沼渣、沼液的分别利用技术；例如目前典型推广的鸡—猪—沼—鱼模式。

3. 水陆交换物质循环技术体系

利用两个截然不同的生态系统之间的连接，形成边缘效应，扩大物质循环和能量转换规模，降低物质投入量，提高两者的生态经济效益。如桑基鱼塘、农—牧—渔循环利用等技术模式。

4. 物种间共生互利技术体系

在农业生态系统内通过人工调控，改善多生物种群间的共生互利关系，协调优化了系统内物质循环利用，节约外部投入，不但降低了生产成本，而且提高了生态经济效益。如稻—萍—鱼—鸭、禽—鱼—蚌等技术模式。

5. 农作物病、虫、害综合防治技术体系

包括生物的相克避害及天敌除害，轮作倒茬及合理使用农药等。如棉田中间作高粱有机带及高粱收获时仍然留茬田间，为棉田害虫的天敌提供栖居的场所，可以有效控制蚜虫、红蜘蛛、棉铃虫等发生为害。

6. 小流域综合利用技术体系

在一个小流域范围内根据地形、水分、养分和交通条件的差异，合理安排不同的农业生产项目，达到既保护资源，又增加生产的目的。如福建省建瓯市芝城镇等地实行山顶造林种竹"戴帽"，涵养水源，山腰山坡种果种茶，山坑养鱼种稻，果园养鸡养猪。

7. 庭院资源综合利用技术体系

庭院是家庭能量、物质、资金的集散中心，在人多地少地区，充分利用闲散家庭劳力，进行精细农业，实行种、养、加技术组装，物质再生利用，达到高产高效。

8. 调整生产结构技术体系

对农、副、工各行业技术进行分级组装配套，形成复合生态经济体系。如生态农场、生态林场、生态工厂及生态户、生态村、生态县等。

四、中国生态农业的主要模式及特点

我国的生态农业模式类型多种多样，由于农业系统及其组成要素的多样性和复杂性，目前尚无统一的分类体系[13,14]。对生态模式分类往往根据研究内容的需要，依据自然和社会经济条件以及主产品或主要产业加以划分[15]。如按产业划分生态农业模式包括生态渔业、生态林业等；按自然地理条件和社会经济状况划分，生态农业模式可划分为平原型、山区型、丘陵型、水域型、草原型、庭院型、沿海型及城郊型等；按功能划分生态农业模式有水、土、林、田模式；按主要产品划分，可划分成综合型和专业型，另外结合特定区域的特点可进一步进行具体划分[13,16]。为进一步促进生态农业的发展，2002年，农业部根据生态农业模式的应用情况总结出中国使用最多、技术最成熟的十大生态模式，将其作为今后农业部的重点任务加以推广。

这十大典型模式是：北方"四位一体"生态模式；南方"猪—沼—果"生态模式；平原农林牧复合生态模式；草地生态恢复与持续利用生态模式；生态种植模式；生态畜牧业生产模式；生态渔业模式；丘陵山区小流域综合治理模式；设施生态农业模式；观光生态农业模式。

1. 北方"四位一体"生态模式

"四位一体"生态模式是在自然调控与人工调控相结合下，利用可再生能源（沼气、太阳能）、保护地栽培（大棚蔬菜）、日光温室养猪及厕所等4个因子，通过合理配置形成以太阳能、沼气为能源，以沼渣、沼液为肥源，实现种植业（蔬菜）、养殖业（猪、鸡）相结合。这是一种能流、物流良性循环，资源高效利用，综合效益明显的生态农业模式。运用本模式冬季北方地区室内外温差可达30℃以上，温室内的喜温果蔬正常生长，畜禽饲养、沼气发酵安全可靠。

2. 南方"猪—沼—果"生态模式

"猪—沼—果"是利用山地、农田、水面、庭院等资源，采用"沼气池、猪舍、厕所"三结合工程，围绕主导产业，因地制宜开展三沼（沼气、沼液、沼渣）综合利用，达到对农业资源的高效利用和生态环境建设、提高农产品质量、增加农民收入等效果。工程的果园（或蔬菜、鱼池等）面积、生猪养殖规模、沼气池容积必须合理组合。基本要素是"户建一口池，人均年出栏2头猪，人均种好一亩果"。运作方式：沼气用于农户日常做饭点灯，沼肥（沼渣）用于果树或其他农作物，沼液用于拌饲料喂养生猪，果园套种蔬菜和饲料作物，满足育肥猪的饲料要求。除养猪外，还包括养牛、养鸡等养殖业；除果业外，还包括粮食、蔬菜、经济作物等。该模式突出以山林、大田、水面、庭院为依托，与农业主导产业相结合，延长产业链，促进农村各业发展。

3. 平原农林牧复合生态模式

农林牧复合生态模式是指借助接口技术或资源利用在时空上的互补性所形成的两个或两个以上产业或组分的复合生产模式。所谓接口技术是指联结不同产业或不同组分之间物质循环与能量转换的连接技术，如种植业为养殖业提供饲料饲草，养殖业为种植业提供有机肥，其中利用秸秆转化饲料技术、利用粪便发酵和有机肥生产技术均属接口技术，是平原农牧业持续发展的关键技术。具体模式有粮饲—猪—沼—肥生态模式（包括粮—猪—沼—肥、草地养鸡、种草养鹅等模式）、林果—粮经立体生态模式（河南兰考的桐（树）粮（食）间作、河北与山东平原地区的枣粮间作、北京十三陵地区的柿粮间作等典型模式）和林果—畜禽复合生态模式（主要有"林—鱼—鸭"、"胶林养牛（鸡）"、"山林养鸡"、"果园养鸡（兔）"等典型模式）。

4. 草地生态恢复与持续利用生态模式

草地生态恢复与持续利用模式是遵循植被分布的自然规律，按照草地生态系统物质循环和能量流动的基本原理，运用现代草地管理、保护和利用技术，在牧区实施减牧还草，在农牧交错带实施退耕还草，在南方草山草坡区实施种草养畜，在潜在沙漠化地区实施以草为主的综合治理，以恢复草地植被，提高草地生产力，遏制沙漠东进，改善生存、生活、生态和生产环境，增加农牧民收入，使草地畜牧业得到可持续发展。主要包括以下5种模式：牧区减牧还草模式、农牧交错带退耕还草模式、南方山区种草养畜模式、沙

8

漠化土地综合防治模式和牧草产业化开发模式。

5. 生态种植模式

生态种植模式指依据生态学和生态经济学原理，利用当地现有资源，综合运用现代农业科学技术，在保护和改善生态环境的前提下，进行高效的粮食、蔬菜等农产品的生产。在生态环境保护和资源高效利用的前提下，开发无公害农产品、有机食品和其他生态类食品成为今后种植业的一个发展重点。主要包括"间套轮"种植模式、保护耕作模式、旱作节水农业生产模式、无公害农产品生产模式。

6. 生态畜牧业生产模式

生态畜牧业生产模式是利用生态学、生态经济学、系统工程和清洁生产思想、理论和方法进行畜牧业生产的过程，其目的在于达到保护环境、资源永续利用的同时生产优质的畜产品。该模式的成功关键在于实现饲料基地、饲料及饲料生产、养殖及生物环境控制、废弃物综合利用及畜牧业粪便循环利用等环节能够实现清洁生产，实现无废弃物或少废弃物生产过程。现代生态畜牧业根据规模和与环境的依赖关系分为复合型生态养殖场和规模化生态养殖场两种生产模式。

7. 生态渔业模式

生态渔业模式是遵循生态学原理，采用现代生物技术和工程技术，按生态规律进行生产，保持和改善生产区域的生态平衡，保证水体不受污染，保持各种水生生物种群的动态平衡和食物链网的合理结构，确保水生生物、水资源的永续利用。为使生态渔业产品质量安全，在养殖过程中推行健康养殖模式，注重源头，控制中间，把握终端，即应用GMP、HACCP原理，优选品种、饲料，控制养殖关键点，加强病害、环境因子检测，科学评价产品质量。具体模式有池塘混养模式、海湾鱼虾贝藻兼养模式、基塘渔业模式、稻田养殖模式、"以渔改碱"模式、银鱼移植增殖模式、湖泊网围（栏）模式和渔牧综合模式。

8. 丘陵山区小流域综合治理模式

我国丘陵山区约占国土70%，这类区域的共同特点是地貌变化大，生态系统类型复杂，自然物产种类丰富，其生态资源优势使得该区域特别适于发展农林、农牧或林牧综合性特色生态农业。具体类型有：①"围山转"生态农业模式：北方的河北迁安县和南方的湖北京山县等许多丘陵山区创造了这种生态农业模式；②生态经济沟模式：陕西延安、黑龙江拜泉县等是这类模式的典型代表；③西北地区牧、沼、粮、草、果五配套模式；④生态果园模式。

9. 设施生态农业模式

该模式是在设施工程的基础上通过以有机肥料代替或部分代替化学肥料（无机营养液）、以生物防治和物理防治措施为主要手段进行病虫害防治，以动植物的共生互补良性循环实现系统的高效生产等生态农业技术来实现设施环境下的无害化生产和生态系统的可持续发展，最终达到改善设施生态系统环境、减少连作病害和农药化肥残留、实现农业持续高效发展的目的。其典型模式有：设施清洁栽培模式、设施种养结合生态模式（包括温室"畜—菜"、"鱼—菜"共生互补生态农业模式）、设施立体生态栽培模式（包括温室"果—菜"、"菇—菜"、"菜—菜"立体生态栽培模式）。

10. 观光生态农业模式

指以生态农业为基础，强化农业的观光、休闲、教育和自然等多功能特征，形成具有第三产业特征的一种新的农业生产经营形式。以观光旅游和休闲度假为主要目的的生态农业主要有高科技生态农业园、生态农业公园、生态观光村和生态农庄等不同模式。

五、中国生态农业对观光农业的影响

经过几年的发展，我国观光农业涉及农林牧副渔各个行业，出现了观光农园、农业公园、教育公园、森林公园、民俗观光村等各种类型的观光农业项目，已基本形成了传统观光农业、都市科技型观光农业、度假型观光农业共同发展的格局。但观光农业发展的过程中存在一些问题，如忽视生态环境保护，投资商和经营者只注重观光农业的经济效益，而不注重其生态效益，不注重生态环境的保护和建设。另外，观光农业内部没有形成生态经济良性循环，有些观光农业旅游地没有把生态循环与经济流通有机地结合起来，特别是没有把"废品"（如秸秆、粪便等）通过多级人工食物链的"富集"与转化，使得各种资源未得到高效、合理的利用。

观光农业不仅仅是"观光"，农业才是其根本，观光农业的基础是农业内部功能的良性循环和生态的合理性。因此，观光农业的发展必须结合中国的农业国情，切实保证旅游与生态农业的协调，走可持续发展之路。观光农业的"农业"内涵,应定位于旅游与生态农业相协调,对植根于符合自然生态的生态农业和传统农村民俗文化必须加以保护并得以充分体现。观光农业的发展必须考虑到农村的生态环境,注重观光农业与生态环境协调发展。利用农业资源开发观光旅游农业时应充分协调好与生态环境的关系,保护自然资源,提高环境质量和生态效益,使农业旅游与生态环境相互支持,相辅相成,实现生态和经济的可持续发展。只有符合可持续发展战略,才能体现出观光农业自然、传统、休闲、绿色的特点,获得农业、旅游、教育、生态、综合"五效益",达到发展观光农业的目的。

第二节 观光生态农业的内涵与特性

观光农业在我国发展至今已经历了三个阶段:即20世纪80年代城里人到田园风光优美的农村参观游览,与农民同吃、同住、同劳动的"农家乐"阶段;20世纪90年代城里人到各类农业观光园采摘水果、钓鱼、种菜、野餐、学习园艺的"农业娱乐"阶段;近年来,将观光、度假、娱乐参与等旅游活动有机结合起来,以到乡村度假为主要目的的"乡村度假"。据农业部统计,至2010年全国农家乐已超150万家,规模休闲农业园区1.8万家,年接待人数超过4亿人次。休闲农业年经营收入超过1 200亿元以上,带动1 500万农民受益,已成为一些地区壮大县域经济的支柱产业和民生产业。但是,从总体情况来看,休闲农业发展仍存在一系列困难和问题。从产业内部看,主要存在布局不合理、管理水平不高、人员素质较低、基础设施较差、投资结构不合理等问题;从外部环境看,主要存在思想认识不统一、规划引导不到位、行业管理不规范、政策扶持滞后、融资渠道不畅、企业运行负担重等问题。这些困难和问题已经成为制约休闲农业进一步发展的瓶颈,必须通过加大政府扶持和规范的力度切实加以解决。

一、观光生态农业的概念与内涵

观光生态农业,是生态农业和观光农业的有机结合。因此,观光生态农业的概念可表述为:以生态学、系统科学和环境美学为指导,因地制宜地设计融农业生产、示范推广和观光休闲为一体的观光农业功能区;应用生态农业和循环经济技术，合理构建不同功能区之间和生态系统内部的物质再生循环和能量多级利用模式，建立起具有良好持续再生能力的综合生产结构；达到合理利用资源，改善生态环境，提高农业综合效益的一种新型农业体系。

观光生态农业是以大农业资源为依托，融农业生产、旅游观光与环境保护为一体，具有很强文化性与参与性的交叉型农业产业[17]。它可通过大农业同其他产业的有机结合，利用传统农业的技术精华和现代科学管理技术，协调农业生产与环境、资源利用与保护之间的关系，形成生态上与经济上的良性循环。它的生产特点应是生态性的，以保护生态平衡为前提；它的经营定位应是服务性的，以游客需要定模式。观光生态农业的产品主要有：一是它所生产出来的无公害农产品及加工品；二是它所创造出来的良好的生态环境；三是它所创造出来的新的旅游资源及其服务。后两种产品对农业、旅游业实现可持续发展贡献是最大的[18]。

一般而言，观光生态农业的组成方法没有固定的模式，否则将千篇一律而失去吸引力。但其基本内涵应包括农业生产、农业传播和休闲观光3个部分，每个部分又由相互包含的若干个功能区组成（图1-1）。采用的技术方法应以生态农业和观赏农园为中心，以传播先进农业技术、优良品种及进行农业科普教育为出发点，并且在发展无公害农产品生产和提供休闲观光招揽游客的基础上提高自身的经济效益。

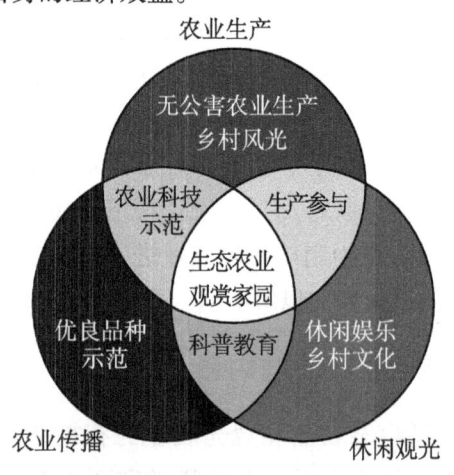

图1-1　观光生态农业模式组成结构示意图

二、观光生态农业的属性及其特点

观光生态农业是一个自然—社会—经济复合生态系统,它不仅包含农业生物资源与环境构成的自然生态系统,而且是一个以生态农业为主体,集农业新品种新技术示范推广、农业科普和无公害农产品生产为一体的农业系统,也是以旅游观光、经营管理、销售与购买、物质和精神服务为主的社会经济系统。因此,观光生态农业要兼顾经济、社会和生态效益的协调统一,体现近期效益与长远效益的有机结合,长短兼顾,滚动发展[17-22]。

1. 农业经济属性

观光生态农业具有农业生产的特点,通过农业生产活动或者进一步的加工活动,给游客提供特色和绿色农产品,满足人们的物质需要。同时增加农村就业机会,提高农民收入,改善农村经济。

2. 社会交流属性

观光农业的主要目标市场是城市游客,主要针对的是不了解、不熟悉农业和农村的城市居民。增进都市居民与农民的接触,拓展农村居民的人际关系,缩短城乡差距,提升农村生活品质。

3. 教育传播属性

通过观光生态农业园的建设,寓教于乐,首先,可让中、小学学生接触自然,认识农业,体验科学技术对农业发展的贡献,促进素质教育的深入发展。再者,可解决广大农民对先进技术的渴望和对农业优良品种的需求。在潜移默化中使学生认识农业,使农民掌握先进技术,使市民领略农村风情,也是观光生态农业发展的必然之路。

4. 生态环保属性

观光生态农业主动改善环境卫生,提升环境品质,维护自然生态均衡。借由解说服务使民众了解环境保护与生态保护的重要性,主动做好资源保护的工作。

5. 观赏休闲属性

田园风光、动植物、乡村聚落以及民俗风情等都具有较高的观赏价值,通过观光活动,使游客领略回归自然的意境。让游人参与农业生产活动,让其在农业生产实践中学习农业生产技术,体验收获和品尝的乐趣。

6. 医疗保健属性

让游客通过种植、养殖、收获或者加工等生产活动以及依赖某些特殊的动植物，安排观赏、品尝等娱乐活动。为游客解除工作及生活的压力，达到舒畅身心的作用。

7. 文化传承属性

观光农业所涉及的农业生产、饮食、民俗等，均具有丰富的历史、经济、民俗等文化内涵，可以让游客学习了解这些文化。农村特有的生活文化及许多民俗技艺，可因观光农业的发展而使其得以延续与传承，同时也可能创造出具有特殊风格的农村文化。

三、观光生态农业的现实意义

中国是农业大国和人口大国，发展观光生态农业对增加农民就业、提高农民收入、促进乡村发展具有重大意义。发展观光农业有利于实现农业资源的高效利用，可产生较好的经济效益、社会效益和环境效益。从目前的情况看，发展观光生态农业是广大农村地区最大的第三产业，其现实意义主要体现在它为农村经济开辟了一个全新市场，形成一个新兴产业，具有旺盛的生命力，是现代生态农业的理想选择[19,23-25]。

1. 促进农业发展，改善农村生态

观光农业是农业对外交流的窗口，会带来大量的经济、科技等方面的信息交流与合作机会，有助于引进资金、技术和人才，从而引导区域农业经营按市场要求变化，增加销售渠道，开拓产品市场，提高产品的知名度和产品价值。观光农业不仅以农业生产方式、多种参与活动、民俗文化吸引游客，而且以优美的环境给游客以美的享受。因此，植树种草、美化环境是其必要的投入，在客观上起到了环境保护的作用，特别在水土流失严重的地区，其意义更大。从可持续发展的要求来看，发展观光农业不仅能开拓新的旅游空间和领域，还能保护和改善农业生态环境，塑造良好的乡村风貌。

2. 带动相关产业，优化产业结构

发展观光农业吸引大批的游客前来观光游览，从而带动交通运输业、商业、饮食业、旅馆业以及旅游商品、纪念品加工业的发展，推动农村第二、第三产业的发展。观光农业综合了第一产业和第三产业，有利于促进农业经济结构再调整。突出的生产优势和生态优势，加速了第一、第三产业的互补和共同发展，形成产供销、旅工农、科工贸的产业化生产体系，从而带动整个地区调整和优化产业结构。同时，观光农业扩大了农产品销售市场，带动相关产业共同发展。由于旅游农业产品大都在当地销售，农民不但在短时间内得到现金收入，而且可以直接地得到消费者的需求信息，对产品进行开发或改进，实现结构调整。观光生态农业的发展，必然会带动与之配套的行、游、住、食、购、娱等多种服务项目的发展，促进农村产业结构的调整。

3. 增加就业机会，提高农民收入

据世界旅游组织统计，旅游业每直接就业1人，社会就可新增5个就业机会。观光生态农业属于劳动密集型产业，需要配套服务人员和技术人员，因此能吸收农村大量富余劳动力就业。同时这些行业的发展又需要较多的从业人员，就在离土不离乡的情况下解决了部分农村剩余劳动力的就业问题，缓解了社会矛盾，减轻对城市的就业压力。一些掌握农业高科技的工程技术人员和高层次复合型的管理人才加入到发展观光农业的行列中，其示范作用和文化交流将造就一批高素质的新型农民。我国每年新增农村富余劳动力近千万人，在工农业产品都供大于求的情况下，第三产业是最大的出路。而在农村地区，观光农业应该是最大的第三产业。旅游业具有关联度高的特点，旅游业每直接收入1元，相关行业就可增收4.3元。观光生态农业给农民带来的收入要大大高于常规农业，这也为解决农民增收问题提供了新的思路。观光农业扩大了农业生产经营范围，提高了农业比较效益，农业资源作为观光休闲场所，通过提供观赏、游览、品尝和选购等消费服务，延伸为旅游资源，可增加其农业资源的附加经济收入。

4. 加快成果推广，促进农业教育

观光生态农业中先进的种植、养殖模式及管理方式、经营理念，以生态果园、设施生态农业区为基地，对区域农业发展有辐射作用，通过技术人员的流动、品种资源的交换、人员的参观考察等形式，促进区域农业的发展。观光生态农业的发展，对提高全民族对农业的重视，培养青少年的重农意识是很有意义的。通过组织青少年参观、旅游、参加农业劳动，开展生态知识教育、专业讲座和技术培训，组织青少年科普活动等方式，了解农业生产的全过程，掌握基本农业知识，增强对农业的感性认识，寓教于乐，达到教育之效果。

5. 满足居民休闲，密切城乡交流

观光农业的发展与国民经济发展、生活水平提高以及生活方式改变有密切关系。随着城市化迅速发展，城市人口增加，生活节奏加快，生活空间日趋缩小，给人们带来的生理和心理压力日益加大，因而，向往自然、回归自然、追求空气清新、环境幽静、景色宜人的田园生活，成为当今的时尚。观光生态农业立足农业、农村，面向城市，引入"融于自然、健康长寿"的经营理念，构筑优美、益智、健康的人居环境，提供一流服务，体现现代生态农业科学的新成就。观光农业的发展，为城市居民提供了走近农村、体味田园之乐的机会，引导城市居民走向农村，促进城乡交流。其结果是城市居民加深了对农业、农村、农民的认识和了解，同时也使农民思想观念得到更新，既丰富了农民的物质生活，又丰富农民的精神生活。另外，通过城市对农村在资金、技术、人才等全方位的投入，更有效地保护和发展了农村旅游环境，为城市旅游增添了新的功能和项目，使之成为资源、环境和生产共享、优势互补、结构稳定、良性循环的旅游系统，促进城乡一体化。

第三节　生态农业观光园的规划与设计理念

生态农业观光园的规划与设计应以观光生态农业的理论为指导，因地制宜地进行园区与功能区的规划及技术模式的设计。首先，要建立一个高效率的农业生产体系，其生产项目的组成、结构要符合生态规律，走生态农业的道路，即在环境与经济协调发展思想的指导下，按照生态系统内物质循环和能量转换规律，利用现代农业高新技术，建立起低消耗、高产出、无污染的综合生产结构，实现生态与经济的良性循环和资源的合理利用。其次，要考虑观光的需求，在充分利用自然风景的基础上，建立完善的旅游度假服务设施，改善环境条件，创造优美的景观，并开发一些以农村风俗、地方文化和人文景观为特色的旅游项目。最终的目的是使观光生态农业项目既有高效率的产出，又不造成对资源的过度消耗，且可为人们提供一个体验农村生活、饱览田园风光、获取生态农业知识的休闲旅游场所，实现农业的可持续发展。

一、生态农业观光园的规划设计原则

生态农业观光园的区域布局和规划设计应遵循以下原则[20,26-27]。

1. 因地制宜原则

农业生产具有强烈的地域性和季节性，发展观光农业必须根据各地区的

农业资源、农业生产条件和季节特点，充分考虑其区位条件和交通条件。生态农业观光园一般是在原有生产基地的条件上，进一步开发而成。因此规划必须从实际情况出发，根据基地的现状条件、地形地貌特征，在充分利用现有的种植、养殖基地的基础上，结合地方文化与人文景观，将生产、旅游综合考虑，进行统筹安排，全面规划。突出重点，创造特色，表现风格。

2. 持续发展原则

要用可持续发展的原理来指导生态农业观光园的建设。建立良性循环的农业生态系统，产生良好的生态效益。并通过观光旅游活动，宣传农业生态、环境保护等方面的知识，同时培养人们热爱劳动、保护环境、珍惜资源的意识，以提高全民素质，产生良好的社会效益。只有正确处理好经济效益、生态效益、社会效益三者之间的关系，将生态循环与经济流通有机地结合起来，形成良性循环，维护旅游地的生态平衡，这样生态农业观光园才能持续地发展。

3. 生态美学原则

按照生态美学的三个基本特征，进行规划设计：①持续。要求规划设计的景观模式具有良好的生态循环和持续再生能力，如农业湿地的稻田养鱼和果基鱼塘，及山地生态果园和生态养殖等模式；②和谐。要求人工与自然互惠共生，各有所得，相得益彰，浑然一体。即人工构筑物与生态环境形成一种和谐美；③健康。在争取人工与自然和谐的前提下，创造出无污染、无危害、使人生理、心理得到满足的健康旅游环境。因此，在具体设计时，要尽量不要用现代建筑材料，而用自然材料，色彩要与环境协调，建筑可采用"内部现代化，外观自然化"，避免人工痕迹过多。

4. 市场经济原则

开发观光生态农业项目，一方面要求在市场分析和市场定位、遵循市场经济规律、满足旅游者需求的基础上，作出正确的商业价值判断；另一方面，要根据市场的变化和产品生命周期，考虑产品的升级换代，以新的产品去满足旅游者的需要，即以市场营销的观点来开发观光农业旅游产品。

5. 集约经营原则

生态农业观光园不能遍地开花，要寻求特色，突出重点，优化结构，注重专项、专题与特种旅游产品以及区域旅游产品的联合开发；同时还要保证质量，即硬件设施和旅游服务都要符合一定的标准。

二、生态农业观光园的景观设计

1. 景观结构原则

景观生态学理论，是生态农业观光园规划设计的理论基础。生态农业观光园的景观在景观结构配置时应当考虑斑块、廊道、基质的关系，其空间格局必须能够实现景观尺度的优化配置，即实现景观自我调节、高稳定性和维持能量与物质平衡的能力[28~31]。

（1）基质（Matrix）

农业景观是生态农业观光园发展的基础，农业景观具有自然景观和文化景观的双重特征，是生态农业观光园的基质。多数生态农业观光园是在原有农场的基础上发展起来的，而原有的农田以生产为主要目的，不一定适合观光的需要。因此，需要进行基质改造。首先，一个观光园应具备相对一致的基质，如以果园、池塘等为主要农业生产模式。其次，应从种植结构上做调整，设计中强化果树、蔬菜和花卉等观赏性强的产业，建立具有较高生态稳定性和景观多样性的景观基质。最后，作为生态农业观光园，还应注重综合利用生物资源，发展生态农业。如提高各类农业用地资源的利用率，发展精细农业；有效利用时间资源，发展冬季农业；充分利用光、温、水等资源，发展立体农业。

（2）斑块（Patch）

斑块的质量和面积影响着景观的生物多样性，大斑块有利于景观的稳定性，小斑块则可以提高基质的异质性。应提高斑块的边界弯曲程度，以创造多样性。可以通过在单一农作物斑块间穿插其他农作物，增加农作物斑块的艺术观赏性。根据种植景观的特点，应全面考虑斑块的季相构图，在局部可突出一个季节的特色，形成鲜明的斑块效应。再者，应构建不同的旅游功能斑块，满足游客的休闲、饮食、住宿、观赏、求知等需求，应当插入小的植被斑块，让游客体验到生活在绿色中的乐趣。

（3）廊道（Corridor）

廊道是指与两侧景观要素显著不同的线状或带状的景观要素，如道路、河流、篱笆、索道等。必须将以直线为主的生产性廊道改为曲线的观光廊道，以增加斑块的连通性，使不同斑块浑然一体，方便游客游览，并成为自然、人工斑块间生物交流的通道。再者，要注意道路与农田边缘的美化。由于农田、道路两侧或与其他景观交接的边缘地带，对农业景观质量有显著影响，因此应加强空间的多样性，在道路的两侧及农田的边缘，一般应保持一定的水平郁闭度，为游人提供良好的庇荫条件，形成浓郁的乡村气氛。但注意垂直郁闭度应小一些，使游人的视线可通过林冠线下的空隙透视深远的景观，避免封闭游人的视线。

2. 景观设计原则

（1）注重景观的园林结构

观光农业是一种特殊的园林结构，通过合理组织、布局，创造出一种既不失农业特色又具有美学价值的园艺场面，为游客提供恬静、幽雅的旅游环境。

种植业景观与季相结构。多数生态农业观光园是在原有农场的基础上发展起来的，而原有的农田以生产为主要目的，不适合观光的需要。因此，首先应从种植结构上做调整，设计中，强化果树、蔬菜和花卉观赏性强的产业，建立具有较高生态稳定性和景观多样性的景观。根据种植景观的特点，在全面考虑季相构图的同时，在局部可突出一个季节的特色，形成鲜明的景观效应。应注重农业生态系统的发生、发展、演变规律，提高各类农业用地资源的利用率，发展精细农业；综合利用生物资源，发展生态农业；有效利用时间资源，发展冬季农业；充分利用光、温、水等资源，发展立体种植。

道路与农田边缘的美化。农田、道路两侧或与其他景观交接的边缘地带，对农业景观质量有显著影响。应加强空间的多样性。

渔业景观与水景的融合。人类对水景具有与生俱来的亲近感，因此渔业景观是农业景观中最具吸引力的景观。在积极开发渔业资源的同时，应配套进行景观建设。利用渔业的设备、空间、经营活动场所、生态、自然环境及人文环境资源，构建水面景观让人们认识渔业，展现乡土特色，发挥观光功能。

（2）注重观赏性和趣味性

观光农业园要建在城市近郊的城乡交错带，要求交通便利，最好能与名胜古迹、自然景观以及其他旅游开发结合进行，并注重对沿线及园内人文景观的建设，提高观光农业的观赏性和趣味性。

（3）注重特色园区的建设

多数农事活动是有季节性的，故观光农业活动的主题也要有季节性，经营者针对性地按季节特点开设旅游项目。春秋两个旅游旺季是景观建设重点，要求这两个季节的农作物能大量开花和采收。各种作物品种要早、中、晚合理搭配，拉长成熟期、采收期，应尽可能四季都有产品供应。

(4) 注重游客参与项目的建设

现代旅游者越来越看重旅游体验，渴望参与，所以在观光农业区应策划一系列供旅游者参与的旅游项目，以丰富旅游活动，提高游客的满意程度。观光农业园中应有一些小面积的体验场地，让游客在这里体验农事操作、树木修剪、水边垂钓、果菜采摘、动物饲养等田园乐趣，让游客不但能观光休闲，健身娱乐，而且还能体会到收获的喜悦。

(5) 注重景观的文化内涵

观光农业所涉及的农事活动，均具有丰富的历史、经济、科学、民俗、文学等文化内涵。在这方面要充分挖掘，突出农耕文化、民俗文化、民居文化等，提高观光农业的知识性和趣味性。

3. 生态农业观光园的功能区设计

不同类型的生态农业观光园分区情况不同，应根据观光园本身的特点采用适当的分区。总体归纳起来，主要有生态农业生产区、生态农业展示区、观景游览区、农业文化区、游乐区和服务区等一些分区[27,32,33]。

(1) 生态农业生产区

生态农业生产区是生态农业观光园的主体部分。可分为种植和养殖两大部分：① 种植部分。有果园、茶园、菜园等专业区域。目的是进行农业生产，同时作为旅游场所。如节假日到乡村果园休闲观光，既览田园风光，又尝新鲜水果，是城市居民喜爱的度假方式之一。一般可利用原有果园条件，发展好的品种，形成优质高产的生态果园。果园可全面开放或局部开放，由游人自己入园采果、尝果。回家时还可以采购新鲜水果，带回去与家人和好友共享；② 养殖部分。包括水产养殖和畜牧养殖。利用鱼塘，养殖家鱼及各种珍贵水产，在生产的同时，也可作为游人游玩、垂钓场所。畜牧养殖主要养殖牛、羊、猪等家畜，也可开辟专门场地，养殖野生动物。畜牧养殖需建笼舍，污染又大，应放在观光农业区的边角地段和下风方向，并采用生态养殖技术以实现循环利用。

(2) 生态农业展示区

因生产管理上的要求不同，生产区中各类项目对游人开放程度不同。如果生产区能全面长期开放，则其本身就是游览观赏的对象，不需要另设展示区。如果生产区中的有些项目只能局部或定期开放，甚至全封闭生产，那么就要在外围设立专门的展示区。展示区内仅布置有代表性的作物生产场地，安排专人讲解、示范。游人还可动手参加生产，体验劳动的辛勤与丰收的喜悦，并获得相关的农业与生态知识。

(3) 观景游览区

利用当地的自然风景和人文景观，结合现代园林造景手法，可以将景观优美的地段建成专门的观景游览区。该区的建设有以下几个要点：① 观景游览区中要尽可能地利用自然的风景资源，在其中规划游览道路，增设园林小景，供林间漫步，观赏湖光山色；② 结合生态农业观光区的性质，可以布置百果园、百花园等园林景区。百果园中种植各种果树品种，选择有代表性的普通品种及部分珍稀品种，让游人既饱眼福又饱口福。百花园则将林分较差的山坡地进行改造，种植大片开花植物，形成满山遍野、山花烂漫的景观。在其中布置游览小道，人在花间行，其乐无穷；③ 充分利用具有历史价值和地方特色的人文景观，建立风景点。

(4) 农业文化区

通过对传统农业的展览及现代农业的宣传，可增长游人知识，加强人们的环境保护意识及对农业可持续发展思想的了解，产生良好的社会效益。农业文化区中可设立以下设施：① 传统农业展览馆：用图片资料及实物、模型等形式来展示当地的传统农业生产方式、传统作物及传统农具；② 现代农业科技展览馆：主要介绍现代农业生产情况，宣传农业生产基础知识和现代农业生产高新技术。可用图片展览、观看录像、阅读资料等方式进行。尤其要从环保的角度宣传生态农业模式，让人们树立起珍惜资源、保护环境、建设可持续发展农业的思想；③ 示范区：由农业科技示范、生态农业示范、科普示范构成，以浓缩的典型农业模式，展示特色农业生产景观与经营模式，传授系统的农业知识，使游客增长教益，使农民获取先进技术和优良品种。

(5) 游乐区

游乐区中可安排民间少儿游戏、民俗表演等活动项目。① 青少年素质教育区：包括军体训练、除草、种菜、摘瓜、野炊、露营等一系列生活体验；② 少儿游戏场：在中心景区附近，选择合适场地，布置竹、木、石等材料做成的少儿游戏设施，如滚筒、滚木、攀爬架等，形成乡村气息浓厚的少儿嬉戏场面；③ 民俗广场：在中心景区中，布置农民举行喜庆活动的"农家乐"广场，开展传统的民俗表演及民间游乐项目。可以用表演的形式和游人参与的形式进行；④ 休闲娱乐区：设立专门场地，放养鱼类、野生动物，供游人垂钓、狩猎。并利用水面、山坡、草地开展划船、游泳、登山、骑马、野营等活动。

（6）服务区

选择地势平坦，离入口较近的地方设服务区，布置旅馆、娱乐场所等设施，满足住宿、餐饮及室内娱乐等要求。有些以度假为主的农业观光区中，除了一般的旅馆外，还可设立专门的别墅区、小木屋区，提供更为舒适的住宿条件。在服务区中配合中小学生参观、实习和劳动的需要，可设立中小学活动基地，布置教室、宿舍等建筑。

（7）管理区

是管理人员办公、生活的地方，可单独分区或与服务区结合在一起。

第四节 生态农业观光园的生态模式选择与配套技术构建实证

生态模式选择与配套技术构建，是生态农业观光园的核心与发展基础，由于不同观光园的生态条件和农业基础有很大的差异，不可能把所有观光生态农业的技术模式集中体现，而应因地制宜地进行模式选择与技术构建。本节以福建龙佳生态山庄的建设与经营为例，对生态模式选择与配套技术构建进行论述。

一、龙佳生态山庄的生态循环产业链

1. 福建龙佳生态山庄概况

龙佳生态山庄位于福建漳州龙海市角美镇，靠近国道324线及沈海高速公路，地理位置优越，交通十分便利，距厦门、漳州、泉州等中心城市都只有1~2个小时的车程。园区由丘陵、平原和水面等地形组成，自然环境优美。该园区原为农场，园内栽种以龙眼、荔枝为主的果树，建有禽畜饲养场、水产养殖场等设施，

初步形成生态农业与观光游览的雏形。龙佳生态山庄依据观光生态农业理论，对所处的自然地理条件、客源市场等进行分析。按照突出生态主题结合企业自身优势，提出将生态农业、企业文化与观光旅游融为一体的总体构思和设计指导思想。将龙佳生态山庄规划设计为生态农业区、生态游览区、科教娱乐区、野生动物园（区）、水上乐园（区）和服务区等6大功能区，并对其景观、景点和生态模式进行科学构建。至2004年，已投入近4 000万元，基本建立起面积137 hm^2，集科研、生产、加工、商贸、观光、娱乐、文化、度假、健身等诸功能于一体的生态农业观光园。实现接待游客33.68万人次，经济效益1 113万元，为福建省观光生态农业和循环经济的发展提供了良好的示范作用。

2. 农业与外部产业资源再生型循环生态模式

生态循环经济的核心理念就是减少废物、降低污染和废弃物的资源化再生利用，在龙佳生态山庄中，其主要的废弃物有：①石材加工的废料：石材加工厂是龙佳企业集团经济收入的主要来源，平均年产值4 000多万元，利税200多万元，其收入是龙佳观光园的主要投入来源，是观光园不断发展壮大的有力支撑。石材加工厂位于龙佳观光园的东北角，产房面积83 000 m^2，主要经营石雕、石板材和园林造景石等，产品90%出口。每年可加工石材4 200 m^3，同时产生1 800 m^3的废料和70 000 t的污水，除造成环境污染外，每年需投入20万元用于废弃物的处理；②服务业的废物与污水：龙佳观光园的旅游服务设施中建有可容纳1 000人同时就餐的餐厅和230床位的宾馆，并且每天为邻近的工厂固定提供6 000份快餐。因此，平均每天可回收剩饭剩菜500~600 kg，产生生活污水10 t；③养殖业的废物：龙佳生态山庄的养殖业包括猪、鸡、鹅和淡水鱼等，其中年生猪存栏数400头，年产生猪粪234 t，污水2 920 t，是农业生产的主要废弃物和污染源。

在规划建设和循环经济模式的构建中，以龙佳的关系企业为依托，整合其现有产业，建立产业循环链环，凸显园区的生态内容，实现物质良性循环利用，形成循环经济模式。

以龙佳生态山庄内的4个产业为基础，配套循环利用处理链环，形成废物的资源化利用，实现农业与外部产业的循环经济模式（图1-2）。

（1）石材加工的废物利用

石材加工是龙佳集团的经济支柱，但存在废料和废水处理问题，因此，设计将石材加工的废料（碎石、边角料）用于果园梯台建设，生态村及观光

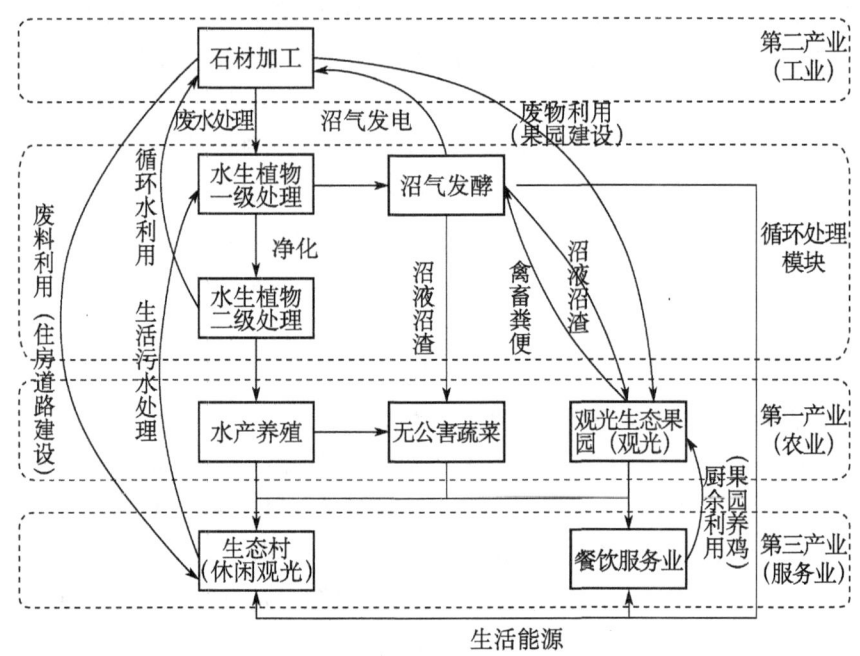

图 1-2 农业与外部产业资源再生型循环生态模式

园的道路建设，实现废物再利用。既节省废物处理费用，又减少园区建设的原材料投入。

（2）污水的处理和循环利用

建设以人工湿地和沼气处理为主要环节的产业间处理链环，即园区内的大部分废水集中到人工湿地系统，在首先经过沉淀后，利用水生生物（如水葫芦、芦苇等）的吸附功能进行废水的一级处理，然后利用水葫芦的 C/N 比例合适于生物发酵的特点，进行沼气处理，降低二次污染，并利用沼气为工业和服务业提供清洁能源。其后，利用红萍、莲花等水生生物进行二级净化，水即可以用于蔬菜种植等农业生产的循环利用，红萍等可以养殖淡水鱼类。建立的莲花等人工湿地可以配套成为观光园的水生植物观赏园，增加生态多样性。

（3）农业产业的循环服务

通过对第二、第三产业（工业、服务业）的服务，发展农业生产的水产养殖、无公害蔬菜生产和观光生态果园建设，为龙佳观光生态农业园提供优质农产品和观光旅游的生态背景。

（4）服务业的废料利用

第三产业（服务业）是龙佳集团的新兴产业，以生态农业为背景的观光旅游，成为集团增长最快的产业，它通过消化集团内部自产农产品，并通过农业生产和循环处理链环消除服务业的废料排放，达到降低污染和资源再生利用。

自1998—2003年，龙佳园区仅石材废料就使用1.2万 m^3，减少投入360万元，并节约废料处理资金80万元。每天可收集500～600 kg的剩饭菜供果园养鸡，节约60%～80%的饲料。

3. 农业内部产业间生态模式

合理配置种植业、养殖业和加工业之间的物质循环和能量流动，可建立起农业内部产业之间的生态循环模式。模式设计的技术原理是合理选择物种，使不同农业生物在生态系统中占据不同的生态位，并通过能量的多级利用和物质再生循环，形成一个高效的生态系统。

（1）果基鱼塘循环经济模式

果基鱼塘循环经济模式，是以沼气为纽带，将龙佳生态养殖区内的果、鱼、畜、禽合理构建，形成生态循环链，实现互利互惠，提高经济效益。即通过将低洼地改造成鱼塘养鱼，塘边大堤岸种植香蕉或果树，果树套种牧草，以草养鹅和养猪，水面养水禽，水体养鱼，猪和水禽的粪便养鱼，并把畜禽粪便通过沼气无害化处理后返回果园和鱼塘，达到资源土地的充分利用环境净化保护和土壤不断改良的目的（图1-3）。通过科学安排，充分利用生态空间和生态资源，实现立体种养，使原来颗粒无收的低洼田每亩年获利润3 000～5 000元。

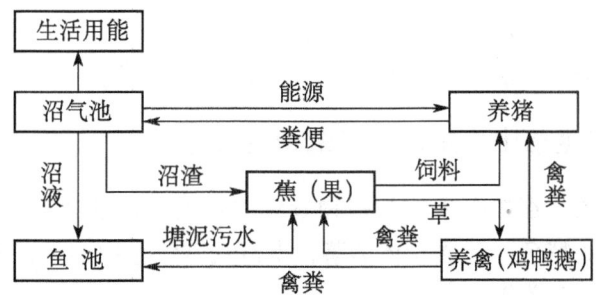

图1-3　果基鱼塘循环经济模式

(2) 观光生态果园模式

在丘陵山地果园以果业为中心，以套种观赏性生态牧草为纽带，建立以果—草—牧—（菌）—沼为主要循环体系的生态果园模式（图1-4）。不仅可以有效防止水土流失，增加绿肥用量，少施化肥，培肥地力，提高果树产量与品质，而且还能利用牧草美化果园喂养草食性动物。畜牧业的发展，其大量排泄物用作沼气原料，可生产沼气提供生活燃料。沼渣和牧草还能栽培食用菌，以其下脚料作有机肥，有利于促进果树生长。此外，果园种草，可以改善果园小气候，促进生态平衡，提高资源利用率和劳动生产率。

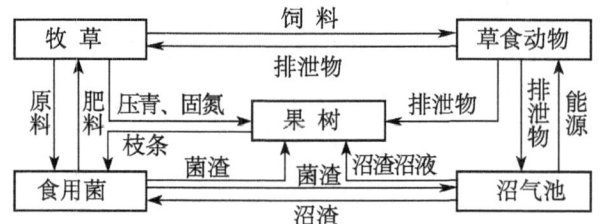

图1-4 观光生态果园模式

以平托花生、圆叶决明、百喜草、白三叶等草种，替代常规绿化草种在观光农业园中进行四季搭配套种，做到园面周年保持覆盖，既增加美感，又可发展鹅、兔等草食动物。如以平托花生和百喜草等适应性强的生态牧草替代普通绿化草种，可降低养护成本50%~60%，周年绿化覆盖率达到80%~90%，增加效益50%~60%。一般在观光生态果园园面以豆科牧草（圆叶决明、平托花生、白三叶）搭配少量非豆科牧草（南非马唐、黑麦草、鲁梅克斯）为主，梯埂以南非马唐为主，梯壁以百喜草、圆叶决明护坡，并根据不同牧草的生长习性进行周年搭配。在品种搭配上主要注意豆科与禾本科的搭配及热带与温带种的搭配，以达到营养平衡和周年供草。

二、龙佳生态山庄景观生态的植物配置

全园以龙眼、荔枝等果树为植物景观的基调，在景观游赏区部分地段，为突出观光农业特色，形成立体群落，丰富观赏游览内容，在果园套种耐荫生花卉、牧草、蔬菜等。

在园址北界山脊的围墙两侧种植悬垂或攀援植物，如爬山虎、炮仗花、扶芳藤、迎春、三角梅等，同时在其内侧地面布置小乔木、灌木等基

础种植,形成绿色长城景观。桃花岛则种植观赏桃林,成为游人欣赏桃花的佳地。与桃花岛连接的曲桥两侧种植藤蔓瓜果植物,形成棚架式绿色通道。

休闲度假中心的别墅区内进行花园式绿化,布设花坛、雕塑,配植大量有花灌木,周边栽种浓密乔木,使整个别墅处于绿色环抱之中;小木屋、小竹房分别形成浓密常绿树林及竹林景观,使之掩映于密林之中,小竹房置于幽静的竹林之间,别有一番雅趣。

龙佳研究所区域内周边种植浓密的乔、灌木,整体上形成密林景观。在研究所建筑四周,尤其是建筑正面进行花园式绿化布置,形成一个环境优雅的花园式庭院空间。区内通道以棚架方式,种植葡萄、观赏南瓜、番茄树等农用植物,攀援其上,形成既蔽日遮荫、又赏乐无穷的植物走廊,充分体现作为农业科研场所的绿色生态景观。路两旁,尤其是主、次干道两旁规划栽种树冠浓密型乔木,乔木之间间种观赏价值较高的花灌木。

停车场采用嵌草铺地,建成绿荫式,提高全园绿化覆盖率,充分体现和突出本园的生态主题。水体四周、鱼塘四周种植垂柳、池杉、水松等树木,使水体处于绿色掩映之中,构成一幅优美的风景图画。

全园周边界线及各功能景区的分界、围合,除绿色长城外,采用生物措施来界定,根据不同地段分别选用龙舌兰、剑麻等栽作刺篱。各处山石护坡、挡土墙均种植地被、攀援或悬垂植物加以绿化覆盖。

三、龙佳生态山庄的效益评价

1. 经济效益

(1) 生态旅游迅速发展

龙佳生态山庄创建于1998年,2000年正式向游客开放,当年接待游客15.53万人次,旅游收入233万元。统计表明龙佳观光园2000—2004年5年间共接待游客121.1万人次,年均接待游客24.22万人次;旅游总收入2 991万元,年均旅游收入598.2万元。2001—2004年与2000年比较,接待游客年以69.95%的速度递增,旅游收入年以195.92%的速度递增。2004年接待游客33.68万人次,旅游收入达1 113万元,比2000年接待游客增加18.15万人次,旅游收入增加880万元,分别增长16.87%和277.68%,可见,龙佳观光园生态旅游业取得长足发展(表1-1)。

表 1-1　龙佳观光园接待游客与旅游收入比较

年份	旅游人数			旅游收入		
	游客（万人）	比上年度增加	增长率（%）	收入（万元）	比增（万元）	增长率（%）
2000	15.53			233		
2001	18.73	3.2	20.61	362	129	55.36
2002	24.48	5.75	30.70	517	155	42.82
2003	28.68	4.20	17.16	766	249	48.17
2004	33.68	5.00	17.43	1 113	347	45.30
平均	24.22		21.48	598.2		47.91

(2) 生态农业成效明显

龙佳观光园的生态农业区以水果（龙眼、荔枝、香蕉等）、畜牧（猪）、禽类（鸡、鸭、鹅等）、淡水鱼等种、养业为主。该区是龙佳观光园绿色食品主要生产基地，基地建设按照生态学原理进行组装配套，体现农业高新技术和立体种、养模式，果园全面套种牧草发展养鸡模式；鱼塘周边建设禽舍养殖鸡、鸭、鹅等禽类和养鱼模式；餐厅、快餐厅剩余饭菜养猪，猪粪尿入沼气池发酵，沼气供养殖区生产和工人生活用能，沼液供果树、花卉、蔬菜有机肥和鱼池养鱼的模式。每天可以收集剩余饭菜、泔水 500~600 kg，为生猪、土鸡养殖提供 60%~80% 饲料，降低了养殖业成本。同时卫生厕所年收集人粪尿 1.2×10^6 kg，保证每年每亩①果园追施 1 500kg 沼渣和沼液，解决了果园 70% 的肥料来源。加快了生态农业区的物质转化和能量流动，形成良性循环，确保了绿色食品的安全生产。

表 1-2　龙佳观光园生态种、养业效益比较　　（单位：万元）

年份	水果	畜牧	禽类	淡水鱼	总产值	总投入	盈亏比较
2000	1.89	17.20	9.65	44.97	73.71	76.27	-2.56
2001	7.57	13.98	5.78	19.30	46.63	65.47	-18.84
2002	9.83	11.82	18.48	14.07	54.20	42.27	+11.93
2003	9.73	11.02	19.05	20.36	60.16	55.42	+4.74
2004	11.5	40.6	25.1	37.9	115.1	99.1	+16.0
合计	40.52	94.62	78.06	136.6	349.8	338.53	+11.27
平均	8.10	18.92	15.61	27.32	69.96	67.71	+2.25
占比例（%）	11.58	27.05	22.32	39.05	100.0		

---

① 1 亩约等于 667 m²，全书同。

由表 1-2 可见，龙佳观光园水果（龙眼、荔枝）大多树龄 5~6 年生，开始进入初投产阶段，由于幼龄树培育期投资较大，产量还不高，特别近年水果价位低，目前基本上处在保本阶段。但是随着树龄加大，产量开始逐年提高，也为今后水果丰产打下坚实基础。2004 年畜禽、淡水鱼养殖均取得较好效益，养殖业收入占生态农业区总收入近 90%，年产值达 115.1 万元，利润达 16 万元，利润率达 13.9%。

（3）第三产业已成支柱

统计表明，接待的游客逐年增加，从 2000 年的 15.5 万人次，增加到 2004 年的 33.7 万人次，年度总产值也由 225.57 万元提高到 1 113.26 万元，但农业产值的比重逐年下降，从 32.7% 下降到 10.3%（表 1-3）。说明第三产业的效益已成为观光农业的主要经济收入。

表 1-3　龙海龙佳生态观光园经济效益比较　（单位：万元）

年份	接待人数		第三产业效益			农业产值	年度总产值	就业人数
	游客	学生	门票	餐饮	宾馆			
2000	155 272	1 484	37.38	104.13	10.35	73.71	225.57	65
2001	187 339	1 067	45.07	152.59	41.90	46.63	286.19	98
2002	244 795	8 425	68.10	153.57	77.86	54.20	353.73	103
2003	286 802	3 963	85.71	308.47	117.75	60.16	572.09	123
2004	336 776	9 786	312.44	364.42	321.40	115.00	1 113.26	176

2. 社会效益

首先，其先进的生产技术、优良的品种和良好的效益对周边地区提供良好的示范和推动作用。如引进的优良果树品种和生态果园利用技术，经示范后已向周边的芗城、南靖、厦门、南安等地辐射推广，其中平托花生已发展作为园林绿化草种，在闽南地区广泛应用。其次，其寓教于乐，在小范围集中生物多样性和技术先进性，为中小学认识农业，为广大农民学习先进农业技术提供场所。再者，项目的建设和管理，为周边地区直接提供近 700 多人的就业机会，解决了农村剩余劳动力的出路。另外，项目的启动和运作，也促进当地市场的启动和拉动了内需。观光园自开业以来，接待的游客日益增多，在厦、漳、泉地区享有较高的知名度，产生良好的社会影响。包括全国人大常委会副主任布赫、两院院士卢良恕等知名人士，到园区参观指导并给予高度评价。园区还被列入"联合国南南合作示范基地"、评为"国家 4A 级旅游区"、"国家级农业旅游示范点",福建省科协的"科普教育基地"被福建团省委命名为"保护母亲河生态教育基地"、"漳州市青少年素质训练基地",中央电视台曾两次在此摄制专题节目。各级行政、技术部门多次在此召开现场会。观光园作为学生的科普教育基地及第二课堂,每年通过举办内容丰富多彩的"成长之旅"夏令营活动,扩大学生知识面,提高当代学生适应社会竞争的能力,得到有关部门的大力支持,中央以及省、市各级领导曾多次莅临视察并充分肯定生态观光园的创办成果。

3. 生态效益

龙佳观光园坚持按景观生态工程建设进行园区的山、田、水、林、路综合治理和改造建设。以生态果园、园林绿化为基质的建立,对改善果园微生态环境、防止水土流失、培肥地力、减少农业污染等起到积极的作用。研究表明:山地果园除了农业工程建设外,果园套种豆科、禾本科牧草效果明显。对果园地表土壤可以起到夏季降温(17 ℃)、冬季增温(8.8 ℃)的效果。还能有效减少径流,防止水土流失,增加土壤含蓄水量。据测定:0～30 cm 土层土壤增加含水量 0.9%～2.1%。山地果园套种豆科牧草 2～3 年后,大量牧草枯枝、落叶、残根留在土中,土壤有机质增加 0.34%～0.8%,腐殖质总量增加 0.118 6～0.189 3 个百分点,全氮、速效氮、全磷、速效钾也有明显提高。果园微生态环境的改善,促进了果树速生快长,观察结果表明,龙眼园套种豆科牧草 4 年生龙眼树大多可以挂果,结果量 3～4 kg/株,比对照果树提早 1～2 年挂果。龙佳山地果园经过 6 年的精心管理,果树覆盖率达 90% 以上,丘陵山地得到有效保护,生态明显恢复。开放以来,每年接待观光客 20 多万人次,领略、感受、体验田园风光和乡村的朴实生活。青山绿水,优美恬静的环境给人一种心旷神怡的感觉。

我国是农业大国和人口大国,发展观光生态农业对增加农村剩余劳动力就业、提高农民收入、促进乡村发展具有重大意义。观光生态农业有利于实现农业资源的高效利用,产生良好的经济效益、社会效益和生态效益。从目前的情况看,发展观光生态农业是广大农村地区最大的第三产业,其现实意义主要体现在它为农村经济开辟了一个全新市场,形成一个新兴产业,具有旺盛的生命力,是现代生态农业的理想选择。

参考文献

[1] 李文华主编. 生态农业——中国可持续农业的理论与实践 [M]. 北京：科学出版社, 2003: 42-55.

[2] 孙鸿良, 韩纯儒, 张壬午. 论中国生态农业的特点原理及其主要技术 [J]. 农业现代化研究, 1990, 11 (3): 3-8.

[3] 高旺盛. 试论可持续农业与中国农业发展方略 [J]. 农业现代化研究, 1994, 15 (6): 324-326.

[4] 柯建国, 章熙谷, 程金铁. 浅论中国持续农业的发展道路 [J]. 南京农业大学学报, 1995, 18 (2): 21-25.

[5] 骆世明. 论生态农业的技术体系 [J]. 中国生态农业学报, 2010, 18 (3): 453-457.

[6] 史同广. 生态农业与农业可持续发展 [J]. 农业环境与发展, 1998, (3): 37-39.

[7] 曹志强, 邵生恩. 农业生态学 [M]. 北京：北京农业大学出版社, 1996.

[8] 骆世明主编. 农业生态学（第二版）[M]. 北京：中国农业出版社, 2009.

[9] 卢良恕主编. 中国立体农业模式 [M]. 郑州：河南科技出版社, 1993, 468-472.

[10] 陶思明. 中国的生态农业及其发展 [J]. 生态农业研究, 1993, 1 (2): 1-5.

[11] 骆世明. 中国多样的生态农业技术体系 [J]. 自然资源学报, 1995, 10 (3): 225-231.

[12] 刘钦普. 生态农业类型分级分类初探 [J]. 国土与自然资源研究, 1998, (1): 20-23.

[13] 孙鸿良. 我国生态农业主要种植模式及其持续发展的生态学原理 [J]. 生态农业研究, 1996, 4 (1): 15-22.

[14] 黄进勇, 王兆骞. 我国生态农业模式建设的区域性 [J]. 经济地理, 2001 (增刊), 174-177.

[15] 李新平, 黄进勇, 马琨, 等. 生态农业模式研究及模式建设建议 [J]. 中国生态农业学报, 2001, 9 (3): 83-85.

[16] 赵秋义, 朱桂香, 张桂兰. 河南省生态农业模式设计与建设研究 [J]. 地域研究与开发, 1995, 14 (2): 71-74.

[17] 史嵘. 论建设云南生态农业的新模式——观光农业 [J]. 云南农业大学学报, 2000, 15 (1): 66-69.

[18] 张遵东. 关于我国旅游农业发展的思考 [J]. 农村经济, 2004, (6): 31-33.

[19] 黄金国. 广东观光农业旅游开发探析 [J]. 生态经济, 2001, (12): 110-112.

[20] 韩丽. 关于我国观光农业的可持续发展探讨 [J]. 农业经济, 2000, (10): 9-10.

[21] 宋金平, 盖文兴. 我国观光农业发展存在的问题与对策 [J]. 中国软科学, 2003, (2): 31-34.

[22] 陆志前. 发展新型农业 推动农村发展 [J]. 中国农业综合开发, 2004, (9): 39-40.

[23] 王渝陵. 从国际经验看重庆市观光休闲农业发展 [J]. 重庆社会科学, 2003, (3): 73-76.

[24] 赵弈, 郭旭东. 景观农业研究的兴起及其实际意义 [J]. 生态学杂志, 2000, 19 (4): 67-71.

[25] 张建国, 马克义. 集食、住、游、购、娱为一体观光农业发展潜力巨大 [J]. 中国花卉园艺, 2003, (4): 10-11.

[26] 肖光明. 观光农业的复合型开发模式初探——以肇庆广新农业生态园为例 [J]. 经济地理, 2004, (5): 679-682.

[27] 郭春花, 马晓燕, 冷平生, 等. 浅析观光农业类型和规划要点 [J]. 北京农学院学报, 2002, 17 (2): 23-27.

[28] 宋金平, 盖文兴. 我国观光农业发展存在的问题与对策 [J]. 中国软科学, 2003, (2): 31-34.

[29] 李同升, 马庆斌. 观光农业景观结构与功能研究——以西安现代农业综合开发区为例 [J]. 生态学杂志, 2002, 21 (2): 77-80.

[30] 徐峰. 观光农业景观设计 [J]. 林业建设, 2003 (2): 15-18.

[31] 蒋和平, 何忠伟. 生态旅游农业开发模式的研究——珠海生态农业科技园区开发实证分析 [J]. 古今农业, 2004 (3): 20-27.

[32] 郑阳, 孙明高, 辛培刚. 现代农业公园总体规划设计的探索——以聊城市"凤凰苑"现代农业公园为例 [J]. 山东农业大学学报: 自然科学版, 2004, 35 (2): 280-283.

[33] 林秀琴. 台湾观光农业的几种形式 [J]. 海峡科技, 2002, (3): 12-12.

[34] 郑昭佩, 刘作新. 生态旅游农业及其在我国的发展 [J]. 中国生态农业学报, 2002, 10 (1): 127-129.

第二章　乡村生态农业观光园规划
——以协力生态农庄为例

福建省晋江市洋宅协力生态农庄（以下简称协力生态农庄）是在社会主义新农村建设的基础上，围绕晋江市"一市一城"的目标，以发展都市型生态农业为主题，以推进城乡一体化为方向的庄园经济。农庄规划面积 86.6 hm^2，其中丘陵山地 46.6 hm^2，农田 40 hm^2，主要建设 5 个功能区：即生态农庄核心区、生态园林观光区、科普健身体验区、立体种养区、现代农业示范区。农庄坚持"以人为本，人与自然和谐"的宗旨，以丘陵山地观光休闲农业开发为重点，根据观光休闲农业的基本原理，把农业与旅游业密切结合起来，通过多元化经营、集团化开发，建立企业带新村、公司加农户的经营模式，在发展生态产业、生态旅游业的同时，弘扬晋江的产业文化、侨乡文化，把农庄建设成为集生产、教育、科普观光、休闲、康复于一体的都市型农业示范基地，成为晋江市乡村旅游的新亮点。

农庄规划期限 10 年，分两个阶段至 2020 年基本建成，总投资预计为 3 950 万元。其中首期（2011—2015 年）投资 2 090 万元，重点建设生态农庄核心区、现代农业示范区、立体种养区、生态园林观光区等；二期（2016—2020 年）投资 1 860 万元，主要用于养生康复院、高尔夫练习场等重大项目建设。

第一节　项目背景和意义

一、项目背景

国务院《关于支持福建省加快建设海峡西岸经济区的若干意见》，对海峡西岸经济区的战略定位是：两岸人民交流合作的先试区域、服务中西部对外开放的综合通道、东南沿海地区先进制造业的基地、我国重要的自然与文化旅游中心。福建省委省政府关于推进海峡西岸经济区建设的区域发展布局，首次把泉州与福州、厦门并列为海峡西岸经济区的三大中心城市，期待泉州充分发挥其经济发展优势和历史名城效应，带动一方经济跨越式发展。泉州市委市政府基于融入"海西"建设大局，做大做强泉州中心城市的考量，做出建设海湾型大泉州中心城市的重大决策，提出发展环泉州湾"一湾两翼三带"的空间布局，突出"一湾一环"建设重点，把晋江列入泉州湾城市四大中心片区之一，成为大泉州中心城市的核心区域；随着"海西"中心城市建设的加快推进和泉州湾城市圈发展布局的日渐清晰，晋江市委市政府提出"全市一座城"的发展目标和"提升中心城区，拓展南北两翼，推进片区建设"的区域发展布局，旨在把晋江建设成为城乡一体化的宜业宜居城市。

　　晋江是在改革开放中迅速崛起的新兴城市。过去30年，晋江充分发挥侨乡优势和"爱拼才会赢"的晋江精神，从"三来一补"起步，奋力发展独具特色的地方工业，创造了蜚声海内外的"晋江模式"，走出一条以市场经济为导向，以地方特色工业为支柱，以民营经济为特征的外向型经济发展道路，把一个沿海穷县建设成为现代化的工贸城市，经济综合实力连续10多年居全国"百强"前列、福建省"十强"首位。但是也应该看到，在新的形势下，随着"海西"建设的深化和大泉州中心城市的崛起，晋江要实现"一市一城"目标还面临城市整体规划发展滞后，城市基础设施、承载条件、市容市貌、公共服务、社会管理等尚不能适应新时期经济发展的需要和现代人生活的追求，其突出问题是社会经济发展不协调，城乡发展不平衡，工农收入悬殊，产业结构不合理，生态环境问题的压力加大，繁荣的现代化城区与落后的传统农村、发达的工业与肩挑手提的农业并存，社会经济二元化结构尚未根本改变。因此，要实现晋江市委市政府提出的"全市一座城"和建设"宜居城市"的目标，必须加快统筹城乡发展，根据中央《关于推进农村改革发展若干重大问题的决定》所提出的城乡发展规划、城乡基础设施、城乡公共服务、城乡劳动就业和城乡社会管理等五个一体化的要求，加强城乡统筹发展，加快推进农村城市化，破除城乡二元化结构。

二、项目意义

　　基于晋江市区域经济发展的目标定位和"一市一城"建设的要求，洋宅协力生态农庄的开发建设具有重要现实意义。

1. 有利于统筹城乡发展，促进城乡一体化建设

生态农庄是伴随着中国农村经济体制改革和农村城镇化发展而兴起的现代庄园经济的特定模式。它立足农村，面向城市，以服务城市、对接城市为宗旨，致力于发展多元化的生态产业，借以推进农村城镇化建设。磁灶是晋江市的重镇，洋宅协力生态农庄位于磁灶镇区近郊，与磁灶社区紧邻。农庄将遵循庄园经济的基本内涵，围绕晋江市"一市一城"目标，在基础设施、产业发展、公共服务、社会管理等方面，积极与镇区、市区对接，探索加快城乡一体化建设的有效途径，为周边地区提供可借鉴的经验。

2. 有利于发展都市型农业，转变农业发展方式

就产业发展而言，生态农庄是以绿色为背景，以生态良性循环为主题，以发展都市型农业，推进农业现代化、农村城市化为目标的生产经营模式。所谓都市型农业，即是融入城市，按照城市发展整体规划的方向，面向市民，为城市居民提供多元化服务的设施农业、工厂化农业、科技教育农业、观光休闲农业、保健康复农业。都市型农业本质特征是生产产品多样化、优质化、标准化；生产手段机械化、自动化、电脑化；经营方式企业化、集团化、国际化。都市型农业把现代科技、教育、商贸、信息、金融、保险、中介、创意等现代生产要素引入农村，促进城市人流、物流、资金流、信息流向农村延伸，在拓宽农业发展领域、延长农业产业链、促进农业发展方式转变的同时，让农民的思想观念和生活方式在潜移默化中改变。

因此，都市型农业是对我国传统农业经营体制和机制的一种创新，是适应新时代人们生活追求的客观需要。当今社会，由于城市人群集聚，交通拥挤，环境污染，节奏紧张，给城市人的生活和心理带来了巨大的压力。回归自然，向往空气清新、环境幽静的农村生活和追求安全、健康、优质的食物，成为当今的时尚。因此，本项目规划既可促进农业发展方式转变，也可顺应新时代城市居民多元化的生活需求。

3. 有利于加强九十九溪流域的生态保护，为泉州湾海域提供生态屏障

九十九溪是晋东平原的主要河流，发源于南安市境内，上游为彭溪和双溪两条支流，于晋江市磁灶镇汇合流经磁灶、池店后直接进入泉州湾海域。流域总面积 354 km^2，河流总长 47 km，河道平均坡降 1.6%，最大过水流量 530 万 m^3/s，河道弯曲。长期以来，由于九十九溪流域挖土、采石等不合理的山地开发活动和工业污染，植被遭受破坏，水土流失严重，泥沙淤积，加之大量生活垃圾、工业废料倾倒河中，河道变窄，河床深浅不一，洪涝灾害和水质污染越来越严重，直接影响到泉州湾的水环境安全。近年来九十九溪虽然经过综合治理，情况有所改善，但洪涝灾害和水质污染问题仍未根本解决。

洋宅协力生态农庄地处九十九溪中下游丘陵地带，梅溪支流穿流其间，是九十九溪流域自然生态系统的核心区域之一，其生态区位十分重要。农庄建设将在循环经济原理指导下，致力于自然生态资源的恢复和维护，保护区域内的生物多样性，遏制水土流失，搞好试验示范工作，为提高九十九溪流域生态系统的稳定性和保护泉州湾水环境做贡献。

4. 有利于创新农业经营体制，推进农业企业化、集团化

小生产与大市场的矛盾，是中国家庭联产承包责任制下发展现代农业的一大瓶颈。在农业都市化、农村城镇化的现阶段，农业小生产更是有悖于晋江市"一市一城"的目标要求。洋宅村是磁灶镇新农村建设重点村，2009年根据《泉州市村庄规划编制导则》制定了新农村建设规划，开始有计划的新村建设。然而，目前新村建设还面临着由于一家一户经营、土地分散、生产规模小、结构调整难、科技投入少所带来的诸多矛盾。小农业经营体制与农业都市化、农村城镇化的深层次矛盾进一步凸显，转变农业经营体制，推进农业产业化、企业化已迫在眉睫。

本项目开发建设以协力（福建）集团有限公司为龙头，引入"公司加农户、企业带新村"的经营模式，建立贸工农一体化、产加销一条龙的经营体系，借此把分散经营的土地集中起来，把一家一户农民组织起来，实行专业化生产、企业化管理、社会化服务，不仅可以拓宽农业发展空间，提高农业生产效率和经济效益，而且可以更有效地面向城市，为城市提供优质服务。因此，洋宅协力生态农庄的开发建设顺应了时代发展趋势，具有重要的现实意义。

第二节 现有基础条件分析

一、地理区位

协力生态农庄位于福建省晋江市的磁灶镇，地处福建省泉州中心城区的南郊，东经 118°24′~118°43′，北纬 24°30′~24°54′。东临台湾海峡，与金门、台湾一水之隔。磁灶镇在晋江西北部，比邻晋江市区，西南接内坑镇，西北与南安市交界，东北与池店镇、紫帽镇接壤，324 国道和深海高速通行其间，是泉州与厦门之间重要的交通要道，距泉州市区 25 km，距晋江市区 10 km，距厦门 100 km。

协力生态农庄位于磁灶镇的洋宅村。村庄面积 133.17 hm²，全村总户数 491 户，人口 1 812 人，有 6 个村民小组。背靠永光山，面对宝珠峰，钟灵毓秀，人杰地灵。

二、自然资源条件

协力生态农庄属于南亚热带湿润气候区，冬无严寒，夏无酷暑，气候宜人，日照充足。年平均温度 21.1 ℃，年均降水量 1 275.3 mm，年均相对湿度 80% 左右。季风明显，常年主导风向为东北风。地貌由平原与丘陵相间构成。村庄西部为溪间平原，确定为农田保护区，土壤肥沃；东部山地起伏，多属侵蚀丘陵，由北至南依次有崎芥山、永光山、眠床仔山、寨山头、龙船山、虎石山等 6 座低丘，海拔 50~156 m。

基本农田主要种植水稻，少量种植花生和甘薯。丘陵山地植被稀疏，已经种植的龙眼、荔枝、杨梅、桃子、石榴等果树因环境污染，疏于管理，已基本破坏。林木主要是马尾松、相思树及巨尾桉等。

三、土地利用现状

洋宅村土地总面积 133.17 hm²。其中耕地 58.78 hm²，占 44.14%；林地 41.76 hm²，占 31.36%；村庄居住用地 24.19 hm²，占 18.16%；工业用地 1.97 hm²，占 1.48%；水域 3.17 hm²，占 2.38%；其他用地包括公共设施、道路、市政等计 3.61 hm²，占 2.71%。

在 58.78 hm² 耕地中，水田 40 hm²，现由协力集团承租建设协力集团农业基地，主要种植水稻；其余耕地较为散落，分布在村庄东部的山地，主要种植甘薯、花生及瓜果、叶菜等，利用率较低。林地多为次生人工林，林相有待更新。居住用地相对集中，人均建设用地为 164.29 m²/人。村委会等公共服务设施主要分布于村庄中部，其中，村委会占地面积 170 m²；老年人活动中心占地面积 360 m²；洋宅小学占地面积 2 400 m²；另有卫生院、篮球场以及一些宗庙、祠堂、戏台等风貌建筑。工业用地面积比重很小，企业主要为洋宅针织厂、煤厂、美洲豹瓷砖厂、协力集团等，大部分在村庄南部。水域及其他用地面积为 6.78 hm²，占村庄总用地的 5.09%。水域主要有梅溪支流自南向北穿过，溪道宽 12 m，长约 2.5 km。详见表 2-1。

表 2-1　洋宅村土地利用状况

用地性质	用地面积（hm²）	比例（%）
耕地	58.78	44.14
林地	41.76	31.36
居住用地	24.19	18.16
工业用地	1.97	1.48
水域	3.17	2.38
其他用地	3.61	2.71
其中：公共设施用地	0.54	0.41
道路用地	2.76	2.07
市政设施用地	0.31	0.23
合计	133.17	100

四、社会经济概况

1. 晋江市社会经济概况

晋江是福建省的经济强市，10 年多来经济综合实力居全省之首。2009 地区生产总值 775.86 亿元，工业总产值 1 724.48 亿元，财政总收入 81.53 亿元，其中一般财政收入 37.07 亿元，社会固定资产投资 230.23 亿元，出口交货总值 59.2 亿美元，三大产业结构为 1.7：64.5：33.8。农林牧渔业总产值 25.07 亿元，粮食产量 6.76 万 t，水产品产量 20 万 t，农民人均纯收入 9 828 元。近年来，晋江组织开展新农村建设"三大活动"：即投资 2.56 亿元推进 101 个示范村建设；全民动员，绿化晋江；建设生态宜居城市。晋江市发达的地区经济和创建宜居城市的目标要求，将为洋宅协力生态农庄建设提供良好的社会经济环境。

2. 洋宅村社会经济概况

2009 年洋宅村工农业生产总值 1.5 亿元，人均收入 9 550 元，村财政收入 25 万元。洋宅村是晋江市的主要侨乡，全村旅居海外和港澳台的同胞多达 800 多人。旅外侨胞时刻关心家乡发展，自 20 世纪 50 年代以来，为故乡捐建学校、修桥造路、投资办厂，为洋宅村发展做出了重要贡献。近年来，洋宅村以"三个代表"为指导，坚持科学发展观，于2009年依照晋江市委《关于"百村示范、村村整治"》的要求编制了《晋江市磁灶镇洋宅村新农村建设规划》，全面开展村容村貌整治，增加公共服务设施，加快社会主义新农村建设的步伐。

3. 协力集团经济概况

协力集团是洋宅协力生态农庄建设的主要投资方，创办于1995年，集团总部位于洋宅工业区，历经十五年的发展，协力已成为一家集装潢设计、生产控制和产品营销为一体的现代化企业，现已在全国建立三十多家以省会城市为辐射点的分公司，形成了以陶瓷内外墙地砖为主，石材、玻璃幕墙、古建琉璃系列为辅的产品营销网络体系，致力于构建异彩纷呈的陶瓷建材装饰世界。拥有一支400多人的营销队伍和100多人的产品配送服务队伍，其中大中专以上学历占80%以上。将"诚信、专业、进取"作为经营理念，其主要产品通过2010年3C认证、ISO9001质量管理体系认证、ISO14000环境管理等系列认证。协力集团本着造福家乡、回馈社会的信念，集团致力于推动家乡洋宅村的新农村建设，决定采用"公司加农户，企业带新村"的模式，建立股份合作制，与洋宅村共建洋宅协力生态农庄，以加快洋宅村的新农村建设，推进农村城镇化。

五、项目建设SWOT分析

1. 优势

（1）交通区位优势明显

洋宅村西有324国道通过，南距福厦高速铁路晋江站6 km，北距泉州市区25 km，距晋江机场10 km，距厦门100 km，交通四通八达。

（2）侨台优势突出

晋江是我国著名的侨乡，在海外和港澳台的晋江人有200多万人，超过晋江市现有人口的一倍多，华侨遍布世界各国和地区。洋宅村是晋江的重点侨乡，其侨乡史是晋江乃至泉州华侨史的缩影，旅居海外历史悠久，源远流长，外侨在国内外都有较大的声望和影响。现任协力集团总经理即是菲律宾中国商会的常务理事、晋江市慈善基金会副会长。

（3）文化底蕴深厚

晋江是闽南文化的代表地区，其南音、梨园戏、高甲戏、木偶戏、灯谜、闽南茶艺等特色鲜明，文化底蕴深厚。磁灶是中国陶瓷发源地之一，迄今有1 700多年历史，有"中国陶瓷重镇"著称，以陶瓷产业开发为特征的产业文化名扬海内外。洋宅村中有著名的名胜古迹，尤以始建于宋朝乾兴壬戌的梅洋禅寺和1499年杨厝杨姓创建的原佛祖宫最为出名。

(4) 产业发展前景明朗

据国外权威研究机构的预测：旅游和文化产业将是本世纪全球发展最快的产业部门；到2020年国际旅游人数将达16亿人次，产值2万亿美元。旅游产业将取代传统的主导产业，而跃居世界第一大产业的位置。旅游产品正从观光型向观光、度假和专项旅游相结合的趋势发展，休闲、度假旅游成为发展速度最快的旅游产品。由此可见，洋宅协力生态农庄的发展潜力巨大。

2. 劣势

(1) 项目区现有基础条件较差

其一是丘陵山地地形复杂，山丘较多，土层瘠薄，植被稀疏，生物多样性缺少；其二是农田种植的农作物种类单一，耕作较粗放，果园残缺，果树分散；其三是山上供水、供电、通讯、道路等基础设施短缺，建设难度较大。

(2) 村庄内部环境有待改善

洋宅村对外交通条件较好，内部道路也已基本硬化，但仍存在道路等级低、道路红线窄、线形扭曲不成系统、缺少交通指示牌等问题。村庄内部建筑较散乱，新旧建筑朝向不一，环境卫生不够理想，各类生活垃圾随意丢弃、生活污水随意排放等脏、乱、差现象依然存在，直接影响到生态农庄的发展进度和游客市场的开发。

(3) 传统的"小农"观念有待更新

受传统观念影响，部分干群对拓展农业产业、建设生态农庄、发展观光休闲农业的意义认识不到位；对新的经营理念和实施方案尚未形成共识；相关部门的扶持配套政策还不够完善。因此，观念更新有待时日，经营制度改革有待深入探索。

3. 机遇

(1) 政府扶持力度加强

大泉州中心城市崛起和晋江市"一市一城"建设目标为协力生态农庄项目建设提供了良好的契机；晋江市农业区划委员会办公室直接参与本项目的组织实施，为项目实施增添了活力和保障。

(2) 海峡两岸和平发展升温

晋江具有良好对台交流的基础和优势条件,而台湾有相对成熟的休闲农业发展模式经验,随着海峡两岸经济合作框架协议(ECFA)协议的实施,政府对引进台资、扩大对台交流合作的政策支持将进一步加大,为本项目的实施提供良好的政策环境。

(3) 区域旅游市场潜力较大

晋江市倚山临海,风光秀丽,人文荟萃,名胜古迹众多,素有"泉南佛国、海滨邹鲁"之美誉。2008年,晋江市接待过夜旅游人数达 391 572 人(表 2-2)。本项目倡导的生态旅游是当前旅游业的发展趋势,符合消费者回归自然的消费意向。

表 2-2 2008 年晋江市接待过夜旅游人数

项　目	合计	其中:涉外宾馆饭店
	391 572	286 393
(一) 外国、中国港澳台游客	124 886	19 707
其中:1. 外国人	41 075	10 811
2. 中国香港游客	72 125	5 092
3. 中国澳门游客	8 330	464
4. 中国台湾游客	3 356	3 340
(二) 内地游客	266 686	266 686

4. 挑战

(1) 区域竞争日益加剧

近年来,福建省休闲农业发展加快,各地都涌现出一批各具特色的休闲景点,有观光农园、休闲农庄、教育农园、民俗观光村、森林公园等,如福州市白沙湾生态农庄、漳州龙海龙佳生态农庄、龙岩新罗云顶山茶园等。晋江市周边的生态旅游也已迅速兴起,永和恒山休闲农庄、金井围头村、紫帽红霞生态农庄等已初具规模,龙湖鲁东村、深沪运伙村已规划建设,一大批工商业者、华侨纷纷表达投资意向。因此,本项目的开发建设,必须在区域竞争的夹缝中营造自己独特的亮点,才有发展的可能。

(2) 休闲旅游需求日益差异化

随着经济水平和文化水平的提高,人们更加注重有实质性内容的休闲旅游项目,更注重休闲旅游的环境质量和品位,未来延伸需求的差异化将日益加剧，要求提供的休闲旅游产品必须多样化才能满足多元化的游客需求。

（3）高素质人才短缺矛盾日益凸显

无论是农村城市化，或是休闲农业建设，都需要大量高素质，包括技术人才和管理人才。而目前洋宅村高素质技术人才明显短缺，居民文化素质也有待提高。

六、结论

上述分析表明，洋宅协力生态农庄建设的优势大于劣势，机遇与挑战并存，困难与希望同在。但这些优势、劣势、机遇和挑战不是一成不变的，在一定条件下可以互相转化。因此，应当抓住机遇，充分利用有利机遇来迎接挑战，弥补先天之不足。

1. 科学规划，统筹发展

在项目开发建设时，因地制宜，科学划分功能分区，充分体现农庄的科学性，既能体现本地特色，又能避开区域竞争。

2. 多渠道筹集资金

由于基础条件薄弱，建设开发需要大笔的资金。应遵循内资与引进外资相结合，国家、地方、部门、集体、个人一起上的方针，动员全社会各方面力量，积极争取国家各种专项建设资金扶持，改善投资环境，多形式、多渠道筹集社会资金。

3. 加强内部管理

基于行业内部竞争日益激烈，完善内部管理至关重要。如何突出企业文化和特色，发挥后发优势，打造名牌产品，形成竞争力，是对企业领导层的战略眼光和领导素质以及员工的向心力提出的严峻考验。

第三节 生态农庄的结构与功能

一、生态农庄的结构

"结构"是指生态农庄整体各部分的构成要素及其空间布局的量比关系。就生态农庄的内涵而言，洋宅协力生态农庄是由社会—经济—自然构成的复合生态系统，它由异质的社会、经济、自然三个子系统互相联系、互相作用、互为因果耦合而成，比自然生态系统更复杂。其结构可理解由三个关系圈组成：①核心圈，其主体是人，以人为中心，包括人的组织、文化、技术，起主导作用；②内部环境圈，有生物环境、地理环境、人工设施环境，是农庄内部的介质；③外部环境圈，包括市场、信息、原材料供应源和社会支撑条件等。

洋宅协力生态农庄是一个社会开放系统，要以开放促开发，以开发促开放。农庄建设的实质是着眼于富裕、健康、文明目标的开拓过程，也是为调适生产关系，发展生产力而在体制和机制上展开的社会变革，因此，它是统筹城乡发展关系促进农村城市化的具体举措。

二、生态农庄的功能

功能是指在一定结构框架下生态农庄的整体功能和作用，主要有以下方面：

创新拓展功能：技术引进、管理创新、产业拓展是生态农庄的首要职能。要围绕规划的总体目标，引进先进技术、优良品种和科学的管理经验，拓展农业发展空间，发展多元化农业，生产一流产品，创一流产业，体现现代科学和现代生态农业的最新成就。

观光休闲功能：面向城市，适应城市居民追求自然、返璞归真的需要，引入"融于自然、健康长寿"的理念，营造优美、益智、幽静的人居环境，使农庄成为晋江乃至泉州市城乡居民观光、休闲、度假的理想场所。

科普教育功能：以农庄科普培训区为龙头，以农庄主导产业为载体，以侨乡文化馆、农耕展示馆为重点，借助生物技术和现代光电技术的巧妙结合，开展传统文化教育、专业讲座和技术培训，通过农科相结合，为农庄和社会培训专业人才，为泉州市大、中、小学校学生提供校外实践活动平台。

体制创新功能：以效益为中心，以市场为导向，把技术创新与体制创新结合起来，建立公司加农户，企业带新村的经营模式，形成以农业龙头企业为核心，以农户为基础的产加销一体化生产体系，完善现代企业管理制度，推进洋宅村社会主义新农村建设。

示范推广功能：面向晋江市"一市一城"建设目标，通过科学规划和建

设,以先进的技术、现代化的管理,建设都市化的基本农园,设施化的生产装备,科学化的管理机制,自然化的生态景观,为晋江市城乡一体化建设提供示范。

第四节 生态农庄的建设思路和基本原则

一、建设思路

在科学发展观指导下,走可持续发展的道路,合理处理人与自然的关系,建立以人的行为为主导、自然环境为依托、资源流动为脉络、社会体制为根基的社会、经济、自然复合体系,以实现经济的持续发展,资源的永续利用,体制的公平合理,农庄与周边乡村的和谐共荣,以及侨乡传统文化的延续与更新。

以都市型农业体系为基本方向,以发展高科技生态农业和生态旅游业为重点,以优美的村庄、田园、山体、植被、草地为依托,把农业、农民、农村"三农一体"和生产、生活、生态"三生并重"有机联系起来,促进农业和农村建设的协调发展,实现物质、能量、信息的高效利用,使每个人的创造力得以充分发挥。

扩大开放,深化改革,紧跟时代潮流和科技发展趋势,更新观念,强化技术、人才和管理制度引进与创新,通过"公司加农户"形式,建立产加销一体化的产业体系,实现农庄的企业化经营。

二、基本原则

贯彻落实上述发展思路,必须坚持以下基本原则:

市场导向原则:农庄建设必须顺应国内外市场需求和竞争,在功能分区、产业和产品选择、景观营造等方面,充分考虑市场的容量和趋势,适时调适,不断地优化产业和产品结构。

远近结合原则:立足当前,放眼未来,既要有预见性、前瞻性,策划一些面向未来的高标准、高起点项目;又要结合当前实际,因地制宜,量力而行,抓住重点,以点带面,分步推进。

突出特色原则：着眼山地综合开发，以农、林、牧、渔立体种养，多级质能循环利用的生态农业和以设施园艺观光、养生保健休闲为核心的观光、休闲、养生，是农庄的特色。庄内建筑风格、景点设置、服务设施、游乐与健身项目等，都要突出这个主题，形成山水相依，农、林、花、果科学配套，青山、绿水交相辉映的山庄景观。

开发与保护结合原则：科学运用生态学原理和立体农业工程技术手段，合理开发利用自然资源，保护良好的生态环境。在山地开发、园林建设中，力求寓环境保护于生产开发之中，寓废物处理于再生利用之内，正确处理人工造景与自然植被的关系，尽可能减少人工环境和生境破坏。

第五节　发展目标、功能分区和项目策划

一、发展目标

围绕晋江市"一市一城"和建设"宜居城市"的总目标，坚持超前性、国际性、高科技性的发展导向，力争在都市型农业的基本建设，"公司加农户"、"企业带新村"的经营模式及农庄经营管理体制和机制创新上有新的突破，建立健全都市型农业生产体系，逐步实现农庄生态自然化、产品标准化、管理企业化、营销国际化，推进传统农业从第一产业向第二、三产业转变，把洋宅协力生态农庄建设成为泉州市乃至全省一流的都市型观光休闲园区。

二、功能分区

功能区划分是按农庄资源合理配置和生产力发展的总体进行部署，其目的是发掘农庄资源潜能，优化农庄生产力的时空分布。本项目规划控制面积为 86.6 hm^2，其中水田 40 hm^2，丘陵山地 46.6 hm^2，在水田和山地之间有村庄相隔。根据现有地形条件和农庄功能，本规划以村民居住区为界分为东西两大片，西片水田规划建设现代农业示范区，东片丘陵山地以立体种养、观光休闲、养生康复、科普教育为主，重点建设 5 个功能区。各功能区用地分配见表 2-3。

表2-3 功能区区划

片区	功能区	地点	面积（hm²）	比例（%）
山体	生态农庄核心区	永光山、眠床仔山	16.0	18.5
	生态园林观光区	寨山头、梅洋禅寺、龙船山	10.0	11.5
	科普健身体验区	虎石山	12.0	13.0
	立体生态种养区	崎芥山	8.6	9.9
水田	现代农业示范区	基本农田保护区	40.0	46.2
合计			86.6	100

三、项目策划与建设阶段

根据全面规划、分步实施的原则，本规划分2011—2015年和2015—2020年两个阶段，分别实施以下主要项目（表2-4）。

表2-4 项目策划一览

功能分区	建设项目	建设期	
		2011—2015	2015—2020
生态农庄核心区	农庄管理服务中心	√	
	侨乡文化馆（侨台联谊会所）	√	
	TDS检测养生康复院（龙床阁）梅洋湖和磁都广场		√
	休闲屋	√	
	茶艺馆	√	
	森林浴场和森林步道	√	
	高尔夫练习场		√
生态园林观光区	杨梅园	√	
	梅洋禅寺和桃花园	√	
	旱生植物馆		√
	阴生植物馆		√
	儿童天地	√	
	垂钓池	√	
	良种繁育苗圃	√	
科普健身体验区	科普培训中心	√	
	科普馆（闽台农耕展示厅、磁都产业文化展示厅）	√	
	健身房	√	
	游泳馆		√
	网球场		√
	体能拓展基地	√	

(续表)

功能分区	建设项目	建设期	
		2011—2015	2015—2020
立体种养区	林草兔沼立体种养模式	✓	
	林（果）下养鸡模式	✓	
	林草鹅配套种养模式	✓	
	草羊配套种养模式	✓	
	林药立体种植模式	✓	
现代农业示范区	稻菜多熟制专业区	✓	
	无公害蔬菜专业区	✓	
	设施农业专业区		✓

第六节　分区建设方案

一、生态农庄核心区

1. 建设思路

本区位于永光山及永光山与眠床仔山之间，包括永光山北侧及两山山凹盆地和山坡，占地约 240 亩。核心区既是农庄行政管理、商务活动、社会服务的中枢，又是侨乡历史文化展示和对台对外交流合作的窗口；同时也是面向海内外游客，集休闲、保健、养生康复于一体的理想场所，是生态农庄的核心区域。

山地森林是人类最佳的休闲养生场所，茂密的林木，清新的空气，令人心旷神怡，既能陶冶人的情操，激发人的灵感，丰富人的精神生活；又能养护肌肤，清沁肺腑，除痰健身。本区将利用两山之间低洼的小盆地，构筑一个面积 5 000~8 000 m² 的人工湖，引水上山，形成以山为背景、以水为主题、以园林造景为特色的山水相映、天人合一的生态景观，充分发挥山地森林生态环境的休闲养生功能，为游客提供高层次服务。

2. 项目策划

（1）农庄管理服务中心

位于两山之间盆地的东侧，园林式两层至三层建筑，东西向，紧挨上山的主干道，背面为停车场，前面为磁都广场。内设办公室、财务部、技术研发部、营销部、信息中心等管理部门和接待、会议、住宿、餐厅、购物等服务设施。

农庄技术研究开发部的任务是围绕整个农庄的主导产业和产品，研究分析国内外市场动态和本地区社会经济发展需求，组织进行优良品种和先进技术、先进管理经验的引进、试验、消化、吸收，解决农庄生产经营过程中的关键问题，负责农庄的技术开发和经营管理指导。通过产学研、农科教结合等形式，承接外来相关研究课题；开展合作研究开发，为不断提高农庄的技术和管理水平提供科技支撑。

(2) 侨乡文化馆（侨台联谊会所）

位于永光山南坡，根据等高地形，依山而筑，高低错落，坐北朝南，背山面水，其正面为人工湖——梅洋湖，背面为永光山。单层庭院式建筑，根据展品功能分区，采用必要的亭、廊、轩，结合墙、垣、花木等组成大小不同的庭院空间，形成不同的展室。

侨乡文化馆的主要功能是展示晋江侨乡的发展历史，弘扬闽南侨台文化，组织开展晋侨（台、港、澳）联谊活动，为海外华侨和台、港、澳同胞提供交流与合作平台。内设"晋江台侨联谊会所"和"侨乡文化展馆"。前者为晋侨（台）联谊活动的民间组织管理部门；后者主要展示晋江侨乡历史文化，内容包括宋、元、明、清以来晋江华侨的出国史，晋江华侨在异国他乡的创业之路及其成效，抗日时期晋江华侨反抗殖民主义和支援国内革命斗争的历史贡献，改革开放以来晋江华侨及台港澳同胞回乡创业的生动事例、名人名事等。

(3) TDS检测养生康复院（龙床阁）

TDS健康检测系统是在传统中医药学基础上，通过医药生物技术和现代信息网络技术的结合建立起来的远程健康检测系统，用以检测人体的亚健康疾病。该院将引进以TDS检测系统为主的亚健康检测技术，结合其他现代理疗保健设备，对危害人体健康的现代疾病进行先期诊断，并提供针对性的养生保健服务，包括咨询、健身、疗养、中西药物、心理治疗等康复服务。

养生康复院位于眠床仔山传说中的龙床石处，以龙床阁取名。构建上为三层多间重檐阁楼式建筑，平面上呈狭长型，曲折延伸，依地形配以花木、掇石、水池，形成高端的养生场所。

(4) 梅洋湖与磁都广场

在管理中心、侨乡文化馆、康复院建筑群体之间的低洼盆地，挖筑人工蓄水湖，以梅洋禅寺的"梅洋"取名。湖水取自梅洋支流或从永光山下打井引水上山，营造人工水景，增添自然生态景观。初步设计水面5 000 m²，水深1~1.5 m，湖底呈浅碟状。北岸与侨乡文化馆紧邻，在岸边落水处设置假山、瀑布；南岸配置曲桥、水榭，湖边植柳，湖中放养水生动植物，以增加水体的自然情趣。从梅洋湖至管理中心和康复院的广阔缓坡地，开辟弘扬磁都历史文化的磁都广场，广场以绿色草坪为基调，草坪设计要以绿色山体为背景，以植物配置为基础，点缀适量的雕塑小品，配置适量的垣、亭、廊等园景装饰，种植亚热带观赏花木，构成一派湖光山色的南国风光。

(5) 休闲屋

位于龙床阁后，眠床仔山南坡错落的林木下，沿等高线建设十几座单体结构的休闲小屋，每座面积30 m²左右。每幢配套空调、热水器、卫生间、电视机、电话、网络等，用于接待双休日及节假日度假家庭或小型会议。外观为坡屋面，绿瓦白墙，统一着装，有序地散落于林间，在布局上要充分利用地形、树影和建筑物之间的交错，以小路、绿地为自然纽带，形成错落有致的公共空间来点缀农庄的景观。

(6) 茶艺馆

位于眠床仔山南端，园林式单层建筑，既可品茶又可供茶艺表演，有条件时还可以茶诗、茶歌、茶舞等形式宣扬中华"俭、清、和、静"的茶道文化，展示历代茶事、茶学、茶书、茶画、茶器、茶食等，让观光者接受中华茶文化的洗礼，促进社会和谐。

(7) 森林浴场和森林步道

森林环境是人们理想的保健疗养场所。因为森林植物能够不断释放出植物菌素，又称"植物精气"，具有杀灭多种病菌、降血压、祛痰、镇静等功效；林间空气还有高浓度的负氧离子，能够杀菌、降尘、清洁空气，对呼吸系统、消化系统和五官科多种疾病有很好的治疗效果。根据"绿视率"理论，林间高氧气浓度，低细菌含量，噪音小，空气清新，能使人的身体和心理得到良好的感受，能使支气管炎、咽喉炎、肺炎、心血管病等患者得到改善。因而森林与养生密切相关。森林浴是指人们在生机盎然的林中漫步、唱歌、跳舞、对弈、览胜、娱乐、品茗等活动，吸纳森林植物释放的"植物精气"，借此养护肌肤，除病养身。

本区拟在永光山和眠床仔山树木茂密地段设置三条森林步道：一是自现有的老人福利院经梅洋禅寺自东向西上眠床仔山；二是自生态园林观光区垂钓池从南向北顺着上山主干道直上眠床仔山；三是在永光山侨乡文化馆后开辟一条环形步道上永光山顶蓄水池。林间步道设计应利用地形地貌，设置林间氧吧、亭社、吊床、舞池等构件，让游客穿行其间，领略大自然的风光，吸纳大自然的"精气"。三条步道设计既拓宽森林浴场空间，又有利于沟通各功能区的联系。

(8) 高尔夫练习场

在永光山北侧的开阔缓坡地上，可建设一个小型高尔夫练习场，供初学人员和爱好者练习打球。练习场设计占地约20亩，包括练习打台、真草短打区和VIP包厢。其中，练习打台设计多个球道，最远打位268码；真草短打区结合地势可设高抛球区、低抛球区、沙坑练习区、长距离开球区、推杆练习区；会所内设置中欧式VIP包厢若干、休闲厅、培训室和球包存储室等。球道选择Tifdwarf、海滨雀稗、台湾草、结缕草等；长草区多选择结缕草、狗牙根、画眉草、巴哈雀稗、假俭草等。

二、生态园林观光区

1. 建设思路

本区位于生态农庄核心区的南部，包括寨山头、梅洋禅寺、龙船山北坡山坳地带，面积约 10 hm^2。根据地形、土壤和现有条件，本区将分别设置三个重点景区：一是寨山头杨梅生态园，二是梅洋禅寺传统文化景区，三是龙船山设施园艺景区。本区地处农庄上山的入口处，从生态园林观光游览的角度出发，将以观光、游览为主题，充分利用其山地果园、寺庙、山坳梯度地形和水面等自然资源，科学运用现代园林技术，建设既与当地自然生境相适应，又能体现现代园林技术特色；既有科学内容，又有艺术外貌，山水相依、天人合一的生态园林景观，借以丰富生态农庄的观光游览内涵。

2. 项目策划

(1) 杨梅园

杨梅属杨梅科杨梅属，是常绿乔木，叶色浓绿，果实紫红，树姿优美，抗逆性强，根部与根瘤菌共生，有提高土壤肥力的功效，可以改良瘠薄土壤，是迄今为止已知的最适于闽东南沿海丘陵山坡栽培的经济果树之一。本区寨山头曾经种植杨梅和石榴，现已荒废。规划在寨山头上山入园主干道两侧设置杨梅生态观光果园，一可改良贫瘠土壤，控制水土流失，美化、绿化园景；二可组织开展果树命名、认领或自助采摘等相关活动，为游客提供多元化的观光游览服务；三可以此为基地，通过试验、示范，在农庄全面推广种植杨梅，进行规模化生产，利用其鲜果、根、皮的消食、消炎收敛、散瘀等药效，开发系列加工产品。

（2）梅洋禅寺与桃花园

梅洋禅寺历史悠久，寺庙雄伟壮观，朝觐者络绎不绝，在海内外都有很好的声望。要在进一步深入发掘梅洋禅寺的历史文化内涵的同时，以绿化、美化为重点，加强周边环境的整治。在寺庙右侧顺着建设中的老人福利院至眠床仔山的上山步道两边山坡种植阔叶相思带，增加林荫覆盖度；在寺庙后尚有一些零星分布的成年龙眼树，一方面通过扩穴改土、增施有机肥、高接换种、修剪、补栽等措施进行老果园更新。可供嫁接和补栽的龙眼品种有八一早、立冬本、松风本、水南1号以及泉州市农科所新近选育的泉龙157、泉龙104等；另一方面在其上部荒坡上种植一片桃树，选用新育成的"白玉"等优良品种，建设桃花园。桃花园坡向正对杨梅园主干道入口处，增加游客上山入园的视觉感观。庙前空地和上山道路两侧山坡以及现有骨灰塔周边，全面配植杨梅，既突出本区景观特色，又增加植被覆盖度。

（3）旱生植物馆

在龙船山北坡山垅上部建一座面积800 m^{2}左右东西走向的钢架塑制自动化控制温室；装配全自动智能化温湿度控制设备。馆内露地花架交错起伏，种植仙人掌多浆植物，营造沙漠旱生植物生态环境，让游客体验一种独特的生态景观。主要种植常见的仙人掌、仙人球种属。如球星属的瑞凤玉、玲珠兜、球星；仙人柱属的秘鲁仙人柱、冲天柱；顶花球属的象牙球、天司；鸟羽玉属的鸟羽玉、白花鸟羽玉；南国玉属的雪光、黄雪光等。还可借助人工嫁接，培育色彩缤纷的新品种。在种植和排列布展上，力争高矮搭配，群植散栽相配合，随沙丘起伏，花架高矮，构成沙漠旱生自然生态景观，展示现代设施农业技术与园艺生态技术相结合的最新成就，普及植物生态知识。

(4) 阴生植物馆

位于旱生植物馆的下方，构造大小与旱生植物馆相同。馆内种植各种耐阴观赏花木，常见的如天南星科的马蹄莲、火鹤花、红掌、万年青、花叶芋、海芋；凤梨科的红叶小凤梨、五彩凤梨；竹芋科的孔雀竹、双色竹等；秋海棠科的四季海棠、球根海棠、中华海棠；唇形科的一串红；兰科的春兰、蕙兰、建兰、寒兰；石蒜科的君子兰、文殊兰、水仙等。许多品种既可观叶，又可观花，深得国人的喜爱。在布局上可架、吊、挂并用，模仿自然生境，形成立体结构，增加观赏趣味。

(5) 儿童天地

在阴生植物馆下方不同等高梯阶，有一个小型水塘，水塘右侧地势较为平坦，可开辟为儿童乐园。水塘建成多边形不同水深的儿童戏水池，其周边为开阔草皮绿地，布设蘑菇亭、聪灵屋、组合梯、童趣池、转椅、秋千、木绳桥、飞天等儿童游戏设施。在水塘左侧坡地上运用园林造景技术，种植杨梅、合欢、女贞、黄杨等绿化树，摆放十二生肖石雕和适当石凳，使之成为十二生肖景点，供儿童留影、嬉乐。

(6) 垂钓池

利用儿童天地下方一个较大水面的水塘，通过整理改造，用条石砌池岸，池边植柳，周边种草皮，间隔 3~5 m 设置垂钓台、渔翁棚；在池的另一岸建一个单面水榭，既增添池中景色，又供饮茶观鱼。水面放养水禽，水中立体养殖适于垂钓的草鱼、鲢鱼、鲫鱼、红鲤鱼等。在布局上注重自然，营造优雅宁静的垂钓环境。

(7) 良种繁育苗圃

苗圃功能是引种繁殖花卉和绿色苗木的优良品种，既为园区绿化、美化提供种苗，又可开发生产商品苗木，使之成为农庄的经济收入之一。

苗圃位于本区的最东边，垂钓池下方，规划面积 50 亩，包括初选圃 5 亩、复选圃 10 亩、繁育圃 30 亩，以及遮阳棚 2 亩和 6 m×30 m 的单栋日光温室 1 亩，配备智能化自动喷灌系统。其他用于创造条件建设植物组织培养室，用于成批量商品苗木生产。组织室面积约 400 m^2，包括器材室、洗涤消毒室、实验室、无菌接种室、组织苗培养室、工作室等。

考虑到本地区的土质和环境问题，种苗引种和种植、推广，切忌盲目进行，需经苗圃试种、观察、筛选等过程。

三、科普健身区

1. 建设思路

科普健身区主要面向青少年，为其提供科教、德育、健身等服务，开展现代生态文化教育和体能训练，培养青少年对大自然和实践活动的兴趣，加强青少年的参与性和认知性，承接大、中、小学生校外社会实践活动，同时开展群众性科普教育活动，培训公众的生态意识和保护生态的行为规范，建立生态建设和环境保护公众参与机制。

当今世界，随着环境变化，自然生态系统为人类生存与发展提供服务的功能越来越少，借助科普培训去认识自然，正确处理人与自然的关系，宣扬我国传统的"天人合一"的生态观，建设健康、文明的生态文化已日益显得重要而紧迫。科普健身体验区要以整个生态农庄为课堂，围绕生态恢复与保护、生态景观营造、生态休闲与保健、生态产业开发、历史生态文化等领域，通过组织专业教育、讲座、研讨、培训、夏令营等活动，面向社会，开展教育培训。同时与大中小学校的素质教育和社会实践活动结合，为学生的社会实践提供生动活泼的场所。

本区位于生态园林观光区西部，入园主干道两侧，南与洋宅小学紧邻，包括虎石山开发地段和部分休闲农地，地势较为平坦。

2. 项目策划

（1）科普培训中心

在农庄大门入园主干道右侧，建一座面积 $800\sim1\,000\;m^2$ 科普大楼，其功能是承担本区综合管理、接待和组织科普展示、人才培训、健身体验及中小学生素质教育。内设多媒体电教室、多功能会议厅、小型会议室、图书室、接待处等，并为学生校外劳动提供食宿等生活服务设施。

科普培训中心要围绕"生态、文明、健康"这个主题，组织开展以科技创新为主要内容的"科技明星活动"，以劳动生存教育为主要内容的"五自（自学、自理、自护、自强、自律）实践"活动，以团结互爱为主题的"互助互爱活动"等，培养青少年健康向上的人格意识、生存发展能力以及热爱自然、热爱科学的世界观。

（2）科普馆

本馆是展示原始社会—传统农业社会—现代工业社会到信息社会全过程的科普教育平台，旨在结合晋江社会经济发展实际，应用图片、实物、光盘、网络等现代声像艺术，对青少年进行中华传统文化教育。内设以下两个展示厅：

闽台农耕展示厅：通过最新的光声电多媒体技术将闽台民间农业发展历史加以还原，介绍原始农业、传统农业和现代农业以及未来信息农业不同历史阶段的农业景观特征，包括农具、农书、农制、农礼、农诗、农画、农产品、农地利用和农业生产力水平等；介绍闽台农业交往的历史及其社会影响因素，近期闽台农业合作的现状和成就，让青少年对我国农业发展和两岸农业渊源有一个更为全面深入的了解。

磁都产业文化展示厅：以晋江磁灶陶瓷产业发展的历史为重点，介绍晋江陶瓷工业发展的历史及改革开放后发展的成就和影响。磁灶建陶业始于西晋，宋朝年代陶瓷制品扬名海内外，距今有1700年历史，是中国陶瓷的发源地之一。改革开放后，随着晋江乡镇企业的蓬勃升起，磁灶人继承发扬了祖先留下的制陶技术，依靠科技进步经历了从手工业、传统工业到现代工业的技术演变过程，终于成为"中国陶瓷重镇"——全国四大建筑陶瓷生产基地。本厅将从资源、技术、产品、市场等方面，展示磁都工业的过去和现在，特别要以"生态"为主题，以技术改革为重点，反映为解决陶瓷业污染问题所作的努力和成效。

（3）健身房

位于主干道右侧，科普馆北边，内设篮球、排球、羽毛球、乒乓球、射箭、台球、射击以及跑步机等体能训练设施，定期举办青少年专项运动培训和比赛活动。

（4）游泳馆

建设长、宽50 m×25 m，深0.8～1.2 m的室内标准游泳池，引入全自动循环水处理系统，面向社会，成立游泳俱乐部加以管理。

（5）网球场

设置室外网球场，面积约670 m² （36.6 m×18.3 m），场地采用塑胶用地，四周设挡网。可成立网球协会，丰富游客和居民的体育生活。

(6) 体能训练拓展基地

位于本区最东边,与生态园林观光区相邻,是青少年露天体能训练的场地。场内设置滑竿、高空滑索、八字桩、天梯、协力架桥、高空跨越、徒手攀岩等体能训练设施,有组织地进行登山、探险,开展拓展训练、军事训练,举办青少年群英会等实践体验和挑战自然极限等活动。

四、立体种养区

1. 建设思路

立体种养是在单位面积土地上,通过种植业、养殖业和立体工程技术的结合,建立多层次种植、多物种共栖、多级质能循环转化的生产模式。其目的是节约用地,增加多样化产品、产量,借助生物间物质的消纳与转化,节约资源,改善环境,减少污染,见图2-1。

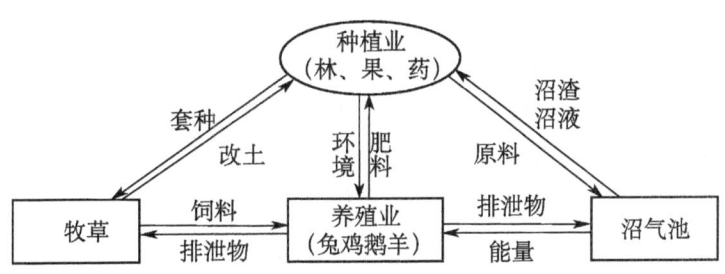

图2-1 立体种养模式

本农庄设置立体种养区,既是发展生产,延长产业链,增加经济收入的重要举措,又是加强丘陵山地综合开发、营造良好生态环境、减少环境污染的客观需要。

基于观光休闲区与生产区相隔离的考量,本区设置于农庄北部,以崎芥山为主体布置,在项目布局上要遵循环境经济资源再生与有效维护的基本原则;因地制宜,互为依托,互相补充。

2. 项目策划

(1) 林草兔沼立体种养模式

兔子是当前国家大力提倡发展的草食性动物,兔肉具有高蛋白、高赖氨酸、高消化率、低脂肪、低热量、低胆固醇以及多纤维素、多药用价值等特点,是良好的保健食品。本区拟在崎芥山西北坡林边建设一个标准化养兔舍

2 000 m², 配套建设自然放养场、沼气池和牧草地。以牧草养兔；用兔粪、牧草为原料生产沼气；利用沼气发电，沼液肥果、肥林，建立以草食性动物为龙头，以林、地、牧草地为基础，以沼气为纽带的林草兔沼立体种养模式，不仅增加动物食品，而且可以培肥地力、保持水土、改善农庄生态环境。具体措施如下：

品种选择：选用福建农科院选育的地方良种福建黄兔。该品种蛋白质含量比一般兔高2.2%，比牛肉高2.8%；消化率85%，比牛肉高25%；脂肪含量2.2%，比猪肉低10%；胆固醇59%，比猪肉低29%。

养兔场建设：单层标准化兔舍2 000 m²，金属兔笼3 000个。配备电脑控制室、兔病研究治疗室。

自然放养场建设：用于放养仔兔，使其在自然条件下肥育成长，提高兔肉质量。放养场面积30亩，每10亩为一区。场内种植黑麦草、平托花生、印度豇豆、圆叶决明等优质牧草混播。仔兔经笼养55天后进入放养场放养，放养数以每只兔放养面积2~3 m²计算。场地周围用砖石砌墙，高1~1.5 m。场内每区搭建数个矮棚供兔子歇息，设置食槽、水盆、草架等，以供补充喂养。

沼气池建设：配合养兔场建设沼气池，沼气池容量依饲养数量而定，采用推流式厌氧发酵工艺，由厌氧发酵系统、沼液利用处理系统、沼气配输系统等构成。

（2）林（果）下养鸡模式

在崎芥山东南坡林地规划80~100亩，可放养鸡群2.5万~3万只，既节省饲料，又可培育优质土鸡，促使土鸡生产规模化，改变家养鸡造成的环境污染。主要措施如下：

品种选择：选用适宜放牧、耐粗饲、抗病力强的本地土鸡或土杂鸡。如本地黑鸡、桃源鸡、仙居鸡、肖山鸡、三黄鸡、杏花鸡、河田鸡等。

鸡棚搭建：选干燥、排水好、交通方便，具备水源、电源地段，就地取材搭建宽4~5 m，长7~9 m，中间高1.7~1.8 m的简易鸡舍，铺设垫草，供鸡夜间回窝、产蛋及避风雨，鸡粪供应沼气池。

雏鸡培育与放养：雏鸡孵育按照常规方法，育成40日龄后再经7~10天过渡后即可放养。放养期分两个阶段，中鸡阶段（40~90日龄），大鸡阶段（90~150日龄）。放养期间适当增加蛋白质饲料补给。

疫病防治：除常规防治外，放养鸡主要于60日龄、90日龄和肥育期间，驱虫3次。

(3) 林草鹅配套种养模式

晋江市发展养禽业的最大限制是饲料短缺,因此,发展节粮型草食动物,是晋江市养禽业发展的一个重要方面。鹅是草食水禽,对青草、粗纤维的消化率可达45%~50%,有"青草换肥鹅"之称。鹅肉、鹅蛋营养价值高,鹅肉中的蛋白质含量为17%~22%,和鸡蛋相似;鹅蛋中的蛋白质高于鸡蛋和鸭蛋。鹅可以加工成风味多样的产品;鹅血、鹅胆、鹅掌、鹅皮等均可入药。鹅的羽绒量大、弹性强、保温性能好,可制作绒衣制品、体育文化产品和工艺装饰品等。

鹅的生活力强,适应性广,耐寒性、抗病力比鸡、鸭强,饲养管理较粗放。在林地、果园种菜放牧鹅群,以草养鹅,鹅粪肥林、肥草,形成林草鹅良性循环,既能清除虫害,增加土壤肥力,又可解决青饲料短缺问题,达到林(果)牧结合的目的。养鹅业是投资少、见效快、收益大的产业,以放牧、食草为主,除育雏期间需要一些简单保温设备外,稍大即可露宿和舍饲。其规模化养殖包括以下几个方面:

场地选择:选择地势较高而干燥,有电源、无噪音、无养殖过家禽类的新场地。放牧地要有流动的无污染水源。

品种选择:福建养鹅历史悠久,经过长期饲养和不断的选育,拥有优良的地方品种如豁鹅、闽北白鹅、长乐灰鹅、诏安灰鹅、白眉狮头鹅等。

牧草供应:适于本地种植的优质鹅草有黑麦草、杂交狼尾草、紫花苜蓿、饲料型苦荬菜、大雀稗、白三叶、菊苣等。品种选择上要长短结合,以短期见效为主;富含蛋白质的豆科牧草与柔嫩多汁的叶菜类及禾草科牧草结合。

科学饲养:①精养雏鹅:一般雏鹅饲养密度为20~25羽/m^2,每群50羽,少食多餐,喂食专用雏鹅饲料和青料,适当调整温度、湿度和光照;②粗养中鹅:30日龄后鹅放牧要早出晚归,高温天气要增加放水次数和延长放水时间;③速养成鹅:鹅的主翼羽长出后,可开始催肥速养成鹅,催肥期都宜圈养,饲料以富含碳水化合物且易于消化的玉米、稻谷、麦子、糠麸等为主,适当搭配蛋白质饲料和粗饲料;④防疫灭病:防疫关乎规模养鹅的成败,1~3日龄的雏鹅要及时用小鹅瘟高免抗体血清注射,养到30日龄左右时,肌注霍乱菌苗;饲料用具每隔3~5天消毒一次,鹅舍每隔7~10天用2%烧碱水消毒一次。

(4) 草羊配套种养模式

山羊是传统的草食性动物,福建省农科院引进成功的南江黄羊是目前最好的肉用山羊,其性能居中国第一、世界第二。主要特点是羊体大,成年公羊重66 kg,肉多。12月龄体重15.5 kg,肉质好,粗蛋白20%,繁殖率高,群体平均产羔羊216只,适应性广。规划依照本区草牧结合的原则,引入试养。其技术要点:

科学建栏:坐北朝南,栏高1~1.5 m,每舍面积15~20 m²,每平方米放养羔羊3~4只,成年羊1只。

种羊选育:通过种羊隔离放牧和人工授精等措施,确保纯种,忌杂交换代。

科学放养:定区定时放牧,定时收牧,轮放轮牧,防止随意放养。

牧场建设:选用豆科牧草圆叶决明、平托花生、白三叶搭配少量非豆科牧草如黑麦草、南非马唐、鸡脚草、百喜草等,建设定位专业放羊草场。

适时补料:繁殖期适补精料。

(5) 林药立体种植模式

闽南有句谚语:"是草就是药",全球有一半以上药物是模仿天然植物合成的,有四分之一药物直接从植物中提取,或以植物为原料制成。福建是南方药用植物主要产地之一,已知拥有中草药数千种,目前全省中药材料种植面积10万多亩,其中规范化种植面积6万多亩,中药种植产值13亿元,每年以10%的速度增长。大多数中草药植物适于林下阴湿环境生长。因而乔灌草结合,林药立体养殖成为发展中草药生产的有效途径。本区初步规划选择树木郁闭度较高、坡度较小、土层较深厚的林地200~300亩,建设林药立体种植实验基地,通过引种试种,选择适生品种,逐步扩大生产,使之成为中草药规范化栽培示范基地。

可供本地选择试种的中草药品种主要有:

红豆杉:常绿乔木,耐旱、喜阴,适应性强,适宜与其他树种套种,既可药用也可绿化、遮阳。

凹叶厚朴:落叶乔木,是山地特有树种,喜暖,耐热能力强,对土质要求不高,适于林间套种。树皮、叶含厚朴酚等,有化湿引滞之功效。

乌梅:落叶小乔木,对土壤要求不严,在砾质壤土和砂质土壤都能正常生长,适于林间套种,其果叶可入药。

橄榄：高大乔木。喜光耐热，抗旱性强，根系深，对土壤要求不严格，适于山坡上种植。其果实清热解毒，利咽化痰。

苦楝：落叶乔木。喜光、耐旱、耐瘠薄，萌发力强，抗风，对土壤要求不严。其树皮、根皮、果实可入药。

三尖杉：常绿小乔木或灌木。适应性强，在陡坡水土流失地、石砾土、土层贫瘠地也能生长。种子、枝叶入药，具抗癌功效。

杨梅：常绿乔木。极耐瘠薄、干旱土壤，坡地生长尤佳。药用部分为果、皮、根。

巴戟天：藤本，其性喜温耐旱，多生于向阳山坡杂木中，是我国四大南药之一。

芦荟：喜光、耐旱，常生长于岩石缝隙，全株可入药。

马齿苋：一年生草本，喜高温高湿、耐旱、向阳，适应性强。全草入药，亦可食用、饲料用。

马蓝：灌木，野生于山地林缘、旷野、山地草丛中，适应性广。

曼陀罗：一年生草本，适应性强，喜温暖向阳环境，对土壤要求不严。茎、叶、种子入药。

桔梗：多年生草本，适应性广，多长于荒山草丛、灌丛及林缘草地中。全草入药。

玫瑰茄：多年生灌木或一年生草本，喜温光。一般旱地、坡地均可生长。可药用、食用、饲用、观赏用。

胜红蓟：一年生草本，耐旱、耐热，土壤适应性强。广布于坡地、果园、路旁、荒地。全草入药。

薯茛：多年生藤本，适宜于疏林、灌丛中，喜光耐瘠。块茎入药。

养心草：多年生草本，适应性强。耐瘠薄、耐干旱、耐高温，全草入药。

野甘草：草本植物，多生长于荒地、山坡、路旁，适应性强。全株入药。

野葛：藤本植物，适应性广，多分布于山坡、路边，对土壤要求不严格，其根入药。

金银花：多年生藤本，适应性较强，山地、平原、岭坡、道旁均可生长。属广谱药物，还有保健、观赏、美容等功效。

余甘子：落叶小乔木或灌木。耐旱耐瘠，适应性较强，在土层浅薄的山坡、山顶均能生长。其果入药，有抗瘤、抗菌、降糖之作用。

栀子：常绿灌木、耐旱喜阳，山区丘陵可植，对土壤要求不严，是保水固土好树种。其花入药，还可用于天然色素。

以上初选22个品种，均以适应本区丘陵浅薄干旱土层为依据，有乔木、灌木、草本，乔木和灌木可套种于现有疏林中，改善林地生态环境，为草本药物营造良好适生境。草本药物可分小区成片试种，择优后大面积种植，形成规模化生产。

五、现代农业示范区

1. 建设思路

现代农业的宏观概念是用现代科学、现代工业技术和现代管理武装起来的农业，其特征是通过引入现代生产要素和市场机制，实现生产工具机械化、设施化；生产技术高新化、集约化；生产经营产业化、信息化；生产产品优质化、标准化。

本区位于新村西部，总面积约600亩，现为水稻田，中间有南北向的梅溪支流通过，水面宽度12m，属基本农田保护区。通过土地整治，区内已初步形成田成方、路相通、渠相连的基本框架，但种植结构单一，主要种植水稻，效益较低；汛期涝害时有发生，机械化程度不高，农田林网有待完善。

根据晋江市"一市一城"目标要求和农庄的整体布局，本区未来发展将坚持都市农业发展方向，遵循市场经济规律，以经济效益为中心、科技创新为动力，通过种植结构调整和农作制度改革，增加现代物质和资本投入，建设园林化的基本农园、设施化的技术装备、多样化的生产模式；重点建设3个专业区：稻菜多熟制专业区、无公害蔬菜专业区、设施农业专业区。各区种植面积和地段，根据耕地轮作安排和市场需要，随时随地调整。

2. 项目策划

（1）稻菜多熟制专业区

模式一：稻—稻—菜。早稻3月初下种，4月底插秧，7月中收获；晚稻6月下旬下种，7月下旬插秧，11月上中旬收割；各种蔬菜11月中下旬种植，第二年4月收获后插水稻。蔬菜品种一般可选用荷兰豆（台中11中）、芥菜（包心芥菜）、莴苣、四季豆、黄瓜、番茄等。

模式二：稻—稻—马铃薯免耕制。早稻3月初下种，4月底插秧，7月中收获；晚稻6月下旬下种，7月下旬插秧，晚稻11月下旬收获后播种经过催芽的马铃薯种苗。播种前先对稻田进行开沟作畦，不用耕翻，畦宽150 cm。每行种4株，株行距45 cm×30 cm。种薯直接摆放在土面上，不用盖土，而直接覆盖稻草。稻草厚度10~15 cm，以不透光为度。经常进行水肥管理，防虫治病，翌年2~3月即可收获，鲜薯产量每亩1 400~1 800 kg。马铃薯品种最好选用紫花851、克新3号，最近经福建省审定的由泉州市农科所培育的泉云3号、龙岩农科所培育的福克76以及闽薯1号、福薯10号、中薯10号、中薯12号等，都可适用。

（2）无公害蔬菜专业区

无公害蔬菜是都市菜篮子工程的主要食品，市场前景好，经济效益高，应成为本区种植结构调整和稻田轮作的首选，转作面积根据技术和市场需求逐步扩大。技术要点如下：

常年蔬菜基地基础设施建设：从稻田转作菜地必须更加注重排灌系统整治，疏顺排洪渠道，在积水地段加深排水沟，降低地下水位，同时铺设喷灌管网，实行节水灌溉。

蔬菜多熟制种植模式选择：①1年三熟制：茄子（3—7月）→花菜（8—9月）→大白菜（10—2月）；苦瓜（2—7月）→花椰菜（7—9月）→西红柿（9—1月）；西红柿、茄子育苗（11—2月）→西红柿、茄子栽培（3—8月）→黄瓜栽培（8—11月）；②1年四熟制：四季豆（3—6月）→大白菜（6—7月）→花菜（8—9月）→甘蓝（10—3月）；大白菜（12—2月）→空心菜（3—6月）→花椰菜（7—9月）→菠菜（10—12月）；③1年五熟制：春黄瓜（3—6月）→豇豆（5—7月）→秋甘蓝（8—9月）→莴苣（10—11月）→冬花菜（11—2月）。

常用蔬菜品种引进筛选：蔬菜优良品种更新周期很短，除大宗出口蔬菜生产的毛豆、麻黄豆、青刀豆、西兰花、白花菜等外，可供引种筛选的蔬菜优良品种还有：①花菜，南安3号、南安5号、绿王、绿冠、秋津、台湾农友"无绿青花菜"；②豆类：白毛豆、美国76甜豆、台中13号甜豌豆、台中11号、奇珍甜豌豆；③苦瓜：月华、交月、翠华；④番茄：拉比、明珠、富丹、金珠、浙杂5号、圣亚、圣女；⑤茄子：农友长茄704、敏茄；⑥韩国白玉春萝卜；⑦法国矮生四季豆；⑧美国PS洋葱；⑨台湾洋香瓜；⑩小型西瓜：黑美人、宝冠；⑪叶菜类：清风菠菜、明月白菜；⑫荷兰UC157－F1；⑬南瓜：台湾东升、一品（小型）；⑭甜瓜：蜜天下、银辉、翠芳、日本露丝；⑮辣椒：台湾丽妃星；⑯七彩甜椒。

此外，还有2010年经福建省农业厅审定的优良蔬菜品种，如苦瓜：新翠、如玉11号、闽研2号、宁瓜1号、佳玉；大葱：天光一本；小白菜：夏绿妃；辣椒：永安黄椒1号；菠菜：绿华；甜椒：超研16号。

无公害蔬菜配套技术应用：综合应用：①Bt生物农药；②生物磷钾肥，BB专用；③蔬菜防虫网栽培技术；④蔬菜净菜处理及小包装技术；⑤蔬菜虫害天敌杀虫螨等先进技术。最大限度减少化学肥料和有毒农药使用，以减少污染和残留。严格掌握用药间隔期，生物农药安全间隔期控制在3~5天，菊酯类农药控制期5~7天，杀菌类农药控制期在15天以下。引进蔬菜有毒物质速测仪，建立快速检测制度，无公害蔬菜生产流程见图2-2。

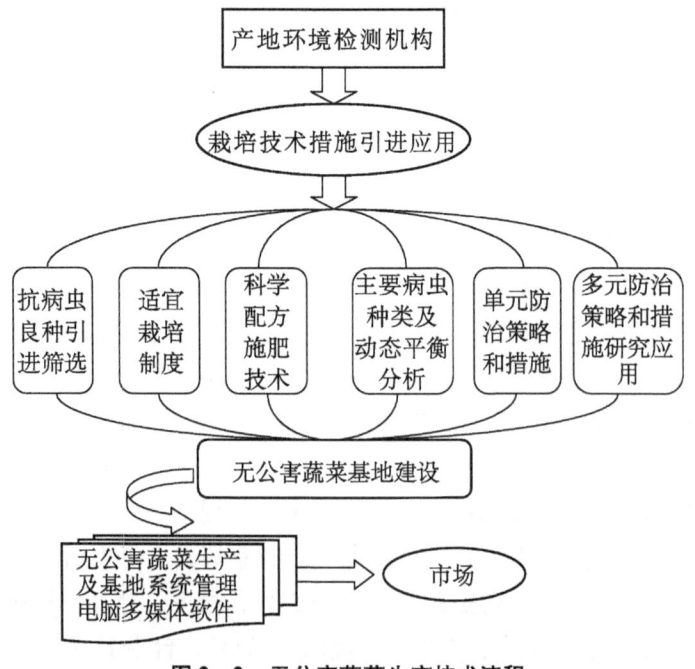

图2-2 无公害蔬菜生产技术流程

(3) 设施农业专业区

设施农业属于高投入、高产出，资金、技术、劳动力密集型的产业。它是利用人工设施使传统农业逐步摆脱自然的束缚，走向都市化、工厂化的农业；是无公害安全型农业生产的必由之路，同时也是农产品打破传统农业的季节性，实现农产品反季节上市，满足多元化、多层次消费需求的有效方法。设施农业是都市型农业的重要象征。在闽南地区虽然气温较高，冬无严寒，一般无需设施保温，但利用设施栽培在防抗台风、暴雨、洪涝，调节产期、生产高档有机食品等方面，仍有广阔的前景。本区将以优质、高档蔬菜和花卉设施栽培为重点，一方面满足市场的高端需求，同时探索和示范南亚热带地区园艺设施栽培的可行方法。

蔬菜塑料大棚栽培：

园艺设施一般有 4 种类型：即玻璃/PC 板连栋温室或塑料连栋温室、日光温室、塑料大棚和小拱棚。其中塑料大棚造价较低，安装拆卸简便，通风透光性能好，使用年限较长。规划建设 30～50 架 6 m×30 m 的镀锌管型料大棚用于蔬菜多熟制栽培。栽培模式如下：

$$
\begin{array}{c}
\text{4月折膜} \\
\text{2月定植黄瓜} \longrightarrow \text{5月拉秧定植夏大白菜} \longrightarrow \text{7月采收定植青花菜} \\
\text{11月盖膜} \\
\longrightarrow \text{9月采收定植大白菜} \longrightarrow \text{11月采收定植莴苣} \longrightarrow \text{2月采收}
\end{array}
$$

还可以在棚内设架，充分利用空间或蔬菜不同生长期、不同植株高矮进行立体种植，提高利用率。

塑料连栋温室蔬菜无土栽培：

塑料连栋温室具有自动调光、调温、调湿，智能化程度较高，且寿命长，稳定性好，具有抗风、抗雨、防寒、防热等功效，一般用于蔬菜无土栽培，大规模生产无公害高档蔬菜。已知适于无土栽培的蔬菜包括生菜、包菜、小白菜、苋菜、樱桃番茄、三叶芹、菠菜、甜椒、莴苣、芹菜、胡瓜、洋香瓜、西瓜、草莓等。叶菜类无土栽培一年可收 6～7 茬，每季单位面积产量比露地栽培可高 1.5～1.8 倍。

营养液配置是无土栽培成败的关键，叶菜类营养液基本配方主要是硝酸钙、硝酸钾、硫酸镁、磷酸铵、磷酸钙及一些微量元素。基质可因不同品种选用蛭石、珍珠石、砾石、沙、木屑、泥炭、树皮、植物纤维、稻壳等。

塑料连栋温室花卉无土栽培：

花卉无土栽培主要用于高档花卉的商品化生产，如蝴蝶兰、大花蕙兰、康乃馨、玫瑰花、火鹤花、菊花等，应用无土栽培法大规模生产已较为普遍。

可控温室的无土栽培，无论是塑料温室或玻璃温室，种菜或种花都存在着投资量大、成本高、技术要求严格等问题。建议近期蔬菜与花卉可各建一栋作为示范性项目，展示现代农业的新成就，技术成熟后再扩大生产。

第七节　基础设施建设

一、大门区建设

大门既是游客进出的通道，又是人群汇集、合影留念的景区。鉴于洋宅协力生态农庄功能区比较分散，开放度较大，中间有侨兴公路穿过，故规划以丘陵山地观光休闲景区为主体，在现协力公司左侧设置入园售票主大门。大门正对侨兴公路，由科普健身区进入各主体功能区。大门采用不锈钢自动拉门，宽8 m，左侧为售票房、门卫房。右侧为花坛浮雕墙，上书"回归自然，返璞归真"。

主大门前设置停车场，长20~30 m，宽15~20 m，周边种树，地面为水泥板间草，以减少太阳辐射。另在侨兴公路的进村路口，建一个牌楼，上书"洋宅协力生态农庄"，树立宣传广告牌和农庄导游图示。

二、道路系统

农庄内部道路分为三级。

1级路：交通主干道，宽6 m，从主大门进入科普健身体验区，向东经生态园林观光区上山至生态农庄核心区、高尔夫练习场、立体生态种养区，从立体生态种养区下山与侨兴公路相接。水泥路面，长约2 km，路边种植行道树。

2级路：庄内的小车游览及工作和生产道路，连接主干道，由山上和山下两圈Ⅱ级路网组成，环绕全农庄，长约8 km，宽3～4 km，水泥路面。

3级路：观光游览区的步行路。依照各功能区的景点需要设置，宽0.5～1 m，路面铺设草皮、石板间草或沙土路，路边绿化美化。

三、供水、供电、通讯及环保设施

1. 供水设施

生活用水：以山上观光休闲区部分为主测算。设计建成期人数为每天2 000人，根据生态村性质，给水定额最高日用水量 $Q_{max} = 250$ L/人。测算平均日用水量为500 m³。经营地用水按生活用水量的25%计，总需水量约125 m³，二项总计日平均用水量预计为625 m³，所需水源由市政供水网络供给。

生产性用水：农庄生产性用水需求量较大。梅洋湖、立体种养区、果园、种苗繁育区都需要大量给水，水源短缺是一大制约。初步设计利用地下水源，在永光山下打井引水上山，于永光山顶和崎介山上各建一个主蓄水池，单池容积1 800 m³（30 m×30 m×2 m），分别承担农庄核心区梅洋湖、高尔夫练习场及立体种养区生产性用水。根据地形从梅洋湖下埋设水管下山至生态园林景观区，利用梅洋湖周期性换水作为该区垂钓池和苗圃的给水补充。

2. 供电设施

目前农庄观光休闲区尚没有供电设备，建成运行后对供电设计要求是不能有停水、停电、电视中断等现象。因此按二级负荷高压两路电源供电。供电面积按15万 m²，每平方米安装功率按70 W计算，最大功率为1 050 kW，需中心总变电站10 kV电源，由区域变电站电缆供电。

3. 通讯设施

通讯设施是农庄现代化运营的必要措施。在管理区、经营区、休闲区、生产区等应进行数字化建设，包括电话、电视、互联网等。

4. 环保设施

生态农庄规划旨在实现社会、经济、环境效益的统一，实现可持续发展。除实施生态环保型立体农业之外，农庄内的生活、娱乐用水排放应经处理后达到《农田灌溉水质标准》（GB5084-92），循环利用于果园灌溉和高尔夫练习场草皮养护；同时可采用喷灌、滴灌等节水技术。在农庄核心区、科普培训中心及科普馆采用节能技术，让游客体验低碳生活，使游客得到绿色健康游。农庄内除设置分类垃圾桶、卫生间、广播提示、造景桌椅外，还应注重在各个路口及分区入口安放指示牌。

第八节　生态保护和绿化建设

农庄的建设内容除生态恢复和农田建设外，还包含大量建筑主体和道路施工等，在建设过程中应注意对水、气、声、固体废物环境及山体，农田生产生态环境的保护。生态保护是农庄持续发展的基础。洋宅协力生态农庄东部丘陵山地植被稀疏，林相欠佳，一些地段杂林丛生，一些地段出现裸露状态，生态保护与生态恢复至关重要。而随着农庄的经营和发展，在产生一定的经济效益和社会效益的同时，也产生了污染。除表现在大气、水质、垃圾、噪声及旅游点长期超负荷接待方面外，也在很大程度上破坏了生态环境，转而威胁农庄的发展。

绿色植物的生命活动可以达到净化空气、改变自然环境、维护生态平衡和美化环境的作用，为人类创造合理的生存环境。所以，在农庄的建设初期，应科学规划，合理配置资源，进行生态恢复；在农庄的运营过程中，更应在绿化建设的基础上，维护好生态环境，以实现农庄的可持续发展。

一、生态保护与生态修复

1. 科学规划，合理布局

洋宅协力生态农庄由丘陵山地和平原基本农田构成，中间为居民区。根据这个状态，生态保护应从整个农庄的绿化、美化出发，把生态保护和绿化建设结合起来，以丘陵山地森林恢复为重点，处理好保护与开发、保护与绿化、美化的关系。山上以森林植被恢复为重点，农田和居民区则着眼于绿化、美化和环境保护。

2. 森林抚育与林相更新

森林是生态农庄依赖生存的依托，目前观光休闲区几个山头虽然都有植被覆盖，但林种结构单一，杂木丛生，应认真做好生物资源和植被类型调查，在了解其种群结构基础上进行结构调整。

对天然次生林和新营造的经济林如红豆杉进行全面抚育，推动自然植被与人工植被的正向演替，提高其生态保护功能，为其他野生动植物资源创造良好的群落生境条件。

在尚没有主导林中的杂木林应有计划地进行改造更新，结合各功能区建设，种植一些适生、快长并有一定景观效果的树种，如杨梅、油茶、余甘、芒果等既适应当地条件，又能增加山体绿色元素。可考虑在永光山西北坡种植大面积的杨梅带，配置杨梅自助果园；在龙船山坡下试种绿麻竹带，改善核心区和园林观光区的生态环境；也可在杂木林中套种枫香、红枫、三角枫、乌桕、木棉树、落羽杉等秋季红叶树木，以提高山体的景观效果。

加强封山育林，严禁取土、开荒、放牧、狩猎及开山伐林，保护生物多样性。

3. 建设农庄环山生态保护带和农田防护林

前者指洋宅村与其他村庄交界处；后者是基本农田保护区及梅溪支流两岸，要从整体保护和绿化、美化出发，建设农田防护林，逐步把农庄建设和新村建设统一起来。

二、绿化建设

在做好各功能区基础项目基础上，重点对项目区的环境进行绿化、美化。绿化建设首先要考虑总体艺术布局上的协调，根据农庄的性质和各区的主要功能，采用不同的植物配植方式和品种；其次要考虑四季景色的变化，科学进行季节性植物景观布局，做到四季有景可赏；第三要全面考虑植物在观形、赏色、闻味、听声等方面的效果。根据不同植物的不同功效，确定绿化植物的种类和配置疏密、远近，处理好绿化与建筑物、山、水、道路的关联。第四，要特别注意因地制宜，适地适树，重点选择本土化绿化植物，先绿后美，切忌盲目引种。具体而言：

第一，大门区绿化要突出生态主题，乔灌草（花）搭配，并与大门造型相衬托。

第二，主干道绿化，以桉树或玉兰树、合欢为行道树，大穴种植，配植马缨丹、黄心榕、海桐、扶桑等灌木。

第三，二级路绿化以开花小乔木或灌木绿篱为主，步行观光道采用水泥砖间草，边坡种植沿阶草、葱兰、黄花菜等护坡草。

第四，梅洋湖边草坪绿化，选用狗牙根、大叶油草、百慕大草或天鹅绒草，或混种或混播；适量配植榕树、广玉兰、桂花、桃花及石蒜、葱兰、紫花地丁等。花架廊桥藤本植物选用三角梅、凌霄、爬山虎等常春藤等。

第五，湖边、塘边、垂钓池边绿化以垂柳为主，水面植物可供选择有荷花、睡莲、玉莲、西洋水仙等。

第六，杨梅园、果园梯壁以黄花菜、百喜草、圆叶决明、平托花生等植物护坡，防治水土流失。

第七，高尔夫练习场的改造。由于高尔夫球场对草场的要求甚为严格，需对原有植被进行清除，并对人工草坪进行维护。故所选草种应考虑其适宜性和侵略性，尽量减少对水土资源的冲击和负面影响。

第九节　农庄形象塑造和经营模式

一、形象塑造

形象塑造是生态农庄实力和管理水平的外在表现，成功的形象塑造有助于增加游客的信任感和亲和力；提高园区的社会知名度、美誉度和市场竞争力，是扩大影响和吸引游客关键性的一步。洋宅协力生态农庄形象塑造要遵循总体规划原则，围绕"生态、休闲、科普、示范"的主题，营造"公司加农户、企业带新村"的特色，塑造"绿色、健康和可持续发展"的形象。

1. 总体形象塑造

根据农庄的功能、经营内容、游人活动等要求，利用农庄优越的地理位置、独特的地形及规划景观，设计出既能充分展示农庄科技和生态相结合的特点，又能彰显农庄科技内涵和文化内涵的形象标志或图案，使企业名称与标志内涵高度统一和谐，并使之得到游客的认可。总体标志或图案设置在农庄制高点山头及入园处，造成以势夺人的景观效果和宣传效应。

在管理服务中心和停车场可设置导游栏，重点介绍农庄的景点分布、推荐游览路线、科技示范点、特色项目及产品等，便于顾客快速了解农庄并制定游览计划。完善农庄统一标识系统，通过大型导游图与宣传册的配合使用，为游客提供景观名录和主要道路系统、建筑、设施的识别。提供农庄公益、警示和指引标识，强化游客对农庄整体形象的认知。

强化农庄不同主题区块形象，营造具有场所气质的特色景观。生态农庄应当在强调农业与城市生活的对话中，构筑出"城市—郊区—田野"的空间休闲系统。充分利用原有的绿化树种、农作物作为植物材料进行园林景观营造，并从以人为本的原则出发，根据不同地块、不同区域主题，进行景观小品设计，延续区块的主题内涵，突出区块特色。

2. 局部形象塑造

各功能区或景点也要有不同的形象造型，以突出各自的特色和功能，各功能区标志必须扣紧主题标志，使不同的形象塑造既是一个标志，又是一个景点，既增添区块景观的生动性，使农庄富有景致的变化，又有统一的艺术风格。

局部形象既要能够反映出各自的特色和优势，又要能够很好地烘托总体形象，使局部与总体形象相互辉映。局部形象的塑造要根据各功能区的内涵和不同对象（游客）的心理特质和要求，设计出具有鲜明特色的标志或图案。农庄入口、各功能区或景点及交叉路口等都是塑造局部形象的关键所在。

农庄入园处：入园处是整个农庄的门面和灵魂，第一印象至关重要。入园的形象塑造除了标志性造型或图案外，还要考虑周边环境和背景环境，入口的造型、用材、大小、平面或空间立体都要给人以自然、朴实，以至浑然天成之感，让游客一进入农庄就有"宾至如归"的亲切感，贴近生态农庄的"田园性""乡村性"的景观主题。

各功能区及景点：各功能区及景点的形象塑造，是构成总体形象不可或缺的组成部分，其造型要生动多彩，并突出各功能区内涵。为了满足人们休闲、观赏的目的，起到丰富农庄、提示、标识、增加景观多样性的目的，在功能区和景点设计中可大量使用景观小品设置。景观小品的设置必须符合相应农庄主题，如在生态农庄核心区设置雕像；立体种养区设置露地园艺、瓜果长廊等观赏性景观；森林养生康复区设置休憩观景亭、遮阴廊架等功能性景观；在用材上可用植物塑成各种造型，避免各功能区及景点形象塑造千篇一律、缺乏生气的弊端,丰富各个农庄景观的层次和内涵,为游人提供休闲、娱乐的观赏景点。

交叉路口:各交叉路口要因地制宜地设立既规范又各具特色的交通指示牌或导游标识图,为游客指明方向和路线,达到既造景又起到游览指示的实际功用。

此外,农庄局部空间布局的合理、相邻景区之间的自然过渡,都是在局部形象塑造及整体形象提升上不可或缺的内容。农庄景观类型大致可分为静态景观、动态景观和文化景观。如何将温室、桥梁、建筑这些静态景观与旅客活动场景、科研生产、科研活动等动态景观相结合,并注入历史人文或区域特色,提升农庄的景观魅力和文化内涵。

二、经营模式

洋宅协力生态农庄基于循环经济的理念,由传统农业向现代农业,从资源耗费型向资源节约型转变。采取资源节约型技术(节投、节地、节水、节能)发展生产,保证第一产业高产优质的同时,延伸产业链和拓宽市场,发展第二产业(加工业)和第三产业(休闲旅游业),见图2-3。这样,拓宽了农业增效、农民增收的渠道,促进了农业生产的分工,促进农村剩余劳动力的有序转移。

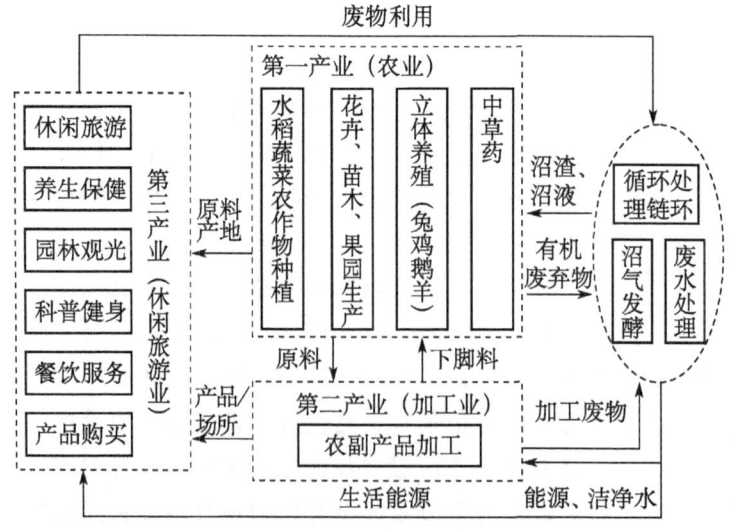

图2-3 晋江洋宅协力生态农庄循环经济模式

三、经营策略

经营策略是指通过研究生态农庄的产品开发和市场需求，选择目标市场，并对相关产品的定价、促销和宣传等活动的决策进行分析、规划、执行和控制，使产品具有独特性、合理性、多样性等竞争优势，以获取新的顾客资源，维护原有的顾客资源，进而让农庄的产品更好地开拓市场空间，为企业创造更多的利润，打响洋宅协力生态农庄品牌的知名度。

宣传营销是营销管理的重要环节，一般的促销活动有广告宣传、人员推销、会展促销、公共关系促销等。

1. 宣传营销途径

宣传是打开知名度，树立企业形象，从而吸引游客的必要过程和手段。作为"生态农庄"，其观赏性、游览性、娱乐性、参与性等都比以往更富特色和魅力。而这些必须通过各种形式进行大力宣传，把自身的特色和优势"广而告之"，才能在旅游业竞争日益激烈的形势下，开创一片广阔天地和灿烂明天。

一是多种宣传形式和手段。现代科技的发展为宣传提供了多种传媒形式和手段。广播、电视、报纸、网络等都已成为企业传播信息、获取信息的重要途径。这些形式快捷、便利且有效，应充分利用现代技术所提供的手段，大力宣传洋宅协力生态农庄及其企业文化，先声夺人，争取游客。

二是网络营销。设立自己的网站，提高主流搜索引擎关键词排行，注重网站的良好维护与及时互动，使之成为农庄与市场沟通的渠道，设立动态及论坛栏目，反映农庄的最新信息，包括产品信息、顾客意见及促销信息等，及时进行图像、文字和影像等多媒体的宣传，提高品牌形象。

三是通过学校、政府机关、旅行社等拓展宣传途径。通过与学校、政府单位和科研院所的链接，建立"现代农业示范基地"、"晋江侨乡史教育基地"、"科普示范基地"等，结合对农民、青少年的教育、政府工作会议的召开，扩展生态农庄的客源市场。与旅行社进行深度合作，采取旅行社代销的方式，制定相关的生态旅游路线，打造绿色旅游、城市周边游等模式，拓宽生态农庄的市场。

四是扩大宣传区域范围。本着立足晋江，面向福建全省乃至全国的精神，在加大宣传力度的同时，积极扩大宣传区域范围。通过地区性乃至全国性的展会，进行宣传和推广。

2. 宣传营销策略

营销策略的制定需突出重点，直指目标市场，突出特色产品。洋宅协力生态农庄主要是通过都市型农业、侨乡产业文化、生态农产品和绿色生态理念寻找主要宣传的切入点。除了常规的宣传模式外，农庄可组织各种社会活动，参与社会公益事业，举办特色文化节、采摘季等，吸引不同客源；邀请名流政要进行观光考察或学术活动，以扩大知名度和影响力。

产品策略：生态农庄的农特产品应采取品牌策略，主打产品绿色认证、环保功效、卫生安全及营养健康价值，突出与市场普通产品的差异化。在生态农庄的农业品种、休闲娱乐、游憩项目上，采取菜单式设计，并制定多个优惠促销套餐，游客可选取相应的项目，满足多元化的需求。

价格策略：生态农庄的收费项目可采用定价策略吸引游客，如淡季优惠、团体折让、节事促销、常客奖励（会员价）、住宿客人优惠等。

活动营销：利用我国现有的节日、节事活动进行相应的活动包装。如采摘季活动、中秋亲子游乐活动等，并在活动期间通过文艺表演、特殊仪式等，吸引受众和媒体，提高知名度。

宣传品制作：根据不同目标客户的需要，逐步建立完善印刷宣传品体系，包括宣传折页、导游图、宣传册、产品目录、宣传招贴画等，除了常规发放外，可与周边城市的商户、媒体、楼盘进行合作，定点投放目标客户。

销售促销：实行联票优惠、住宿客人优惠、淡季优惠、团队优惠、专业人士优惠、会员优惠、返券促销等销售促销手段。对重点旅行社、重要团体客户、重要专业团体组织人员开展上门促销，并保持信函沟通。

四、旅游产品开发

根据洋宅协力生态农庄的特色和市场经营定位，农庄旅游产品开发应在立足农庄形象塑造的基础上，突显农庄三重属性：一是农业的属性，包括维护生态平衡、改造自然环境、农业技术推广及展示、提供农副产品等；二是科技属性，包括科技普及、示范推广、技术传播等；三是旅游娱乐性，包括观赏娱乐、观光旅游、休闲保健等。

旅游产品开发旨在促进旅游业发展，增加企业和农民的经济效益，提高农庄品位和档次。原则上以自产产品为主，反映农庄特色；发挥本地优势，开发特色旅游产品，满足游客猎奇心理；坚持多样化原则，以适应不同层次旅游者的喜好心理。商品开发要注重科技含量和文化内涵，集纪念性、知识性、趣味性、艺术性、观赏性、实用性于一体，不但能给游客留下良好的印象，还可创造经济效益，起到宣传和示范作用。

农副产品：优质大米、无公害蔬果、良种苗木、花卉、禽肉等产品及由此加工的延伸产品都是农庄的特色产品。

农业旅游：利用农庄得天独厚的资源，开发果园、花圃、垂钓池、茶艺馆、植物馆、森林浴、各项娱乐设施等旅游项目，可以组织游客进行观景、度假、水上娱乐、森林考察、避暑疗养等活动。开展余甘节、杨梅节等系列活动，吸引更大的游客市场。

科技旅游：发扬农庄的高科技支撑优势，建设高技术示范园区，发展科技旅游。结合科技示范基地、技术引进、循环农业技术等项目，吸引游客前来游览观赏、学习、普及高科技知识。

保健康复系列：保健、康复是现代旅游业发展的新趋势。规划建设后的农庄空气清新，满目苍翠，能够满足现代人回归自然的心理需求。农庄内规划的保健康复设施将为老年人和亚健康人群提供高水平的保健康复服务。

科普体验系列：以中小学生和青少年为主要对象，组织开发参与式的农业旅游活动、校外素质教育活动、寓教于乐的科学实习活动、夏令营以及体能锻炼活动、高尔夫联系活动等。并对社会大众展示晋江侨乡文化史和磁灶陶瓷发展历程等，令游人在观光娱乐之余对晋江华侨和磁都产业文化有一定的了解和认识。

度假休闲、会议：充分利用休闲屋、管理服务中心、高尔夫练习场等园区内设施发展适合大众需要的双休日、假日休闲旅游和高档次的度假旅游。利用农庄的科技优势，通过与学校、政府单位和科研院所的链接，打响农庄在社会各界尤其是在农业推广相关行业的知名度，发掘会议或博览会市场，成为泉州市乃至福建省或全国的科技交流基地，为会议或博览会提供服务。

餐饮、购物等观光服务供应：充分体现农家乐风味，利用农庄特色产品，加入具有地方特色的烹食美味，令游客在感受自然气息时可以享受美味；除在果园、植物馆、种苗繁育圃处进行产品销售外，还可在管理服务中心成立特色商品店，满足游客的购物需要。

第十节 组织机构与管理制度

一、组织机构

在知识经济条件下，当代企业组织机构正日益朝着个性化的方向发展，弱化内部层级制，建立良好的团队和和谐、信任的组织系统。洋宅协力生态农庄采取的是"公司加农户，企业带新村"的经营模式，通过这种模式，可以有利于培育企业和农户成为富有活力的市场竞争主体，提高企业的组织化程度、生产规模和专业化水平，增强企业的竞争力。要达此目的，必须引入现代企业法人治理制度，处理好企业与农户的利益关系，界定好投资者、经营者和劳动者的责权利，明晰产权，分清职责，激发他们以团队的精神实现共同的目标。

为了发挥各方面的优势，洋宅协力生态农庄要建立董事会领导下的总经理负责制，下设办公室、技术开发部、产品销售部（中心）、财务部、培训部、各功能区等职能机构；重大项目组建相应的专业团队，按事设岗，定岗定员，全员聘任。积极引进聘用管理人员、专业技术人员和技术工人，提高团队专业素质。

二、管理制度

建立现代企业管理制度是农庄发展壮大的内在要求。只有建立起完善的管理制度，实行科学化、规范化管理，才能提高企业的竞争力。适应新时期的要求，农庄管理要注重以下方面：

战略管理：把经营战略放在企业发展的第一位，是现代企业经营成败的关键。没有战略眼光，运筹帷幄，就不能适应剧烈市场主导的要求，达到可持续发展的目标。

创新管理：努力激发新观念、新构想的产生，通过各种方法刺激创新者，提高科研能力，保持他们创新的动力，给予一定的职权和自由度以及相应奖励报酬，鼓励内部竞争和信息互通。

危机管理：树立危机意识，以市场竞争中危机出现为目标，分析企业危机产生的原因和过程，研究应付危机的规则和方法以及企业反危机的行为机制，采取有效手段和策略，以预防危机和安全解决危机。

信息管理：为适应信息社会的要求，当今企业已趋向多样化、综合化、弹性化、分权化，信息劳动者、脑力劳动者日益受到重视和重用。

绿色管理：绿色管理包含绿色经营思想、绿色产品开发、绿色生产过程、绿色技术保护体系等内容。企业要构建绿色管理体系，强化绿色消费与市场竞争理念，树立绿色企业的良好形象。

信用管理：信用是做人之本、企业形象之本。未来经济是信用经济，发达国家90%的市场交易是通过信用交易完成的，我国企业面临的最大挑战是信用挑战。企业要想居于不败之地，最为重要的是在国内外贸易、投资、金融、服务、交流等各种活动中，讲求信用，注重商誉。

基于上述，洋宅协力生态农庄要建立和完善现代企业管理制度，实现管理科学化：一是人事管理制度，二是行政管理制度，三是财务管理制度，四是消防与安全管理制度，五是卫生与环境保护制度，六是专业区管理制度。

三、人力管理

建立健全人力资源管理系统是提高企业竞争力的核心。人力资源管理包括人力资源规划（劳动定员）、职务规范、招聘系统、培训系统、效能管理等方面。

劳动定员：根据现有企业规模及未来发展规划，正式运行全部劳动人员规划为96人。其中管理和营销人员16人、技术人员28人、固定工人52人（表2-5）。

职务设计：根据各部门发展目标和方向，确定每一职务所应承担的任务、职责和责任。

人员招聘：建立科学的用人制度，在人才聘用方面做到规范化、科学化，降低人才流动的昂贵代价，提高招聘成功率。

人员培训：根据员工工作职责和目标要求，组织员工培训，提高员工的工作效率、技术技能和人际交往技能。

用人政策：主要包括：聘用与管理政策、日常工作监管政策、福利报酬政策、安全政策、处分和终止合同政策等几个方面。通过用人政策，给员工一个明确的行为准则，维持良好的内部关系，减少不必要的人事纠纷与冲突。

员工绩效管理：通过绩效管理的建立和运行，规范员工工作成果与收益的关系，挖掘员工的潜力，调动员工的积极性和创造性。

表 2-5　洋宅协力生态农庄人员设置

项　目	管理人员	技术人员	工人	合计
董事长	1			1
总经理	1			1
副总经理	1			1
财务部	1	1		2
商务中心（营销部）	1	1	2	4
生产部	1	1	3	5
技术研发部	1	3		4
培训部	2	3	3	8
生态园林观光区	2	3	8	13
科普健身体验区	1	2	5	8
休闲养生康复区	1	5	8	14
立体种养区	1	3	6	10
现代农业示范区	1	4	12	17
高尔夫练习场	1	2	5	8
合计	16	28	52	96

第十一节　投资概算与资金筹措

一、投资概算

根据规划内容，初步概算农庄建设达到预期目标总投资为 3 950 万元。其中首期（2011—2015 年）建设以农庄核心区、现代农业示范区、立体种养区、生态园林观光区及基础设施建设改造为主，预期投资 2 090 万元。二期（2016—2020 年）建设重点是养生康复院和高尔夫练习场，预计投资 1 860 万元。详见表 2-6。

表2-6 项目投资概算

项目名称	主要建设内容	预计投资额（万元）		
		合计	2011—2015年	2016—2020年
生态农庄核心区	农庄管理服务中心		500	
	侨乡文化馆		30	
	TDS检测养生康复院			400
	梅洋湖和磁都广场		100	
	休闲屋		50	
	茶艺馆		30	
	高尔夫练习场			1 000
	森林浴场和森林步道		25	
		2 135	735	1 400
生态园林观光区	杨梅园		30	
	梅洋禅寺和桃花园		10	
	旱生植物馆			50
	阴生植物馆			50
	儿童天地		40	
	垂钓池		20	
	良种繁育苗圃		20	
		220	120	100
科普健身体验区	科普培训中心		200	
	科普馆：闽台农耕展示厅		20	
	磁都产业文化展示厅		25	
	健身房		100	
	游泳馆			100
	网球场			100
	体能拓展基地		200	
		745	545	200
立体种养区	林草兔沼立体种养		200	
	林（果）下养鸡		60	
	草鹅配套种养		80	
	草羊配套种养		100	
	林药立体种植		30	
		470	470	
现代农业示范区	稻菜多熟制专业区		50	
	无公害蔬菜专业区		50	
	设施农业专业区			80
		180	100	80
基础设施		200	120	80
总投资		3 950	2 090	1 860

二、资金筹措

项目总投资 3 950 万元（不含流动资金），拟采用多元集资方式筹集，包括企业自筹、引资、合资、建设股份制公司模式。

第三章 休闲生态农业观光园规划
——以龙佳生态休闲山庄为例

福建龙佳生态休闲山庄（简称龙佳生态山庄）项目规划面积2 000亩，依地形以铁路为界分为南北两大片，重点建设2个中心、8个功能区，即龙佳生态科技研究开发中心、龙佳生态培训与管理中心；以及健身娱乐区、生态园林游览区、民俗文化区、野生动物园、休闲保健区、设施生态农业区、生态工业区、生态村等。根据各区功能设置55个主要活动和游览场景。龙佳生态休闲山庄以发展生态农业和生态旅游业为目标，以优美的果园、山体、湖滨、草地造景为依托，采用科学内容与艺术外貌相结合的方法，把生产、生态、生活有机结合起来，建立以农业企业为龙头的产加销一体化的生态产业体系。

第一节 建设背景和意义

龙佳生态山庄前身是海峡两岸龙佳观光农业园，始建于1997年，由龙海龙佳石料有限公司投资兴建，建设初期先后取名"龙佳观光果园"、"龙佳生态观光园"、"海峡两岸龙佳观光农业园"。园内有果树67种（品种），2万多株，园林植物50多种，数十万株。设景观游赏、休闲度假、水上乐园、文体广场、生态农业等功能区，初步建成集观光、娱乐、健身、休闲、科普、培训于一体的观光农业园区，是闽南地区生态旅游的好去处，也是学生科普和素质教育的第二课堂，每年接待游客20万人次，先后举办过全省少年儿童游泳锦标赛和全国夏季游泳达标赛，并被评为福建省全民健康活动中心。

本规划是在"海峡两岸龙佳观光农业园总体规划"基础上编制的，是进入21世纪龙佳观光农业园在新的历史条件下谋求新发展的客观需要。从"观光农业园"到"生态山庄",不仅仅是名称的简单更替,而更重要的是园区的结构性调整和内涵的升华。一般意义上的观光农业和休闲农业都是旅游农业的组成部分,是农业和旅游业相结合的新兴产业。所不同的是,观光农业是以农业产业为依托,以追求农业效益为主,旅游效益为辅,农业生产与观光旅游功能兼容,为游客提供农业知识和田园风光欣赏的旅游农业。观光农业的游客滞留时间短,"走马观花",不需配备住宿设施。而休闲农业同样以农业为依托,但农业与旅游效益并重,生产与生活(休闲)兼容,可为游客提供住宿、农事操作、实验研究、休闲度假、康复健身等服务。它是综合性的园区农业,往往旅游效益大于农业效益。休闲农业有庄园休闲农业和庭院休闲农业之分。"龙佳生态休闲山庄"是建立在社会—经济—自然复合生态系统基础上的庄园式休闲农业。

龙佳生态山庄建设是适应新时代人们生活新追求的客观需要。当今,由于城市人群集居,交通拥挤、环境污染、节奏紧张,给人们带来的生理和心理压力日益加大,因而,向往自然、回归自然、追求空气清新、环境幽静、景色宜人的田园生活,成为当今的时尚。龙佳生态山庄建设,将立足农业、农村,面向城市,引入"融于自然、健康长寿"的经营理念,用科学的内容、艺术的外貌,构筑优美、益智、健康的人居环境,创一流生态休闲产业,提供一流服务,体现现代生态农业科学的最新成就,以适应新时代人们生活水平提高的新追求。

龙佳生态山庄建设也是龙佳企业集团化、现代化发展的需要。龙佳企业目前拥有石料有限公司、龙佳旅游度假有限公司、龙佳机砖厂、龙佳家具城、龙佳(创维)电子经营部等公司或部门,在建材、农业开发、旅游等方面取得了优异的成绩,但同时,也面临着新的挑战。特别是在中国加入世界贸易组织之后,国内外市场竞争日趋剧烈,要立于不败之地,只有锐意改革、创新与开拓,以顺应当今市场变化的趋势,求得更大的发展空间。以龙佳观光农业园为基础,以持续发展为主题,建设包括生态农业、生态休闲、生态旅游、生态保健、生态康复、生态房地产、生态文化、生态旅游产品在内的生态产业——综合性的龙佳生态休闲山庄,是龙佳企业创新和实现经营战略转移的重要途径。

龙佳生态山庄是现代庄园经济的特定模式。这一模式在西欧起源于15世纪的英国，在我国则是20世纪90年代，随着我国经济体制改革的深入和现代农业的发展而兴起的农业经营方式，它是农业现代化的一个重要象征。目前在广东有各种庄园100多家，如化州龙汇庄园、顺德生态公园、番禺化龙农业大观园等。其他省市著名的还有北京郊区文化庄园、北京国际花卉公园、海南现代农庄、成都金阳庄园、东山生态农庄等。庄园经济是对我国传统农业经营体制和机制方面的重要创新，包括产权制度创新、融资方式创新、农业功能创新、产业组织创新，以及技术与管理创新等。因此，它是推进农业产业化、现代化的重要途径。

龙佳生态山庄是对龙佳观光农业园的创新，这种创新势必推动龙佳企业的变革，从现代企业体制和机制上推动龙佳企业集团的形成和发展。因为龙佳生态山庄是龙佳企业的重要组织部分，作为龙佳企业的子系统，其要素、层次、结构、功能的变化，都将引发整个系统结构和功能的变化。

第二节　基础条件

一、有利条件

1. 自然地理条件优越

龙佳生态山庄位于福建省漳州市的龙海市角美镇苍板农场内，介于厦门与漳州之间，西距漳州20 km，东距厦门20 km，有324国道和闽粤高速公路经过，交通十分便捷。

园址所在地属丘陵、平原相间地带，总面积2 000亩，地势北高南低。北部有2座低丘，海拔高80m，平均坡度15°左右。南部为九龙江冲积平原，以324国道为界，在山庄南部有鹰厦铁路穿过，把山庄分为南北两个部分。土壤以红壤、灰红壤和沙质壤为主，pH值4.5～6.5，土壤有机质含量1.3%；属南亚热带气候区，气候温和，雨量充沛，年平均温度21.3 ℃，日照时数2 771小时，年降雨量1 450 mm，无霜期345天；水资源丰富，山庄南界是从九龙江北溪引水供应厦门的总干渠，取水十分方便，北部丘陵台地地下水资源丰富；山丘上果林茂密，遍布裸露花岗岩，为人工造景提供了理想环境。

2. 景区建设初具规模

根据"龙佳观光农业园"总体规划，园区已投入3 000万元，初步建成观光果园（内含命名果园、采摘果园、果树品种园等，面积800亩），怡院（内含儿童天地、划船区、垂钓区、游泳池、健身运动场等，面积30亩），生态农业区（猪、鸭、鱼、蛙、果、草立体种养），休闲度假区（单体休闲屋10多幢）、野生动物园（面积30亩）等5个功能区。已建成的主要景点有新建妈祖庙（朝觐妈祖）、绿色长城、生日乐园、龙翔沧海、佛石、寿石、灵猫探幽、阿里山风情等。

3. 植物引种成效显著

园内现已引种亚热带名优果树70多种，近2万株，其中大面积种植有龙眼255亩5 600株，荔枝73亩658株；杨梅20亩920株，枇杷16亩621株，奈2亩50株，桃36亩1 100株，李15亩50株，柿8亩327株。果树品种园种植有银杏3品种、李13品种、龙眼8品种、荔枝5品种、橄榄2品种、枣3品种、桃14品种、枇杷4品种、芒果20品种、柿4品种、杨梅3品种、梨3品种、柑橘5品种、番石榴2品种，以及台湾莲雾、杨桃、林娜果、鸡蛋果、苹果、青梅等。

园林植物引种的有：玫瑰、变叶木、红桑、白桑、七里香、木棉等55种，数十万株。

果园牧草引种成功的有圆叶决明、羽叶决明、平托花生、印度豇豆、罗顿豆、南非马唐、百喜草、柱花草、白三叶、黑麦草、杂交狼尾草、象草、宽叶雀稗等。果园套种绿肥牧草面积400多亩。

4. 基础设施比较完善

现有建成区内道路、供电、通信、给排水系统等比较完善，基本满足生产和生活的需求；果园灌溉管道已形成网络，电力供应充分，电话全部实现程控化，数据通信、移动通信、电脑联网条件具备；果园内自动灌溉网络基本形成。在旅游休闲配套设施方面拥有招待所、餐厅、医疗、保安、旅游专车等服务设施。

5. 经济支撑能力较强

项目建设单位龙海市龙佳企业总公司是一家多种经营的集团式家族企业，总公司下设旅游部、石材部、后勤部、商务部、财务部、总经理办公室。现有职工620人。2001年总产值4 200多万元，利税200多万元。龙佳石料有限公司是该企业的骨干，公司创建于1988年，是一家集开采、加工、出口于一体的综合性石工艺企业，厂房面积83 000 m^2，设有延材、墓石、粗加工、碎石场、石雕工艺、矿山等车间和包装厂、运输车队，引进国内外先进设备和管理经验。主要经营各式石雕、墓碑、石板材、板岩、建筑装饰材料、园林造景石、荒料石等，产品90%以上出口日本、东南亚和欧美市场。公司以"优质高效、公正守信、求实创新、团结拼搏"的精神和精益求精的产品质量在国内外市场树立了良好的企业形象。在石料公司带动下，近年来旅游公司、家具城、龙佳（创维）电子迅速发展，逐步朝以石料公司为龙头的企业集团方向发展。这一趋势将为龙佳生态休闲山庄建设提供强有力的经济支撑。

二、存在的问题

1. 功能区界定不够明确

现有的景观游赏区、水上乐园、休闲度假中心、文体广场、生态农业区和高效农业研究所等五区一所布局，围绕生物、生态的主题不够突出，区界不够明确，有的功能区交错在一起，有的功能区跨铁路南北，不便管理。园内生产、生活、生态、农业、工业、旅游、商贸等总体设计协调不够。现有景点、景物与功能区主题不够衔接，比较零乱，彼此联系不够紧密。

2. 园区整体结构不够完整

一方面是园区中心部位尚未建设，把景区分为南北两部分，显得破碎零乱；另一方面有铁路和公用道路从园区穿过，有村庄和其他单位夹杂其中，给总体设计带来诸多困难。特别是主干道和入门处、停车场、管理中心的配置，还有待研究。

3. 园区外观形象有待改善

园区"绿色"与"生态"的主题不够突出，果树长势欠佳，地面绿色覆盖物面积偏少，人工痕迹过重，局部地形改造过分追求人工造景，破坏了自然的地形地貌。石砌护坡面积过大，架空电线、蓄水池、小卖部等建筑物过于突显，影响了景观的和谐统一。行道树及路边绿化花木缺乏科学配置，且管理不善，显得粗陋而难以成景。

4. 经济效益有待提高

如何增收节支，增强自我发展能力，有待进一步布署，在一定程度上偏重于门票收入，而忽视农业及与农业有关的旅游产品开发。效益观念有待加强。

5. 高素质人才不足，管理有待加强

从整体上看，龙佳总公司有职工 620 人，管理人员 50 多人，其中技术人员 12 人，分别占 8% 和 1.9% 左右，高级管理和技术人才奇缺，现代企业管理体制有待建立和完善。

第三节 市场需求分析

一、旅游市场分析

1. 国际旅游市场动态

据国际旅游组织预测 2010 年国际旅游将达到 9.37 亿人次，国际旅游年收入达 1.55 万亿美元。由于人类物质、文化、精神和身心健康需求的增长，自 20 世纪 60 年代开始，国际农业生态旅游悄然兴起，人们向往回归自然、返朴归真，尤其是城市居民上层人士热衷于乡村僻静、绿色的生机和清新的空气而移居城郊，促进了生态旅游、休闲和山间别墅的迅速发展。

美国 1872 年建成世界第一个国家公园，占地 446 hm^2，遍布湖泊草地、动物园、植物园等园中园；纽约市植物园拥有各种标本植物 5 万件；布朗克斯动物园驯养动物 4 000 多种；夏威夷度假胜地仅五湖岛每年接待游客即达 400 多万人次。

南美洲巴西是世界十大旅游创汇国之一，拥有世界上最美丽的海滩，银沙、碧海、宽广延绵，亚马逊河流域原始、古朴、奔放，回归自然的整体感受，吸引了世界各地的游客，年旅游业总收入达 450 亿美元，占国内生产总值的 8%。

欧洲以绿色、和平和环境保护为主题，孕育了众多的旅游大国，其优越的生活条件和优美的生态环境，吸引着世界 70% 以上的游客和 60% 以上的旅游收入。意大利以葡萄及其产品招徕顾客的农业旅游十分盛行。意大利的自然风光和古老的人文风景每年吸纳游客 2 000 多万人次，旅游创汇 20 亿美元。西班牙独特的斗牛促进了旅游业的发展，年接待国外游客 4 142 万人，居世界第三位，旅游收入 284 亿美元，占世界的 6.72%。波兰以生态旅游为中心的大小度假村有5 000多家，吸引国外游客1 600万人次。

亚太地区是世界旅游业的后起之秀，过去10年间，游客人数年平均增长15%，为各大洲之首。日本森林覆盖率居世界之冠，农业旅游以茶道和观光休闲而著称，几乎所有农业小园区，都有雅致的设施与环境和谐一致，浸透着浓郁的东方文化。"乡村旅馆"、"自然休养村"、"农民投宿村"比比皆是，仅大坂府就有80个观光农园，旅游业和农业高度融合。旅游业是泰国经济的一大支柱，其游客逗留时间和消费居世界前列，年吸纳游客800多万人次，收入80亿美元。

总之，经过一个多世纪的发展，世界旅游业已成为世界第一大产业，旅游活动成为人类消费的热点之一。预计在今后相当长时间内，旅游业增长的强劲势头将会持续保持着。

2. 国内旅游市场动态

在国内旅游方面，根据国家旅游局抽样调查显示：

城镇居民国内旅游情况：在2.8亿城镇居民中，出游人次率为91.5%，国内旅游总人数为2.56亿人次，旅游花费为1 386亿元，游客每次出游平均消费534元/人次。

农村居民国内旅游情况：在9.3亿农民中，国内旅游为3.83亿人次，平均出游率为41.1%，总花费270亿元，人均消费70.5元。

城乡居民平均出游情况：国内城镇和农村居民平均出游率为52.8%，出游总人数6.39亿人次，旅游花费总额1 638.4亿元，人均花费256.3元/人次。

全国旅行社组团的团体游客占出游人数的7.58%。城镇居民全年组团出游人数为942万人次，农村居民组团出游为550万人次。合计为1 492万人次。

3. 龙佳生态山庄客源市场分析

龙佳生态山庄地处厦漳泉三角洲的中部，从山庄到泉州、厦门，车程0.5~1小时，到龙岩以及广东的汕头，高速公路贯通后也只需2个多小时，是1~2日游的主要市场。仅以漳州、厦门、泉州三市旅游客源市场分析，三市市区人口合计205.6万人，市域人口合计1 030.9万人。考虑到近两年实行假日集中，出游人数增加，出游人数率按国家旅游局抽查的百分率，市区居民出游率提高5个百分点为96.5%，市域（农村）居民出游率提高3个百分点为44.1%。预测三市年出游人数为659.2万人次（见表3-1）。

表3-1 厦漳泉三市出游人数预测

城市	市区人口（万人）	农村人口（万人）	出游人次（万人）市区	农村	合计
漳州	56.5	399.4	54.5	176.1	230.6
厦门	61.6	71.0	59.3	31.3	90.6
泉州	94.1	560.5	90.8	247.2	338.0
合计	205.6	1 030.9	204.6	454.6	659.2

龙佳生态山庄以绿色、生态为主题，以风光、休闲、娱乐、科普、培训、健身、保健为主要内容，旅游内涵丰富而多样，将是城乡居民节假日活动的好去处，也是中小学生文体活动的首选地。如果厦漳泉三地659万出游人次中，有10%到龙佳山庄，则每年吸纳地方游客可达66万人次左右，是目前游客的3倍。此外，还有三市以外的国内游客和海外游客。厦漳泉都是著名的侨乡，又是台胞的祖籍地。据粗略统计，厦漳泉每年接待海外游客在80万人次以上，按3%～5%海外客源推断，龙佳年海外游客可达2.4万～4万人次。

此外，龙佳生态山庄还是漳州市全民健身活动点、福建省全民健身活动中心、漳州市青少年素质训练基地、龙海市青少年教育基地。以青少年活动为中心的内容包括素质训练、体能训练、精英训练、团队训练、军事训练等。目前，龙佳观光果园已是周边地区青少年活动的理想场所，随着学校素质教育的加强，中小学生训练将进一步受到重视。据统计，厦漳泉三市现有小学在校学生243.3万人，以10%计，到龙佳生态山庄从事有组织的校外活动学生有24万人次，只要组织得好，这个目标是可以达到的，仅漳州、厦门就近地区就有学生105万人，吸收10%活动率该不成问题。

二、水果市场分析

龙佳生态山庄以发展绿色无公害农产品为目标，采用果草牧鱼立体种养、良性循环的生态农业模式，其产品主要有水果、蔬菜、畜禽、淡水鱼等四大类，尤以水果为大宗。现有果园800亩，达产期预计年产量可达560 t。水果是漳州一大优势，漳州全市水果面积268.8万亩，产量167万t，分别占全省的31%和46.9%。亚热带传统的6大名果——龙眼、荔枝、香蕉、芦柑、凤梨、蜜柚，都是世界上少有的区域性水果，具有广阔的国内外市场。

据联合国粮农组织统计，世界水果总产量 43 090 万吨，人均占有量 75 kg，我国年人均消费 40.7 kg、福建省城镇居民年均消费 57 kg，农村居民人均消费 14.7 kg。由此可见，我国水果消费水平低于世界平均水平。与发达国家相比，差距更大，随着人民生活水平的提高，水果的国内市场需求量还会增加。

第四节　总体建设构想

一、龙佳生态山庄的内涵和功能

1. 龙佳生态山庄的内涵

龙佳生态山庄是以绿色为背景，以生态良性循环为主题，以生态产业为发展目标的庄园经济。生态山庄的"生态"是人与环境高效和谐的生态关系的简称；生态休闲是旅游农业的一种形式，从广义上讲，旅游农业包括观光旅游农业、休闲旅游农业、生态旅游农业、民俗旅游农业等等，它是农业和旅游业相结合的新兴产业。生态休闲旅游是以自然为基础，为欣赏、享受和研究自然景观及其相关文化而进行的观光、休闲旅游活动。它不仅可以提供短期的观赏、游览，而且可以提供中长期度假、学习、实验研究、健身、保健、康复等服务。

龙佳生态山庄是社会—经济—自然复合生态系统，由异质的社会、经济、自然三个系统互相联系，互相作用、互为因果耦合而成的，比自然生态系统更高一个层次，也更复杂。其结构可理解由三个关系圈组成：一是核心圈，以人为中心，包括人的组织、文化和技术，起主导作用；二是内部环境圈，包括生物环境、地理环境、人工设施环境，是内部的介质；三是外部环境圈，包括原材料供应源，产品市场、社会支持条件等，是外部支持系统。生态休闲山庄是一个开放系统，建设生态休闲山庄既是一种着眼于富裕、健康、文明目标的开拓过程，也是一种旨在发展生产力的体制、技术、文化领域的社会改革，是推动企业走向可持续发展的具体举措。

龙佳生态山庄建设既要立足于生产、生活和生态的保护，又要着眼于企业经济的持续发展，在生态系统承载能力范围内，力求运用生态经济学原理和系统工程方法去改变生产和消费方式、决策和管理方法，挖掘可利用的资源潜力，建设经济发达、生态高效的产业，体制合理、社会和谐的文化，以及生态健康、景观优美的环境，实现经济、社会、生态三大效益高度统一的可持续发展目标。

2. 龙佳生态山庄的功能

龙佳生态山庄的功能是由生态山庄的内涵和特点决定的，具体是：

引进开发功能：紧跟现代科学技术发展趋势，有计划、有目的地引进国内外优良品种、先进技术、先进工艺，通过吸收、消化和产业化开发，生产一流产品，创一流产业，体现现代科学和现代生态农业的最新成就。

示范辐射功能：面向农业和农村发展，通过自身的科学规划和精心设计，以科学的内容和艺术的外貌，以及先进的技术和现代的管理，创造一流的现代农业、现代休闲旅游业发展模式，为漳洲市乃至福建省的农业现代化提供典型示范。

休闲旅游功能：面向城市，适应城市居民追求自然、回归自然的愿望，引入"融于自然、健康长寿"的居住理念，创造优美、益智、返璞归真的休闲设施和人居住宅，使之成为厦门及国内外居民观光、休闲、度假的新热点。

科研教育功能：生态山庄以研发中心和培训中心为龙头，以生态果园、设施生态农业区为基地，借助生物技术与现代光电技术的巧妙结合，开展生态知识教育、专业讲座和技术培训，组织青少年科普活动，展示现代农业高新技术成果，并与国内外著名专家学者合作，在生态学的各个领域，开展广泛的合作与交流。

生态保护功能：自然生态资源的保护和永续利用是生态休闲山庄永恒的主题。龙佳生态山庄将在山体维护、果园建设、水资源开发以及动植物资源的保护等方面加强管理，正确处理自然植被与人工造景的关系，达到生态自然化、生物多样化、景观生态化，提高山庄生态系统的稳定性。

体制创新功能：生态山庄以效益为中心，对接市场，引进市场机制，把企业技术创新与体制创新密切联系起来，建立以农业企业为核心的产加销一体化的生态产业体系，健全现代企业管理体制和机制，推进龙佳企业集团化。

二、指导思想和规划原则

1. 指导思想

龙佳生态山庄建设要以发展生态农业和生态旅游业为目标，以对台、对外生态农业科技交流为重点，以优美的果园、山体、植被、湖滨、草地造景为依托，以绿色、自然为主调，坚持科学内容与艺术外貌相结合，经济效益与生态效益相统一的发展方向，把生产、生活、生态有机联系起来，促进社会、经济、自然的协调发展，物质、能量、信息的高效利用，使人的创造力和生产力得到最大限度的发挥，生态休闲山庄的战略目标得以实现，并为龙佳企业集团的形成和发展奠定良好的基础。

2. 规划原则

生态保护原则：以山体保护、果园建设、环境绿化、水体清洁为主，进行开发性建设，在果树、林带、草地、水生植物等造景的烘托下，加大绿色植被的区域范围，正确处理人工旅游设施与自然植被的关系，尽可能减少人工痕迹。

可持续发展原则：要十分注重经济的持续增长、资源的永续利用、管理体制的公平合理、传统文化的延续与自然活力的维系。同时，保持山庄与周边社会的和谐共荣。

远近结合原则：立足当前，放眼未来。既要根据目前的农业资源条件、社会经济环境和市场容量，建设一些切实可行、投资小、见效快、效益高的生产和观光项目；又要着眼于国内外旅游业发展趋势，面向全国、面向东南亚、面向未来，规划一些适应时代需要，代表福建形象的高起点、高品位的储备性项目。

个性与特色原则：农业和旅游业结合，以农、林、牧、渔多层次种养、多级质能循环利用的生态农业，和以果业现代化为核心的生态观光、休闲、度假，是本区的特色，区内各个景点设置，建筑风格、服务设施，游乐健身项目等，都要突出这个主题，形成山水相依，果、林、牧、草配套，青山、绿水、碧草交相辉映的山庄景观。

结构与功能协调原则：结构是指组成山庄自然生态系统的生物和非生物的种类、数量、密度的时空分布。功能是山庄自然生态系统物质、能量、信息接收、转换、积累、代谢的能力，是维持结构存在、发展的基础。结构与功能协调是山庄持续发展的根基。

市场导向原则：山庄建设必须考虑市场的需求和竞争。在功能分区、产业导向、观光旅游项目设置等的规模、数量、品位等，都要充分考虑市场的容量和趋势，既要有高品位的旅游产品，以满足高层次游客的需要，又要雅俗共赏，注意大多数市民的趣味。

三、总体布局和发展目标

1. 总体布局

总体布局是山庄资源合理开发和生产力发展的总体部署，其主要目的是优化区域生产力的时空分布，以充分发挥山庄的开发潜力。龙佳生态休闲山庄的地理环境基础是丘陵台地，南依324国道，中部有铁路贯穿，把山庄分为南北两大片，同时，山庄内尚有村庄夹杂。因此在确定分区布局时，必须充分考虑这些因素。

参照现有土地的产权关系和发展趋势，山庄总体控制面积为2 000亩，包括现已开发的1 700亩和待征收的山坡田。根据园区功能和地形条件，规划以铁路为界，把山庄分为南北两片，南片以健身娱乐、培训、管理和工业开发为主，北片以观光、旅游、休闲、保健为主，重点建设2个中心、8个功能区。

2个中心：龙佳生态科技研究中心和龙佳生态培训与管理中心。

8个功能区：健身娱乐区、生态园林游览区、民俗文化区、野生动物园（区）、休闲保健区、设施生态农业区、生态工业区、生态村。

各功能区重点项目及建设时间见表3-2。

表3-2 重点建设项目及时间

功能区	序号	主要项目	建设期		
			2002—2004年	2005—2006年	2007—2010年
1. 生态科技研究开发中心	1	研发大楼	√		
	2	龙佳生态研究所	√		
	3	生态成果展示厅	√		
	4	学术交流厅	√		
	5	石文化展示厅	√		
2. 生态培训与管理中心	1	龙佳宾馆		√	
	2	多媒体电教室		√	
	3	多功能会议厅	√		
	4	餐厅	√		
	5	商务中心	√		
	6	办公大楼	√		

（续表）

功能区	序号	主要项目	建设期 2002—2004年	2005—2006年	2007—2010年
3. 健身娱乐区	1	体育馆	✓		
	2	科普馆	✓	✓	
	3	游泳池	✓		
	4	水上娱乐区	✓		
	5	儿童天地	✓		
	6	体能锻炼基地	✓	✓	
4. 生态园林游览区	1	龙佳湖与桃花岛	✓		
	2	神农广场	✓		
	3	百花园	✓		
	4	百竹园	✓		
	5	盆景园	✓	✓	
	6	荷花池	✓	✓	
	7	草生果园	✓		
	8	命名果园	✓		
	9	采摘果园	✓		
	10	百果园	✓		
	11	石文化广场	✓		
	12	石刻碑林	✓		
5. 民俗文化区	1	妈祖朝觐	✓		
	2	圣人堂	✓	✓	
	3	生日园	✓		
	4	大佛宫	✓		
	5	名事亭		✓	
	6	绿色长城	✓		
6. 野生动物园	1	宠养场	✓	✓	
	2	放养场	✓	✓	
	3	表演场	✓	✓	
7. 休闲保健区	1	休闲屋	✓		
	2	别墅群		✓	
	3	TDS检测保健院		✓	
	4	老人福利院	✓	✓	✓
	5	温泉浴场			✓
	6	龙佳塔		✓	
	7	综合楼		✓	
	8	时珍广场		✓	

(续表)

功能区	序号	主要项目	建设期		
			2002—2004年	2005—2006年	2007—2010年
8. 设施生态农业区	1	旱生植物馆		√	√
	2	荫生植物馆		√	√
	3	立体生态种养场		√	√
	4	苗木繁育区	√	√	√
	5	生态果园生产区	√	√	√
9. 生态工业区	1	绿色食品加工厂			√
	2	石工艺品厂	√	√	√
10. 生态村	1	社区生态文化建设	√	√	√

2. 建设目标

(1) 总体目标

龙佳生态山庄建设的总体目标是在生态学和生态经济学原理指导下，以农业高新技术为推动力，以发展生态农业、观光休闲农业、健身与保健产业为重点，通过引进新品种、新技术、新工艺和新的经营管理体制，推动农业与旅游业的结合，把生态山庄建成具有生态农业、生态旅游观光、生态休闲度假、生态科研、教育，以及娱乐、健身、保健等多项功能，融科学性、知识性、艺术性、参与性于一体，具有南亚热带风光特色的生态休闲旅游胜地和全民健身活动基地。

(2) 阶段目标

实现上述目标分为三个阶段：

第一期：编制总体规划；完成主干道及过铁路隧道建设；调整充实健身娱乐区、民俗文化区、生态园林游览观光区山景部分、野生动物园区、生态工业区部分；强化山庄景观建设，完善绿化、美化，增加绿色覆盖面；加强软件建设，包括信息、管理、导游、人才培养和导游指南；开始休闲保健区征地。

第二期：重点建设休闲保健区、生态科技研究开发中心、生态培训管理中心；继续完善各功能区的内容，提高管理水平。

第三期：重点建设生态园林游览区水景部分、设施生态农业区和生态工业区绿色食品加工部分。完成规划总目标。

建成后，水果产量以 800 亩计，预计可达 640 t，年产优质果树、绿化苗木 30 万株，年加工绿色食品 200 t；年接待中外游客 70 万人次，接收中小学生素质教育5万人次，合计75万人次，人均消费以60元计，则年旅游总收入预计可达4 500万元。

第五节　分区建设方案

一、龙佳生态科技研究开发中心建设

本区位于生态园林游览区山顶最高处，占地面积约10亩，由一幢研发大楼及其周边绿化地带构成。研发大楼建筑面积1 000 m^2。内设龙佳生态研究所、生态成果展示厅、学术交流厅、石文化展示厅、贵宾室等，是生态山庄科技引进、研究、成果展示和学术交流的场所。研发大楼前设置花坛，点缀草地，景观力求高雅、幽静。边缘设置观景长廊，从制高点纵览山庄全貌。

二、龙佳生态培训与管理中心建设

本区位于山庄南片中心部位，占地面积约30亩，由培训中心和管理中心组成。

龙佳生态培训中心：其功能是接待会议和组织人才培训。规划在现有的招待所后建设一座面积2 000 m^2，达三星级标准的培训大楼（龙佳宾馆），内设多媒体电教室、多功能会议厅、小型会议室、餐厅、客房、商务中心等。在培训大楼建设之前，对现有招待所进行改建，承担其功能。重点是配备现代化多媒体电教设备，装修10~20套高档客房，增添小型会议室，扩大和改善餐厅服务条件，拆掉招待所前面的围栏，使大门直接对外敞开，按照培训中心的要求，拓展业务空间，提高管理和服务水平。

龙佳管理中心：管理中心设置在培训中心南侧，由现有的两层餐厅改建，是龙佳企业集团管理、商务活动和服务的中枢，内设现代化办公、通信、信息等部门。在办公大楼改建之前，管理中心设在现有的办公楼内，并着手改善办公条件，增添自动化办公设施。

三、健身娱乐区建设

本区位于山庄南片西侧，与培训与管理中心相邻，占地面积70亩，是漳

州青少年素质训练基础和福建省全民健身活动中心的主场地。大多数活动的硬件设施已建成，今后主要是从软件上加强管理，提高科技含量和服务质量，美化环境。主要健身娱乐项目有：

体育馆：由两幢单层室内体育馆组成，内部设置乒乓球、台球、羽毛球、网球、射箭、溜冰、射击、棋艺、武术、健身房、歌舞厅等，可定期举办青少年专项运动培训班和比赛。

科普馆：利用现有闲房，建设以人与自然为主题的科普馆，普及生态学知识，宣传可持续发展战略观。馆内结合学校教育，陈列各种专题的图片、实物、光盘、影碟，内容如生物进化论、植物分布分类、生物奇观、四季农事、农业气象、中华名人名事等等。各种展品定期更换，因人施放，运用现代光电技术手段增加科普效果。

游泳池：建设长宽 50 m×25 m，深 1.6~1.8 m 的标准游泳池、长宽 25 m×20 m，深 0.8~1.2 m 的儿童游泳池和一般游泳池各一个。成立游泳俱乐部加以管理，引进美国全自动循环水处理系统。

水上娱乐区：主要项目有儿童水上滑梯、碰碰船、划船、水上电子航模、垂钓、观鱼等。此区布局自然灵活，岸边植树绿化，营造出幽雅秀丽的环境。垂钓区岸边配置"渔船"、茅棚和水面垂钓台等，既可垂钓，又可观鱼。

儿童天地：布设蘑菇亭、聪灵屋、童趣池、滑梯、组合梯、转椅、吊杆、秋千、跷跷板、木绳桥、冲天摇船、飞天、植物迷宫等儿童游戏设施。

体能训练基地：除体育馆和水上训练项目外，专门设置露天训练场，内有高低杠、双杠、伸展器、仰卧板、吊桩、伸腰训练器、8字桩、太空滑步机、天梯、转体训练器、旋风轮，以及徒手攀岩、高空滑索、协力架桥、高空跨跃、双人探险、高架绳网等设施，开展拓展训练和军事训练。举办青少年素质训练、欢乐群英会、精英训练、周末家庭体验训练、挑战自然极限训练等活动。

四、生态园林游览区建设

本区位于北片山庄中部，自大门入口主干道两侧开阔湖面、草地，沿曲路上山至观光果园。总面积约580亩，是龙佳山庄观光游览的中心地带。山下平地部分约280亩，目前是砖瓦厂所在地和稻田、菜地、池塘。根据地形，将配合砖瓦厂取土需要，形成一个面积约100亩的人工湖，连接周边池塘，形成以水为主题，以园林造景为特色的园林生态景观，使游客一进山门，未见山，先看水。古人云：以水寻龙，水会即龙至，水走则龙止，水聚则气生。本区与以山景为主题的民族文化区、生态果园观光区相对映，构成山水相依、天地合一的自然景观。山上部分约300亩，沿果园林间道路上山，小径两旁果林茂密，山景优美，空气清新，生态环境良好。现已种植龙眼、荔枝、杨梅、桃李等亚热带果树。本区果树栽培一律采用生态果园栽培技术，使用生物有机肥，生物防治、果草立体种养，减少化肥、农药污染。

从园林生态观光游览的角度出发，本区要充分利用水面的湖景、草地和山地果园生态资源，建设既与当地自然景观相适应，又符合游客观光、科普的配套设施，构成既有科学内容，又有艺术外貌的园林景观，以丰富生态山庄的观赏情趣。本区景点可分为两部分。

第一部分是以水景为主题的园林景观，主要景点有：

龙佳湖与桃花岛：湖面约100亩，在湖心为人工构造的湖心岛，面积约30亩，由南面入门左侧向湖中延伸，呈半岛状。岛上种满桃花、草地，在桃花园中设悦心亭，品茗社、雕塑等景点，谓之桃花岛。桃花岛西、北两面分别以廊桥、曲桥与对面湖岸相连。通过曲桥往西为设施生态农业区一片白色的现代化生态展览馆，往北是绿茵为坛的神农广场。湖中饲养各式观赏鱼类，如红鲤、彩云鲷等，构成以湖岛水景为中心的生态景观区。

神农广场：从龙佳湖北岸，北至民俗文化区山脚，东至珍稀动物园入口处的广阔缓坡地，开辟为纪念我国农业鼻祖神农的神农广场。广场以绿色草地为基调，在中心部位面向湖面，背靠妈祖庙，设置神农雕像花坛，花坛面积500~600 m^2，坡式圆形，高1.5 m，中间树深铜色的神农塑像。花坛四边丛植热带、亚热带观赏花木，呈现南国风光。湖边立榭植柳，虹桥倒影，水榭玉立，构成一派湖光山色。

百花园：龙海是水仙花的故乡，花卉资源十分丰富，地方花卉品种有1 200多种。本园以园林式布置，着重展示南亚热带地方花卉资源及新近引进的名贵花卉。如水仙、杜鹃花、香石竹、凤仙花、凤凰花、十里香、郁金香、晚香玉、火鹤花、火龙果等，配以苏铁类植物、棕榈科植物。

百竹园：山坡顶部，沿生态果园边界种植，成为本区的一道背景线。可供选择的有花竹、观音竹、凤尾竹、紫杆竹、大佛肚竹、黄金间碧竹、大琴竹、福建矮竹、紫竹、龟甲竹等。

盆景园：以展示盆景、根雕、插花艺术为内容的园区，设树桩盆景区、水石盆景区、花果盆景区、微型盆景区，着重反映闽南风格的榕、松、柏、榆、杉、苏铁等盆景精品，同时结合果园生产，开发各种果树盆景。

荷花池：位于本区东侧，入园干道的右边，由现成的两个池塘整治而成，面积约10亩，主要种植荷花（如友谊牡丹莲、粉川台、娇醉杯、满江红等品种）、睡莲（如佛琴娜莉斯、日出、玛珊姑娘等品种）。这些品种既可观赏，又是高价值的营养品。

第二部分为以山景为主题的园林景观，主要景点有：

草生果园：以省农科院红萍中心为技术依托，引进台湾果园草生栽培技术，在果园内建设50亩标准化草生栽培果园，在果树下种植百喜草、圆叶决明、南非马塘、印度豇豆、黑麦草、平托花生等绿肥牧草，构成果草结合的立体种植结构，向游客普及生态果园草生栽培知识。

命名果园：在果园东侧山坡下，开辟命名果园50亩，以单株为单位，由知名人士认领、命名。认领后付给一定认领费，该果树即归认领者所有，由山庄代为管理。命名果园设立旨在提高果园的知名度。

采摘果园：位于生态果园南面山脚下的荔枝园内，又称自助果园，提供游客自己动手采摘果实，体验农事操作。利用采摘果园高大的荔枝树荫，建若干烧烤场，为游客提供烧烤服务。

百果园：即现有的名优果树品种园。面积25亩，已种植银杏3种（品种，下同），李13种、桃14种、枇杷4种、芒果2种、柿子3种、杨梅3种、梨3种、柑橘5种、番石榴2种、龙眼8种、荔枝5种，以及林娜果、莲雾、杨桃、日本甜柿、巨森草果、锡兰橄榄、福州橄榄、澳州坚果、鸡蛋果、青枣、青梅、鸡蛋枣等。本园着重展示亚热带水果的多样性及福建省对台对外引种的最新成就。今后除继续引种，丰富品种种类外，要突出对台引种和本地品种资源收集，在分区排列上，逐步调整，按地方品种资源、台湾品种、国外品种分区排列，设置名牌，写明品种名称，引入地点，增加科技含量。百果园管理应加强科学观察记载，建立品种资料档案。记载内容包括名称、引种时间、来源、数量、编号、物候期、生物学特性等。做好优良品种的筛选工作。

石文化广场：在本区中部，由现今的"龙翔沧海"更名，配合龙佳研发中心室内石文化展示厅，着重反映我国石文化及龙佳企业石雕水平。在现有石雕造景基础上，充实龙佳企业的石雕制品，也可吸收福建省其他地方的石雕艺术产品，增加花色品种。

石刻碑林：研发中心东侧，沿道路两边，取不同形状山石，自然式排列于果林花木中，雕刻历代书法家的名字、名诗词，以增添园区的文化内涵。

五、民俗文化区建设

本区位于生态果园观光区的西边，面积约80亩，以妈祖庙为核心，在苍翠果林间配置圣人堂、生肖园、大佛宫、名事亭等富有民俗意境的景点。

妈祖朝觐：龙佳妈祖位于山庄西部最高处，坐北朝南，有妈祖庙、妈祖像、天梯等景物，雄伟壮观，朝觐者络绎不绝。妈祖信仰在我国流传一千多年，目前全世界妈祖庙有1 500多座，信徒2亿多人，民间有关妈祖的故事很多，可在妈祖庙内增添一些历代王朝、诗人有关妈祖的诗文、楹联，组织开展妈祖诞辰纪念活动、妈祖元宵活动（元月初十）、妈祖中军生日活动（8月15日）等，促使妈祖文化成为漳州地区人们追求和平、发展、安康的象征。

圣人堂：在现有圣人堂位置按民间"文庙"风格改建，增加内涵，扩大体量。建筑造型力求古朴、肃静、敦厚、典雅，形成庄重的参拜氛围，供游人学子敬仰，重点宏扬以孔子为代表的儒家的教育思想、教育理论、教育方法，尤其是关于道德教育、心理教育的论述，以及教育的四大支柱（学会认知、学会做事、学会生活、学会生存）。

生日园：由石雕12生肖、情人亭、生日纪念碑、生日纪念林等组成，为游人提供生日纪念活动场所。

大佛宫：大型座式弥勒佛雕像，内设儿童游乐展品。

名事亭：位于生日园下方，运用圆雕与浮雕相结合的方法，沿道路两边建造若干名人名事亭，雕刻历代名人名事传说或神话故事，如愚公移山、大禹治水、八仙过海、中国四大发明，以及李白、杜甫、王维、张衡、祖冲之、屈原等，反映中华民族宝贵的精神成果。

绿色长城：位于山庄北界山丘的分水岭，地势高耸，起伏逶延，从本区向东延伸至休闲保健区，约750m，已用花岗岩仿造成长城模样，和北京八达岭、烽火台。长城是中华民族的象征，应进一步美化、绿化，突出生态主题，增加游览内涵。

六、野生动物园

本区位于龙佳湖东侧，占地面积约 50 亩，现有东北虎、非洲狮、熊、梅花鹿、大耳羊、东山羊、白牦牛、猫头鹰、秃鹫、军雕、黑天鹅、鸳鸯、蓝孔雀、鸵鸟、火鸡、猴子、各种鹦鹉、各种观赏鸟类、蛇类等。园内分宠养观赏区、放养观赏区和驯养表演区三部分。本园以狮、虎、熊、豹、猛兽为特色，现有东北虎 9 只、非洲狮 14 只、熊 15 只。放养区设在果园内，放养动物也以猛兽为主。动物表演有狮虎钻火圈、狮虎滚桶、狮虎高空钻纸壁、狗熊溜冰、狗熊拳击、狗熊倒立等。本园是福建省最全最大的猛兽驯养与表演动物园。

七、休闲保健区建设

本区位于生态园林游览区东侧，从现有的休闲屋向东延伸至另一侧山丘及两山之间的山坡地带，形成两山呼应的态势。山上林木繁茂，空气清新，宜人、宜居、宜游，两山之间为层次错落有序的山垅田，是一片尚未开发的处女地。本区将充分利用其立体地貌和茂密森林，开辟为山庄休闲保健区，成为龙佳生态休闲山庄的另一个主题景观。主要设施有：

休闲屋：在与生态观光果园区紧连的东侧，现有坐落于果树间的单幢休闲木屋 10 多座，每幢配套冷暖空调、热水器、卫生间、电视、电话等，适于家庭度假或小型会议。

别墅群：位于两山之间连接部的山坡，座北朝南，左右有两座山峰环抱，南面是利用山坳田地形建成的层次清晰的泳池、草地、水体等健身场所，背山面水。别墅群由新建的 15～20 幢闽南风格的别墅组成，每幢面积 200～300 m²，别墅布局相对独立，以公共空间和绿地花坛为联系纽带，形成传统风格与西洋建筑设计思想相融合的生态型建筑群，在建筑设计上，为了与观光果园相协调，应以一至二层的院落式布置为主，建筑外观一律为坡屋面，绿瓦白墙，随地形交叉错落，力求与生态山庄的整体景观与文化氛围相适应。别墅立面绿化，建筑设计要贯彻生态设计原则，充分考虑地形、风向、阳光、空气等要素，适量配置台阶、庭院、走廊，形成多样化的空间结构。在别墅区前建一幢综合管理大楼，设置停车场和商务中心，提供餐饮服务。

温泉浴场：在别墅群下方山坡处修建一座半开放式的温泉浴场，从邻近温泉引水入场，分露天浴场和室内浴场两部分，浴场周边植树绿化，营造幽雅秀丽的环境。

时珍广场：位于温泉浴场下方山坡平地，为一开阔的绿地，中间竖立李时珍雕像，建一座时珍亭，亭内展示南亚热带中草药文化知识，草地上呈园林式配置南亚热带特产中草药，专为休闲保健人群提供服务。

龙佳塔：位于本区山脊南端突出部，是一座六面形六层叠落宝塔。其顶层居高临下，远可眺望海沧、厦门，近可鸟瞰山庄全貌，山川景色尽收眼底。以塔为中心进行环境综合设计，塔的北边堆叠一座假山烘托山坡气势，左边为竹林，林间布置步行道，直通老人福利院。前面种植四季花木、草坡，形成自然景观，右侧有二级道路与老人福利院和别墅群相连。

八、设施生态农业区建设

设施生态农业是龙佳山庄生态农业现代化另一个体现，它把现代设施农业和生态农业结合起来。本区位于园林生态景观区的西面，占地面积280亩。自东至西分为三个部分。一是设施生态农业分区；二是立体养殖分区；三是生态农业生产分区。

旱生植物馆：位于本区东面，与荫生植物馆并排，面向龙佳湖西岸。该馆为钢架塑制大棚温室，面积800 m^2，室内外遮阳，顶、侧可通风，配全自动智能控温和自动喷滴灌设备。馆内露地起伏，种植仙人掌多浆植物，构成沙漠旱生植物生态景观，让游客体验一种独特的生态环境。主要种植常见的仙人掌属种，如有星属的玲珠兜、鸾凤玉、金刺般苦；仙人柱属的秘鲁仙人柱、冲天柱、六角天轮柱，葫芦拳属的葫芦拳，金星属的长突金星掌；仙人球属的大金琥、象牙球等。在种植布局上，力求随沙丘起伏，高矮搭配，群植散栽结合，构成自然生态景象。

荫生植物馆：与旱生植物馆并排，构造形式与规模与旱生植物馆相同，馆内种植各种耐荫观赏花卉和气生植物，如朱兰、吊兰、海棠及蕨类、苏铁、棕榈、观叶植物等。架、吊、挂并用，模仿热带雨林生境，构成立体种植结构。

立体生态种养场：位于旱生植物馆后面，由养鱼池、养猪场、养鸭场、养鸡场和果园、牧草、沼气池等组合而成，是目前应用最广、效益最好的立体生态农业生产模式。果园内种草、养鸡，果园边建猪场、猪场边建养鱼池，池里养鱼虾，水面养鸭，猪场边建沼气池，形成以果园为载体，以沼气为纽带的果草牧鱼沼多物种立体种养，多级质能循环转化的立体农业模式（见图3-1）。

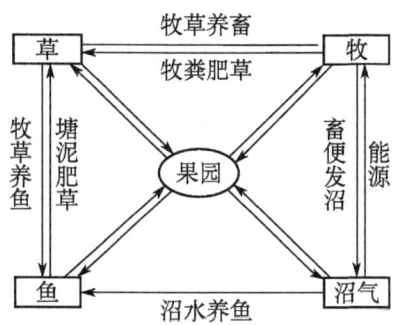

图3-1 立体生态种养场

苗木繁育区：在立体种养区西边，建设50亩现代化苗圃，从事优良品种引种繁育，既为山庄绿化美化提供苗木，也可生产旅游商品苗出售，增加山庄的经济收入。苗圃配备自动化喷灌系统，设置种苗培育的单栋大棚6 m×30 m二栋和遮阳棚200 m²。创造条件组建组培生产线，用以快速繁殖商品花苗。建设砖泥结构双层建筑200 m²的组培楼，其中器材室20 m²，洗涤消毒间20 m²，实验室20 m²，无菌接种室20 m²，组培苗培养室100 m²，工作室20 m²。

生态果园生产区：本区内的其他果园，均以生产优质果品为主要目的。在果园内系统推广高效生态果园组装配套技术：如①草生栽培技术，即果树下种植牧草；②高接换种技术；③果树矮化栽培技术；④生物有机肥施用技术；⑤生物防治技术（引进天敌、应用生物农药）；⑥疏果套袋技术；⑦产期调节技术等。

九、生态工业区建设

位于南片山庄东门的两侧：路西为龙佳石材厂，路东为待建的绿色食品加工厂。规划占地380亩。龙佳石材厂建于1988年，现有厂房面积2.5万m²，堆场5.8万m²。

生态山庄之生态工业区以发展无污染或少污染工业为原则，现有的石材厂噪声大，粉尘污染重，露天堆料场堆放杂乱，应加强整治，美化厂容，降低噪声，阻滞尘埃，加强绿化，树立良好的企业形象。

一是在工厂南边、北边围墙内（或外）营造两排林带，起阻挡、隐蔽、隔离作用，也可吸附尘埃。

二是工厂东边为山庄大门入口路段，应设置一个厂门，并在门前重点进行装饰性绿化，配置石雕小品。

三是做好厂区绿化，做到点、线、面结合。点是厂门区，线是厂内道路，面是车间、仓库、堆放场。应根据实地情况，选择适宜的树种和绿化方式，进行整体性绿化、美化。

四是选择滞尘能力强的绿化树种。乔木有槐树、臭椿、栎树、刺槐、樟树、凤凰木；灌木有海桐、黄杨、夹竹桃、大绣球、栀子花、瓜子黄阳等。

五是调整优化石料加工产品结构，逐步减少污染重的石板材加工，发展石工艺品精深加工，以减少污染。

十、生态村建设

由原农场工人住所按生态学的原理改造成现代化生态式的小康住宅区。重点加强村庄绿化带和园林式住宅建设。推广环保型建材，开发利用太阳能，建立社区安全保障和社会保险、福利制度，逐步实现社区信息化管理。

第六节　基础设施建设方案

一、大门

大门是龙佳山庄的门面，不仅是游客进出的通道，而且是人群汇集、留影的景点。根据龙佳山庄内外交错、铁路横贯的特殊地理布局，规划分别设2个入口大门、2个售票大门。

两个入口大门：一是从324国道西段现有路桥入口，拆除过桥左侧房子，拓宽左弯路面，并在濠沟边面向324国道竖立山庄形象标志物，上书"龙佳生态休闲山庄"。从此门入口主要参与南片游乐或培训等活动；二是从324国道东段新建路桥入口，入口处标志物处理同上。从此门入口绕过石材加工厂后，过铁路隧道进入北片各游览区。

两个售票大门：一个已建的健身娱乐区售票大门，承担保健娱乐区售票工作；另一个在北片，新建于园林生态景观区的南界，即龙佳湖与荷花池之间，与妈祖庙同一轴线。大门采用不锈钢自动拉门，宽8 m，左侧为门卫房，右侧为果树浮雕墙。

二、停车场

全山庄设三个停车场：与入口大门相配合，在南北两片分设两个停车场。南片停车场设在垂钓区围墙外空地，约2 000 m^2；北片停车场设在北片新建的售票大门西南角，即入园主干道与园外支道之间的三角地带，面积2 000 m^2。第三个停车场位于休闲保健区综合大楼下方，主要为休闲保健人群提供小型车停放服务。

三、道路系统

山庄内道路分三级：

1级路：交通主干道，宽10 m，从山庄东边入口大门至北片售票大门口，约1.5 km，水泥路面。

2级路：山庄内的小车游览与果园生产通道。宽3~4 m，水泥路面，由2圈环形路组成。外圈由北片售票大门经珍稀动物园穿过百果园达休闲保健区，绕过生态果园观光区，由民俗文化区下坡，再穿过生态果园生产区南边，绕至入口大门西侧。内圈由珍稀动物园入口处直上生态果园观光区，经石文化广场、研发中心、民俗文化区下坡穿过神农广场与龙佳湖北岸相接。

3级路：园内步行道，遍布各功能区，宽0.5~1 m，路面草皮或石板间草或沙土。

四、绿化建设

山庄绿化建设要以南亚热带园林绿化树种为主，因地制宜，乔、灌、草合理配置，形成高低错落有致的自然式景观，做到无裸露地面。

一是主干道自东大门至北片售票大门口绿化以单行榕树为行道树，配植黄心榕、马缨丹等开花灌木，两侧边坡作一般护坡绿化处理。在石材厂后，主干道北侧的池塘中种植荷花、睡莲、使其与荷花池中的荷花相呼应。

二是大门口区绿化要突出山庄特色，林果花搭配，并与大门造型相衬托。

三是停车场（南片和北片）周边种植高大乔木，以利遮阳，地面用嵌草铺水泥砖，以减少太阳辐射。

四是园内二级路两侧绿化采用开花小乔木为行道树，同一区间的行道树，用同一树种，以树取路名，如紫荆路、桂花路、紫薇路、刺桐路、橄榄路等等。

五是环湖岸边绿化，以垂柳为主，配置开花灌木，如桂花、米兰、腊梅及假俭草、沿阶草、麦冬等。

六是大草坪区绿化，选用大叶油草、百慕大草、天鹅绒草，或纯种或混播。草坪中适量配置大王椰子、海枣、糖棕等棕榈科植物，结合开花灌木、色叶植物，形成高低错落的棕榈群落。

七是果园梯壁以爬山虎、凌霄花等攀缘植物护壁，避免石墙裸露，增加绿色面积。

八是选择优良树种。

可供选择的主要树种有：

乔木：红花洋紫荆、盆架木、凤凰木、榕树、大叶榕、高山榕、印度橡皮树、南洋杉、异叶南洋杉、垂柳、印第安塔树、桂花、菩提树、洋金凤、刺桐、白兰花。

棕榈科植物：大王椰子、海枣、董棕、假槟榔、华盛顿棕榈、鱼尾葵、短穗鱼尾葵、蒲葵、青棕棍棒椰子、三药槟榔、散尾葵、糖棕、棕竹、酒瓶椰子、美丽珍葵、袖珍椰子。

花灌木：比利时杜鹃、锦绣杜鹃、海桐、九里香、小腊、福建茶、黄心格、千头侧柏、洒金柏、美蕊花、双荚槐、黄蝉、苏铁、美洲铁树、露兜树、龙船花、细叶尊距花、马缨丹、月季、龙芽花、龙柏、二色茉莉、扶桑、虎刺梅、希荣莉、丝兰。

色叶植物：红桑、银桑、色草、变叶木、色叶假连翘、花叶艳山姜、吊竹梅、紫鸭趾草、紫肖万年青、金叶女贞、金边龙舌兰、金边麦冬、七彩朱蕉、七彩凤梨。

草坪与地被：马尼拉草、大叶油草、百慕大草、狗芽根草、假俭草、沿阶草、大花马齿苋、葱兰、韭莲、一叶兰、红背桂、马蹄金。

水生植物：荷花、睡莲、王莲、黄睡莲、花叶芦竹、水葱、鸢尾、旱伞草、西洋水仙。

藤本垂蔓植物：云南素馨、三角梅、大花老鸦嘴、常春油麻藤、使君子、炮杖花、爬山虎、凌霄等。

竹类植物：大佛肚竹、黄金间碧玉竹、其他当地产的小径丛生竹。

第七节　投资概算与资金筹措

一、投资概算

根据规划项目需求，除生态工业区、生态新村投资另行测算外，主要景区建设初步估算总投资为11 000万元，详见表3-3。

表3-3　投资概算和资金筹措

序号	项目名称	主要建设内容	预计投资额（万元）
1	大门区	东西两个入口大门及北片售票大门	60
2	生态科技研发中心	研发大楼及内设展厅、周边绿化	300
3	生态培训与管理中心	新建龙佳宾馆、办公大楼改建、培训、会议设施等	3 000
4	健身娱乐区	现有设施整治及体育馆、科普馆建设	600
5	生态园林游览区	山景部分在现有园区上调整，山景部分重点建设龙佳湖、桃花岛、神农广场及各观赏园	1 500
6	民俗文化区	现有设施整治，重点扩建圣人堂	80
7	野生动物园	合作建设	—
8	休闲保健区	新建别墅群、福利院、TDS保健院、温泉浴场、综合楼、时珍广场、龙佳塔	4 500
9	设施生态农业区	新建旱生、荫生植物馆、现代化苗木繁殖区及立体种养区整治，苗木引种、推广	500
10	道路	主干道及二、三级路完善	80
11	停车场	南北片各1个、休闲区1个	30
12	其他配套设施	水、电、通讯、交通等	130
13	征地费用		150
14	不可预见费		70
15	合计		11 000

二、资金筹措

采用多渠道集资方式,包括引进外资、参股、合作开发,以及国内外融资等。同时,申请中央及地方农业、旅游、生态、水土保持、农业综合开发、科普、体育等政府相关部门的专项经费资助。

第八节 形象塑造和市场开发

一、形象塑造:整体形象和局部形象

形象塑造是企业实力和管理水平的外在表现,良好的形象塑造可以增加游客的信任感和亲和力,是扩大影响和吸引游客的关键性的一步。形象塑造要遵循总体规划原则,围绕"生态、休闲、科普、示范"的主题,突出区域特色,塑造"绿色、健康和可持续发展"的形象。

1. 总体形象塑造

总体而言,要按植物的生物学特性和园林绿地规划设计的原则,从山庄的功能、环境质量、游人活动、庇荫等要求以及植物布局的艺术性出发,对山庄进行大面积绿化和彩化,利用龙佳山庄独特地形和优越的地理位置,设计出既能充分展示热带和亚热带植被特色以及闽南建筑风格,又能彰显龙佳企业文化内涵的形象标志或图案,使企业名称与标志内涵高度统一和谐,并使之得到游客的认可。总体标志或图案设置在山庄制高点山头及入口处,造成以势夺人的景观效果和宣传效应。

各功能区或景点也要有不同的形象造型,以突出各自的特色和功能,各功能区标志必须扣紧主题标志,使不同的形象塑造既是一个标志,又是一个景点,既增添山庄景观的生动性,使山庄富有景致的变化,又有统一的艺术风格。

2. 局部形象塑造

局部形象既要能够反映出各自的特色和优势,又要能够很好地烘托总体形象,使局部与总体形象相互辉映。局部形象的塑造要根据各功能区的内涵和不同对象（游客）的心理特质和要求，设计出具有鲜明特色的标志或图案。山庄大门、各功能区或景点及交叉路口等都是塑造局部形象的关键所在。

山庄大门：第一印象至关重要。大门是整个山庄的门面和灵魂。大门的形象塑造除了标志性造型或图案外，还要考虑周边环境和背景环境，大门的造型、用材、大小、平面或空间立体都要给人以自然、朴实，以至浑然天成之感，让游客一进入山庄就有"宾至如归"的亲切感。

各功能区及景点：各功能区及景点的形象塑造，是构成总体形象不可或缺的组成部分，其造型要生动多彩，并突出各功能区内涵。在用材上既可用植物塑成各种造型；也可就地取材，利用龙佳石材厂下脚料做成千姿百态的石雕造型，避免各功能区及景点形象塑造千篇一律、缺乏生气的弊端。

交叉路口：各交叉路口要因地制宜地设立既规范又各具特色的交通指示牌或碑，为游客指明方向和路线，达到既造景又起到游览指示的实际功用。

二、宣传促销

宣传是打开知名度，树立企业形象，从而吸引游客的必要过程和手段。龙佳山庄虽然在附近区域已小有名气，但是人们对它的认识还仅局限在原有"观光园"的狭义上，客源有限。而作为"生态休闲山庄"，它有了更丰富的内涵，其观赏性、游览性、娱乐性、休闲性等都比以往更富特色和魅力。而这些必须通过各种形式进行大力宣传，把自身的特色和优势"广而告之"，才能在旅游业竞争日益激烈的形势下，开创属于龙佳的一片广阔天地和灿烂明天。可采取的重点宣传策略有：

采用多种宣传形式和手段：现代科技的发展为宣传提供了多种传媒形式和手段。广播、电视、报纸、网络等都已成为企业传播信息、获取信息的重要途径。这些形式快捷、便利且有效，应充分利用现代技术所提供的手段，大力宣传龙佳生态休闲山庄及其企业文化，先声夺人，争取游客。

拓展宣传途径：通过学校、机关、旅行社。龙佳休闲山庄是"漳州市青少年素质训练基地"，"龙海市农业生态果园建设基地"、"龙海市教委青少年教育基地"、"龙海市宣传文化活动示范基地"、"福建农科院果草牧实验基地"、福建省"保护母亲河生态教育基地"等。众多的头衔都是龙佳的宣传资源，可充分利用它们作为扩大知名度的渠道。

扩大宣传区域范围：要本着立足漳州、厦门、泉州，面向全省乃至全国的精神,在加大宣传力度的同时,积极扩大宣传区域范围。①组织各种社会活动,包括举办体育项目、文娱活动等;②参与公益事业,如捐助希望工程、进行社会救助等;③邀请政界要人及社会名流对生态环境的重视和热爱,请他们观光、考察或进行学术活动,利用名人效应来扩大影响。

三、山庄文化建设

龙佳山庄企业文化包括山庄的宗旨和目标,价值观念、思维方式、精神风貌、行为习惯、规章制度以及它的外在表现——山庄的形象等诸多方面。21世纪,经济全球化、知识经济和可持续的三大趋势已十分明显。在这一背景下,企业文化在很大程度上已不同于传统时代的企业文化模式。现代企业文化是传统文化与现代文化、政治文化与经济文化、世界文化与民族文化的融合点,具有鲜明的民族、地区和时代特征。企业文化建设对企业的发展至关重要,因为竞争的关键是特色,特色的核心是品牌,品牌的保障是文化。未来龙佳文化建设应着重以下方面:

建设效率文化:效率文化要求龙佳建立精干、高效的组织机构,建立健全严格的劳动制度,使职工自觉树立起时间就是金钱、效率就是生命的价值观念。因为在新经济中的现代企业,已没有决策大小的问题,只有速度快慢的问题;在未来的市场竞争中,不再是大吃小,而是快吃慢。因此,培育起一种重视速度的龙佳企业文化是当务之急。

建立创新文化:在信息化背景下,创新已成为社会的一个主题。创新文化是企业生存意识、危机意识、发展意识的集中体现。建立龙佳创新文化要从观念创新、技术创新、产品创新、组织结构创新和决策方式创新等方面花大力气进行。

自觉接受融合文化:经济全球化使企业间的竞争内涵发生了根本性的变化,从原始的"你死我活"的竞争转变成合作型的"双赢"竞争。这种竞争中的合作必然要求企业不断融合多元文化。融合文化的特点是以本企业文化为基础,充分吸收其他企业尤其是国外企业文化的精髓,从而促进本企业文化品质的提升。企业有了包容性的文化,就能够突破有限的市场空间,实现优势互补和资源重组,在更广泛的程度上完成双赢或多赢的经营运作。

牢固树立品牌文化:龙佳品牌文化的本质,是通过自身的一流工作、一流服务,向顾客提供一流的产品,并进而取得一流的市场营销效果。建立品牌文化就是要求企业树立品牌意识，提高技术水平，建立一支与名牌产品相适应的高素质的职工队伍和科学、规范、严格的现代企业管理。

建设道德文化：道德文化建设要着重以下4个方面：一是在经营理念上，把"消费者满意"作为龙佳的经营宗旨，在实现良好社会效益的前提下，追求企业的经济效益。二是在经营手段上，对顾客至真至诚，以称心如意的产品赢得客户的信任。三是在竞争方式上，摒弃相互排斥的落后竞争方式，追求联合、合作来求得发展与壮大。四是在管理模式上，由家族式管理向现代企业制度，由传统的强制性管理向职工自主管理过渡。真正做到以人为本，充分发挥每一个人的聪明才智，创造一个彼此尊重、互动互进、企业欣欣向荣的新局面。

四、旅游产品开发

根据龙佳山庄特色和客源市场特点，在旅游产品开发上，要立足形象塑造，突出生态、休闲、保健和龙佳企业文化特征，重点开发以下旅游系列产品：

观光游览系列：充分利用龙佳山庄各种资源，如果园、绿地、湖光山色及具有极高观赏价值的各色园林景点、小品、娱乐设施，组织相关的旅游、健身、观光活动。

度假休闲系列：从观光游览向度假休闲过渡是龙佳山庄旅游产品开发的发展方向。要充分利用休闲屋、别墅群、宾馆，发展适合大众需要的双休日、假日休闲旅游和高档次的度假旅游。

生活体验系列：以中小学生和青少年为主要对象，组织开发参与式农业旅游活动、校外素质教育活动、寓教于乐的科学实习活动、夏令营以及体能锻炼活动等。

康复保健系列：保健、康复是现代旅游业发展的新趋势。龙佳山庄空气清新，满目苍翠，能够满足现代人回归自然的心理需求。庄园内规划的保健康复设施将为老年人和亚健康人群提供高水平的保健康复服务。

会议写作系列：利用龙佳山庄优美环境和完善的设施为各种会议提供服务，为作家提供创作意境，激发人们的思维和灵感。

五、旅游商品开发

旅游商品的开发和销售是观光游览的重要组成部分，是促进旅游业发展，提高企业经济效益,增加山庄品位和档次的重要途径。

1. 旅游商品开发的基本原则

一是以自产产品为主,反映山庄特色。要结合自身经营项目,开发自产旅游商品,这样既可以降低商品成本,又突出了特色。

二是发挥本地优势,广辟旅游商品资源。要组织出售具有地方特色的旅游商品,扩大旅游商品种类,提高经济效益。

三是注重开发奇特新颖的旅游商品,满足旅游者猎奇心理。

四是坚持多样化原则,以适应不同层次旅游者的喜好心理。

2. 旅游商品开发的内容

旅游商品开发要注重科技含量和文化内涵,集纪念性、知识性、趣味性、艺术性、观赏性、实用性于一体,不但能给游客留下良好的印象,还可创造经济效益,起到宣传和示范作用。重点开发以下商品系列:

绿色食品:包括自己生产和具有当地特色的绿色食品,如水果、蔬菜、土产家禽、无污染鱼虾等绿色和有机农产品。

农业工艺品:应用高新技术培植的小型水果,花卉盆景,果、叶、花朵加工的标本等。

地方工艺品:反映漳州乃至闽南地区民间工艺传统的各种雕塑品,如石雕、影雕、木雕、根雕等。

地方文化艺术品:包括各种古玩、历史文物及其复制品,碑刻和具有纪念意义的馈赠品。

第九节 组织机构与管理制度

一、组织机构

从建立现代企业制度的需求看,现有龙佳企业各部门,包括生态休闲旅游公司、龙佳石料公司、龙佳家具城等,应该通过体制创新进行必要的整合,逐步朝龙佳企业集团的方向发展,组建龙佳集团公司,推行现代企业管理制度。在现行体制没有改变的情况下,龙佳生态旅游度假有限公司内部应进一步做好分工,建立岗位责任制和奖惩制度,按事设岗,定岗定员，赏罚分明。

二、管理制度

建立现代企业管理制度是龙佳企业集团发展壮大的内在要求。只有建立起完善的管理制度，才能提高企业的竞争力。现代企业管理制度包括建立六大系统：

预算计划系统：预算是现代企业运作的核心，一切工作计划都要围绕预算而定。

组织系统：建立权责利一致的组织系统和无重叠又无空白的组织结构，才能保障各项工作的顺利完成。

垂直指挥系统：即科学高效的权力分配体系。

横向联络系统：以程序化加强企业部门间的协作和制约。

人才选用系统：建立人力资源管理模式，明确企业需要的人才素质要求、人员的绩效考核等。

激励系统：包括科学合理的工资系统和奖惩机制。

为保障各系统的正常运转，必须建立各种具体的管理制度，以实行科学化、规范化管理。主要有：科学用工制度和人才聘任制度、财务管理制度、消防与安全制度、观光游览管理制度、卫生与环境保护制度、车辆管理制度。

三、劳动定员和人力管理

建立健全人力资源管理系统是提高企业竞争力的核心。人力资源管理包括人力资源规划（劳动定员）、职务规范、招聘系统、培训系统、绩效管理等方面。

劳动定员：据测算，龙佳山庄建成全面运作后，全部劳动人员为146人。其中管理人员20人、技术人员11人、工人115人。具体见表3-4。

表3-4 龙佳山庄人员设置

	管理人员	技术人员	工人	合计
总经理	1			1
副总经理	1			1
财务部	2			2
旅游部	1	1	3	5
生产部	1	1	2	4

（续表）

	管理人员	技术人员	工人	合计
技术部（科研所）	1	2		3
研发中心	1	4		5
培训中心	2		10	12
健身娱乐区	2		10	12
生态果园观光区	2		20	22
民俗文化区	1		5	6
休闲保健区	1		20	21
珍稀动物园	1	1	5	7
园林景观生态区	1		10	11
设施生态农业区	2	2	30	34
合　　计	20	11	115	146

注：生态工业区另行设置

职务设计：根据各部门发展目标和方向，确定每一职务所应承担的任务、职责和责任。

人员招聘：建立科学的用人制度，在人才聘用方面做到规范化、科学化，降低人才流动的昂贵代价，提高招聘成功率。

人员培训：根据员工工作职责和目标要求，组织员工培训，提高员工的工作效率、技术技能、专业和人际交往技能。

用人政策：主要包括：聘用与管理政策、日常工作政策、福利报酬政策、安全政策、处分和终止合同政策等几大方面。通过用人政策，给员工一个明确的行为准则，维持良好的内部关系，维护山庄与员工双方的利益，减少不必要的人事纠纷与冲突。

员工绩效管理：通过绩效管理的建立和运行，规范员工工作成果与收益的关系，挖掘员工的潜力，调动员工的积极性和创造性，促进员工个人目标与企业战略的统一，从而提高山庄的整体效益。

第四章　果业生态农业观光园规划

——以万宝山观光果园为例

万宝山观光果园位于厦门市集美区灌口镇，是厦门市水果引种培育成果转化基地，项目区距厦门市中心18km，距集美12km，有324国道和福厦高速公路经过，交通十分便捷。万宝山观光果园总体规划面积为1 000亩，规划建设10个功能区，10个观赏娱乐园，50个重点项目。重点以现有果园调整优化为主，完善基础设施，优化果树品种结构，加强良种繁育推广和中小学生科普等工作，提高果园的开放水平和经济效益。

第一节　基本情况和立项必要性

一、项目区的基本情况

1. 万宝山观光果园现状

万宝山观光果园位于厦门市集美区灌口镇，是厦门市水果引种培育成果转化基地，厦门市旅游定点接待单位和联合国南南合作示范基地协作网成员单位。园区所在地原是一片荒凉的"臭头山"，1985年垦植，经10多年努力，现已建成为初具规模的观光果园，占地500亩，种植龙眼5 500多株、荔枝800多株，芦柑1 500多株、余柑3 200多株、柿子550多株，花卉数以万计。近两年又引进美国布郎李、早李，菲律宾芒果，台湾青花梨、巴乐、莲雾，马来西亚杨桃、早钟6号枇杷等优良品种10多种。园内绿树成荫，花果飘香，备有垂钓、烧烤、露营、KTV包厢、卡拉OK舞厅、会议室、餐厅、客房等观光娱乐和会议设施，从而成为厦门市对外农业科技交流与合作的重要窗口。

项目区距厦门市中心18 km，距集美12 km，有324国道和福厦高速公路经过,交通十分便捷。园区地处南亚热带海洋性气候地区,冬无严寒,夏无酷暑。年平均温度21 ℃,年降雨量1 443 mm,年平均相对湿度80%,年日照时数1 566~2 233 小时,≥10℃有效积温为 5 000~6 800 ℃。特区的优势、便捷的交通和丰富的光热资源为亚热带果树生长提供了良好的条件。

2. 项目组织单位——联合国南南合作示范基地基本情况

联合国南南合作示范基地是中国国际经济技术交流中心和联合国有关多边机构批准建立的南南合作综合性示范基地,也是在我国建立的唯一一个探索南南合作新模式的示范基地。示范基地的宗旨是遵循联合国"和平与发展"的总方针,以"人类、健康、绿色、合作"为主题,利用联合国的技术援助和我国参与南南合作的技术成果,以及世界各国(主要是发展中国家)的技术经济资源,本着互惠互利的原则,在农村发展、城市建设、环境与生态、卫生与健康、就业与消除贫困等领域,建立可操作的载体,为我国和其他发展中国家提供典型示范。实践证明,示范基地是技术引进、技术输出和国际经贸合作的管道,是技术创新、成果转化、产业发展和人才培训的阵地,也是引导我国企业走向世界,加快我国企业国际化进程的桥梁和中介。示范基地遵照自身发展的产业导向,已在全省建立包括食用菌、果树、茶叶、观光农业、对台合作等产业在内的协作网。在国际上,它与联合国开发计划署、工业发展组织、粮农组织、亚太地区经互会以及10多个国家与地区性组织建立经常性的业务交往。在国内与国家外经贸部、科技部、农业部、中国国际技术经济交流中心以及分布在全国各地的23个南南合作地区性研究与培训中心,建立了广泛的联系。充分利用联合国南南合作示范基地协作网的整体优势,帮助协作网成员单位加快自身的建设和发展,是示范基地义不容辞的义务,示范基地无疑将为万宝山观光果园的发展,提供更多的机遇。

二、项目立项的必要性

1. 项目建设是加速南亚热带名优果树引进和成果转化,优化厦门市果树品种结构的需要

厦门具有发展亚热带水果的自然资源,但水果品种单一,其中龙眼占61%,龙眼又以中热品种为多,鲜食和特早、晚熟品种极少,比重较大的荔枝也因结果不稳定,效益欠佳。新引进的名优特水果也不多,而近几年,闽东南地区引进推广的台湾及世界其他国家的良种果树甚多,其中许多品种都可以在厦门推广。未来 10 年,厦门水果业必须在品种和品质上有新的突破,大力引进发展优质水果品种,增加种类,提高品质。万宝山观光果园是厦门市名优水果引种培育成果转化基地,从厦门市水果业发展的需要看,加快其建设势在必行。

2. 项目建设是发展都市型农业,推动厦门农业转型升级,适应厦门国际性港口风景城市发展的需要

厦门是闻名中外的港口风景城市,碧海环绕,青山叠翠,既有海岛风光、奇岩怪石等绮丽动人的南国自然景观,又有历史名胜、宗教文化等侨胞风情。"海上花园"鼓浪屿、千年古刹南普陀、"绿色博物馆"植物园等具有浓郁地方特色的旅游资源,使它成为我国东南沿海著名的旅游热点。然而,随着厦门市区的扩大和旅游业的迅猛发展,仅仅局限在岛内的旅游资源开发已不能适应客观发展的需要,着眼于岛外旅游资源的进一步开发,已成为未来厦门市旅游业可持续发展的关键。

自 20 世纪 80 年代以来,世界旅游业出现了明显的变化,传统上的短期旅游休闲逐步减少,生态旅游迅猛发展。所谓生态旅游,是以自然为基础,以欣赏、研究、享受自然景观,增进身心健康为目的的现代旅游业的新发展。观光农业就是生态旅游的重要形式,一方面,随着生活水平的提高和双休日制度的实施,人们对观光农业的需求日益迫切;另一方面,广大中小学生校外素质教育的发展趋势,也为观光农业开辟了广阔的前景。因此,观光农业是城市郊区农业发展的一个重要方向和必然趋势,万宝山观光果园正是适应这种趋势而发展起来的。

3. 项目建设是万宝山观光果园作为联合国南南合作示范基地建设的需要

万宝山观光果园已于 1999 年加入联合国南南合作示范基地协作网,担负着推进南南合作活动的国际性义务。作为协作网的成员,万宝山观光果园必须遵循联合国南南合作的宗旨,积极参与南南合作基地的活动;一方面要利用联合国的技术经济援助和南南合作技术成果,承担南南合作的国际义务。另一方面,加快万宝山观光果园建设也将为该园参与南南合作和利用南南合作渠道,推进自身国际化进程,引进国外优良品种和技术,吸引外来游客,创造良好的环境。

在南南合作基地的发展规划中,发展观光农业,推进农业现代建设是其优先发展的领域之一。因此，万宝山观光果园建设，完全与南南合作示范基地建设的宗旨和产业导向相吻合，果园的扩建将为厦门市农业开展对外交流与合作，做出更大的贡献。

4. 项目建设是万宝山观光果园自身可持续发展的必由之路

万宝山观光果园经过10多年的建设，虽然已经取得很大成就，改变了荒山的面貌，成为初具规模的"花果山"。园内一年四季花果飘香，放眼望去，满山郁郁葱葱；漫步其间，瓜果随手可摘；垂钓池内鱼翔浅底，烧烤区中亲情融洽；竹廊为茗，高雅清新，宁静的大自然风光，令人流连忘返。但是也应该看到，目前万宝山观光果园的规模与内涵，已越来越不能适应厦门市发展的需求，突出表现是规模过小，基础设施不尽完善，果树品种比较单一，作为厦门水果引进培育转化基地，尚未能真正发挥其作用。观光旅游设施比较简陋，接待能力也不够。总之，要实现观光果园和成果转化基地的功能目标，适应厦门经济发展和人民生活消费的需要，还需要很大的努力。进入21世纪，实施万宝山观光果园的扩大工程，调整优化其内部结构，增加观光旅游项目，提高对外开放水平，是万宝山果园可持续发展的迫切需要。

任何一个系统，都由要素，结构，层次，环境四大因素组成，万宝山观光果园也是一个系统，不可例外。改变系统内的任何一个要素，都会引起系统整体的变化。因而，改变系统的组成因素，就成为推动系统发展的重要途径。万宝山观光园要在新的形势下保持发展的势头，就必须加快自己的调整和改造。

第二节 市场分析

一、水果市场分析

万宝山观光果园以南亚热带优质水果生产和示范推广为己任。南亚热带传统的六大名果——龙眼、荔枝、香蕉、芦柑、凤梨、蜜柚等都是世界上少有的区域性水果，具有广阔的国内外市场。改革开放以来，从台湾、菲律宾、马来西亚等地引进的新品种，更加丰富了南亚热带水果的资源，增加了市场开发的竞争力。

厦门市是高收入的消费城市，水果消费量远高于全省平均数。因此，仅从厦门市场看，对本地水果的需求量将很大。从品种看，厦门市生产的水果品种以龙眼为主，龙眼占总量的61.7%，其次为香蕉，占12.8%，柑橘占7.6%，荔枝占5.7%，柚子占5.2%。而且龙眼大部分为加工的中热品种，鲜食和早、晚熟品种极少，严重影响到市场的供应。发展多样化优质水果品种，在厦门有着广阔的市场。

二、观光旅游市场分析

生态旅游作为一种特色旅游，已在国际上兴起将近十年，近年全世界生态旅游增长率为15%，年产值超过2 000亿美元。由于发展中国家大都有丰富的自然资源和淳朴的传统文化，生态旅游每年从发达国家向发展中国家转移250亿美元。国外（日本）一项调查表明，到国外旅游的目的地比例为：享受自然景观占72%，游览名胜占56%，品尝食品和美味占48%，享受购物占43%，体验不同文化占38%。可见大多数旅游者喜欢到大自然中去。

厦门是国内外著名的旅游城市，是闽南三角区的中心，旅游越来越成为人们的生活追求。厦门、漳州、泉州三市，车程在0.5～1小时内，互为一日游的主要市场。目前三市市区人口合计约174万人，市域人口为1 240万人，是一个很大的市场。况且，厦门还是国际旅游城市，泉州、漳州都是侨区，海外游客也日益增加。每年仅厦门市接待海外旅客48.4万人次，泉州、漳州海外旅客每年也在10万人次以上。另一方面，中小学生校外教育，包括夏令营，冬令营，也为万宝山观光果园提供大量的客源。厦漳泉三市在校中小学生为248万人，其中厦门市有23.9万人，以每人一次郊外活动计，也有20多万人次之多。这些都为万宝山观光果园开辟了广阔的旅游市场。

第三节 项目建设的总体思路

一、观光果园的内涵和功能

观光农业是传统农业与旅游业相结合的新型农业，是传统农业向现代农业过渡的产物。它既是现代农业的组成部分，又是现代旅游业的分支。世界

第四章　果业生态农业观光园规划

观光农业是20世纪70年代随着人民生活水平提高而兴起的,到现在,已经发展成为一个新兴的农业产业。

观光农业按农业的主导产业分一般有果树观光园、花卉观光园、蔬菜观光园、茶树观光园、森林观光园,以及观光牧场、观光鱼池等。随着人们对生活多样性的需求,多产业、多功能结合的综合性观光农业越来越得到人们的欢迎。观光与休闲,观光与展销,观光与科普,观光与娱乐,观光与产业文化建设等方面相融合,成为现代观光农业发展的新趋势。世界各国,包括发达国家和发展中国家,都把发展观光农业作为调整优化农业结构,增加农民收入的重要途径。

观光果园是观光农业的重要形式,这是由于果树是多年生植物,具有观花、观果、观叶、采摘等多样化观赏特性,因而成为发展各种类型观光农业的骨干。

万宝山观光果园是在荒山上建设起来的以龙眼、荔枝为主体的观光果园。其功能是以现代农业科学和生态经济学原理为指导,以农业高新技术为动力,以发展现代果业、现代观光农业、生态农业、生态休闲、生态旅游业为重点,通过引进新品种、新技术和新的经营管理体制和机制,展示现代农业新形态,宣传现代农业新理念,通过开展科学普及和科技成果示范推广,促进厦门地区现代农业的发展。具体功能如下:

引进创新功能:以台湾优良品种和先进技术为重点,有计划、有重点地引进国内外果树、花卉、蔬菜新品种和集约化生产技术。重点引进农业生物技术,设施农业技术、现代农业管理技术、光电技术在农业、科普、旅游方面的应用等。加强对台对外科学交流与合作,促进农业科技成果国际化。

示范推广功能:根据厦门市乃至闽南地区农业生产的需要,对引进成功的优良果树品种和先进技术,组织进行开发性生产,建立现代化繁育苗圃,开展技术开发,技术服务,技术咨询,为生产上提供优质种苗和先进技术,充分发挥观光果园作为厦门市果树科技成果转化基地的作用,推动厦门市园艺产业现代化。

科普培训功能:面向厦门市中小学校校外教育活动的需要,借助丰富的自然生物景观和生物科技实物展览,组织各种参与性、益智性、健身性活动,寓教于乐，向青少年普及各种生物学、生态学知识，培养青少年的事业心和正确的世界观，力争成为厦门市青少年科普教育的基地。

观光旅游功能：面向广大市民，适应人们追求自然、回归自然、健康长寿的追求，以优美的果林、水面、绿地、花坛造景为依托，以自然、绿色为主调，以果园观赏、采摘、游乐、休闲、度假为主要内容和活动重点，融科学性、娱乐性于一体，成为厦门市乃至闽南地区观光休闲度假的新热点。

二、规划的指导思想和原则

1. 指导思想

万宝山果树观光园作为厦门市果树引进培育成果转化基地和联合国南南合作示范基地协作网成员，要充分发挥厦门特区的区位优势和联合国南南合作的对外交流渠道，紧紧围绕厦门市国际性港口旅游城市建设和率先基本实现现代化的总目标。在果树园艺产业化建设的基础上，以优良品种和先进技术引进、吸收、消化为主线，以优美的果林、湖滨、绿地造景为依托，以果园生产、观光和青少年活动为重点内容，加强科学性、知识性、娱乐性、参与性，把万宝山观光果园建设成为集引进、开发、推广、观光、休闲、培训、科普于一体，与厦门国际港口旅游城市相适应的现代化观光果园，成为厦门市现代农业对外交流与合作的窗口。

2. 设计原则

生态保护原则：以生态保护，植被绿化，溪岸、塘边防护为主进行开发建设，并注意现有果林、水体、林带的保护，配合果林、池塘、绿地的造景，设置科普和观光娱乐项目，避免毁林造景，尽可能增加园区的绿色面积。

远近结合原则：立足当前，放眼未来。立足当前，是以经济效益为中心，根据目前社会经济环境和市场实际需求，规划出一些切实可行的投资少、见效快、收益好的项目。重点是加强基础设施建设，加快科技成果转化、示范和推广，提高生产能力和开放水平。放眼未来，即要着眼于闽南、福建全省、全国乃至世界观光农业发展趋势的需要，规划出能够体现21世纪厦门、福建生态旅游水平的高起点、高标准项目，力求与国际接轨。

突出个性与特色原则：着眼于现有的生态果林资源的优势，做足果园文章，形成以生态果园观光、游乐、休闲、度假为主题，多种活动相配套，独具一格，个性鲜明的生态观光果园。园内各景点设置、服务设施、游乐项目等都要突出本园特色，形成山水相依，果林、花卉配置，青山、绿水、碧草交相辉映的区域景观。

因地制宜原则：即要因地造势，充分考虑以龙眼、荔枝林为主体的中心山头环形果园的特点，采用不同于块状园林的设计手法，利用环状果林的环境来布置景点，使各种休闲项目与地形、环境浑然一体。

市场导向原则：充分考虑市场需求与竞争，在功能分区、产业发展方向、内容和形式上，在游乐活动项目设置的规模、数量、层次等方面，都要注意雅俗共赏，兼容并蓄，以满足不同层次人群的消费需要。

三、总体布局与阶段建设目标

1. 总体布局

万宝山观光果园总体规划控制面积为 1 000 亩，包括现有面积 500 亩和待征收土地 500 亩。规划分为两个阶段建设：第一阶段重点以现有果园调整优化为主，重点是完善基础设施，优化果树品种结构，加强良种繁育推广和中小学生科普等工作，提高果园的开放水平和经济效益；第二阶段重点建设新征 500 亩的土地、水面和环山溪涧，加快别墅、休闲、保健、康复设施建设步伐。

根据园区功能目标和地形条件，在总体规划中（包括第一、二两个阶段），重点规划建设 10 个功能区（第一级分区单位），10 个观赏娱乐园（指景点，第二级分区单位），50 个重点项目。简称"1150 工程"。

10 个功能区：分别是大门区、名优果树品种示范区、名优果树种苗繁殖区、果园观光休闲区、科普培训区、地方畜禽驯养区、水上娱乐区、保健康复区、生态别墅区、中心管理区。

10 个观赏娱乐园：分别是亲子园、生日园、宠物园、百鸟园、情侣园、植物分类园、百菜园、百药园、盆景园、水上娱乐园。

50 个重点项目：具体参见表 4-1。

表4-1 功能分区及主要建设项目

分区	序号	项 目	建 设 期	
			第一阶段	第二阶段
1. 大门区	1	园区标志物	✓	
	2	大门	✓	
	3	管理房	✓	
	4	停车场	✓	
	5	商务中心	✓	
2. 名优果树品种示范区	6	名优果树品种：龙眼、荔枝、早6号枇杷、芒果、台湾青花梨、印度枣、甜柿等	✓	
	7	果树中文、拉丁文对照名牌	✓	
	8	生态果园建设	✓	
3. 名优果树种苗繁殖区	9	露地苗圃	✓	
	10	大棚设施	✓	
	11	组培生产线		✓
	12	穴盘苗生产线		✓
	13	全自动炼苗场		✓
4. 果园观光休闲区	14	亲子园	✓	
	15	生日园	✓	
	16	情侣园	✓	
	17	休闲屋	✓	
	18	宠物园	✓	
	19	百鸟园	✓	
	20	果园改造	✓	
5. 科普培训区	21	科普馆	✓	
	22	植物分类园	✓	
	23	百菜园	✓	
	24	百药园	✓	
	25	盆景园	✓	
	26	垂钓池	✓	
	27	露天会场	✓	
6. 地方畜禽驯养区	28	畜禽世界	✓	
	29	烧烤、野炊场	✓	
7. 水上娱乐区	30	荷花池		✓
	31	九曲桥、水榭、茶社		✓
	32	水上娱乐园		✓
	33	水族长廊		✓

（续表）

分区	序号	项目	建设期 第一阶段	建设期 第二阶段
8. 保健康复区	34	TDS 检测中心		√
	35	保健中心		√
	36	康复中心		√
	37	健身房		√
	38	健身步行道		√
	39	网球场		√
	40	门球场		√
	41	游泳池		√
9. 生态别墅区	42	别墅群		√
10. 中心管理区	43	办公楼、宾馆	√	
	44	南南合作国际培训中心		√
	45	信息中心		√
	46	研发中心		√
11. 基础设施建设	47	道路 一级路 二级路 三级路	√	
	48	供水：水塔、水管	√	
	49	供电：扩容	√	
	50	溪涧整治拓宽		√

2. 分阶段建设目标

第一阶段：以现有500亩果园调整提高为主。重点进行：①果园品种结构调整、优化、间伐、修剪，改善园景外观形象；②建设大门区、种苗繁殖区、果园观光休闲区、科普培训区、地方畜禽驯养区、中心区等各主要景点；③基础设施建设：道路、供水、供电。通过上述项目建设，力争在成果转化、科普培训、果园休闲等方面有新的突破，不断提高整体形象和开放水平。

第二阶段：重点建设水上娱乐区、康复保健区、生态别墅区、南南合作国际培训中心等功能区，拓宽和整治溪道，实现园区规划的总体目标。

第四节　重点项目建设方案

一、大门区建设

大门是观光果园的门面，不仅是游客进出的通道，而且是人群汇集、留影的景点。万宝山观光果园大门应移至324国道旁，自324国道路口至现在的大门，长约200 m，称为大门区。大门区设计应简洁，突出自然情调，门卫房和票房可设计成水果或树桩形状。

大门：不锈钢自动拉门，宽10 m，左侧为门卫房和票房，右侧为果树浮雕墙，长10 m，高2.5 m，上书"万宝山观光果园"。

停车场：位于大门前两侧，面积约200 m^2。

商务中心：在大门一侧，沿街建一排商店，两层结构，用于销售旅游商品。

入园大道：自大门至管理中心，长约200 m，宽8 m，水泥路面，两侧种两行行道树，可供选择的有鱼尾葵、凤凰木、红花洋紫荆等。沿途配植开花灌木。

二、名优果树品种示范区建设

本区位于环形山果园西坡，面积约150亩。本区既可展示南亚热带丰富的水果资源，又是供游客入园亲自采摘、品尝优质水果风味的采摘果园，旨在增添游客的参与性和观光兴致。

区间道路：区内自南向北建一条2级区间路，路面水泥板间草。路的两边种葱兰、沿阶草等。

品种布局：以品种为单位，沿区间道路向两面展开。每个品种集中一起，主要有龙眼、荔枝、枇杷、柿子、芭乐、印度枣等。品种选择以现有品种为基础作适当调整，力求做到四季有果。每个品种设置中文、拉丁文对照名牌。

新技术推广：全区安装全自动喷灌设施，全面推行果树矮化、修剪、生态果园、套袋、反季节栽培等新技术。

三、名优果树种苗繁殖区建设

位于新征土地的东部,面积 80 亩。本区功能是培育优质苗木向生产上推广,行使成果转化基地的职能。其繁育推广的品种以果园优势品种为主,也可开发生产上急需的其他经济作物品种。

露地苗圃:面积 20 亩,逐步扩大到 100 亩,全面安装自动喷灌系统。

种苗培育单栋大棚:6 m×30 m,10 栋、合计 1 800 m^2。连栋大棚 4 栋,18 m×42 m,合计 4 824 m^2。

组培生产线:砖泥双层建筑 200 m^2,其中器材药品室 20 m^2,洗涤消毒间 20 m^2,实验室 20 m^2,无菌接种室 20 m^2,组培苗培养室 100 m^2,办公室 20 m^2。

穴盘苗生产线:精量播种生产线 100 m^2,发芽室 80 m^2,自控炼苗场 900 m^2(与组培室合建)。

近期内可供选择的引进推广新品种:引进品种:台农蜜雪梨、黑珍珠莲雾、台湾新世纪梨、蜂蜜柚、番木瓜、葡萄柚等;适宜繁殖推广的优质苗种有:早钟 6 号枇杷、荔枝妃子笑、龙眼立冬本等。

采穗圃建设:为加快优质、高价、早熟的枇杷品种—早钟 6 号繁殖推广,拟与福建省农科院合作建立采穗圃 50 亩。

四、果园观光休闲区建设

本区是观光果园的主体,位于园区中心环形山的龙眼、荔枝林中,面积约 300 亩。区内果林茂密,山景优美、空气清新、生态环境良好,登高望远,景色迷人。本区充分利用果园生态资源,建设既与当地自然景观和文化氛围相适应,又符合人们休闲、娱乐需求的各种配套设施,以丰富观光果园的情趣。

休闲屋:在果林中,自下而上沿等高线建设 30 座单体结构的休闲小屋,每座面积 30 m^2,外观为坡屋面,绿瓦白墙,统一着装,在序地散落在果林中,在布局上要充分利用地形、树影和建筑物之间的交错,形成丰富层次来点缀自然景观。

亲子园:位于果园南坡荔枝林下,面积 500 m^2。是父母亲携带儿童活动的场所。内设 10 余种动物造形的玩具和滑梯、索桥、独木桥及其他儿童娱乐设施。

情侣园：位于生日园的一侧，沿着缓坡而上，有名亭翠照，与生日园凉亭左右呼应，林间备有双人逍遥椅、双人摇床、吊床等娱乐设施，依亭环顾，前面是水波潋滟，瓦屋亭台；后面以远山为衬托，一派诗情画意的景观构图，烘托有情人幽闲生活美的主题。

百鸟园：在果园北端边缘，依山建一座长条形的"百鸟园"，因地制宜配植灌木、草丛、花卉及藤本植物，营造一个适宜各种鸟类生长繁衍的生态环境，用高架铁丝网笼罩，饲养有福建特色的白背啄木鸟、黄冠绿啄木鸟、橙背鸦雀、赤尾噪鹛、清绿鹛、白班尾柳莺、画眉、相思鸟、孔雀、翠鸟等。有些鸟类还可结合出售供观赏或餐饮。如雉科、鸠鸽科鸟类，都是味美的食用野味。

宠物园：利用高科技训养各种名狗名猫，如马尔消斯犬、吉娃娃、迷你笃宾犬、狮马狗等。宠物也可作为旅游产品开发出售。

果树培育与更新：本区龙眼、荔枝大多数是成年老树，加强对老树的培育是本区建设和可持续发展的关键。一是观光设施建设必须坚持以树造景为主，园林小品设施为辅的原则，因树制宜，尽可能避免破坏果树生长；二是对密度过大的果林进行必要的间伐或修剪，适当回拢树冠；三是在果树下引种耐阴豆科牧草绿肥，增加果园覆盖度，改善果园生态环境。

五、科普培训区建设

该区位于名优果树品种区南侧，面积约60亩，是以中小学生校外教育为主要对象的科普教育场地，旨在对青少年进行中华民族传统文化的教育，加强青少年对生物界奥妙的认识，掌握唯物主义，树立正确的人生观、世界观。

科普馆：建于该区的坡顶紧靠部队营房的围墙。采用仿古罗马式椭圆形屋顶建筑设计，建筑面积3 000 m²，里面配合学校教育陈列各种专题的图片、实物、光盘、影片等，内容如生物进化论、植物（果树）分布、南南合作历史、生物奇观、四季农事、农业气象、中华名人名事等等。各种陈列品定期更换，因人而教，运用现代科学技术手段，增加科普效果。还可在本区的南边沿边建一排科普长廊，采用民族传统建筑风格，室内陈列自古至今的生活用品和生产工具，从古色古香的厨房用具、农具到现今的电子游戏机、智力机等。

植物分类园：位于本区最西端，面积 2 000 m²，呈圆形辐射状布局，按植物分类系统从低等植物向高等植物演替，以科目为单位选择代表性植物种植，竖立植物学名及分类地位标记，普及植物分类学知识。

百药园：紧靠植物园，面积 2 000 m²。呈圆形辐射状布局，中间设置李时珍雕塑、时珍亭。按药效分区排列种植，展示祖国传统名贵中草药、为黄连、铁线莲、夏枯草、甘草、芍药、丹参、黄芪、金银花、黄栀子、黄芩、何首乌、三七、半夏、石斛花、车前子、决明、党参等等，普及我国丰富的中药宝库知识。

百菜园：紧靠百药园，面积 2 000 m²，以方块状几何形排列，园里种植色泽鲜艳的蔬菜，既可供观赏，又可食用。

盆景园：紧邻百菜园，是观光果园的重点景观之一。主要展示独具福建特色的榕、松、柏、梅、苏铁等盆景，同时开发柑橘、桃、李、枇杷、龙眼、荔枝等果树盆景。

垂钓池：面积约 20 亩，周边有草地、露天茶艺馆等。主要设有垂钓、水族长廊、水禽娱乐、水车、水生植物等内容，垂钓位设在池塘东侧，间隔 2～3 m，设置遮阳伞、垂钓台，池中常年养殖适合垂钓及观赏的草鱼、鲢鱼、鲫鱼、红鲤鱼等。岸边植树绿化，营造幽雅秀丽的垂钓环境。

露天会场：与盆景园相邻、北靠果林，是椭圆形、舞池式建筑，它是露天会议讲解的场所。

六、地方畜禽驯养区建设

该区位于果园的东北树林中，充分利用这片尚未开发的高大苍劲树林，建立地方畜禽饲养场，饲养土鸡、土鸭、火鸡等小型动物，把养殖与观光、餐饮结合起来。就近设立烧烤场、野炊场，允许游客到场内参与给动物喂食，也可亲自挑选鸡鸭烧烤。

随着发展的需要，可利用区内的地形地貌，建立青少年体能训练营，设置体能训练小区和野外捕猎小区。内有惊险刺激的空中索道、缆车、八卦迷宫等。捕猎小区放养鸡鸭、野兔等，让青少年入区捕猎，锻炼体魄，磨炼意志。

七、水上娱乐区建设

该区位于果园入口大道的右侧，主要由计划征收的约 40 亩池塘和现有的垂钓池组成。本区重点建设：①建设一个荷花池，主要种植荷花（如友谊牡丹莲、粉川台、娇醉杯、满江红等品种）、睡莲（如佛琴娜莉斯、日出、玛珊姑娘等品种）这些品种既可观赏，又是高价值的营养保健品；②淡水养殖，养殖各种可供垂钓和观赏的鱼类，扩大垂钓区；③在池中建一个曲桥点缀水榭，增添池中景色；④新建一个碰碰船等儿童喜爱的娱乐项目；⑤在塘边与综合大楼之间，建设一片较大面积的草地，配以花坛、喷泉，形成绿水、青山、碧草的大范围空间布局；⑥在塘边建一座小型的水族长廊，陈列珍奇的水生实物标本，养殖千姿百态的热带、亚热带观赏鱼类。

八、保健康复区建设

位于计划新征土地的东侧。本区一侧是绿油油的草地和水上娱乐园，另一侧是环境优美的环山溪流。

本区重点引进南南合作基地协作网成员——贝斯生物科技园区的远程健康检测系统技术，建成厦门地区远程健康检测服务中心。主要项目由检测中心、保健中心、康复中心及其配套辅助设施组成，建筑面积4 600 m^2。可为国内外不同职业、年龄、性别的亚健康人群，提供检测、咨询、疗养、保健、心理治疗等系列服务。

配合康复保健的需要，集中建设若干有益于健身的辅助设施，如网球场、门球场、健身步行道、健身房、游泳池等。

九、生态别墅区建设

该区位于环形山果园东侧坡下与小河之间，征地（红线）200亩，建设50座生态型小别墅，单座面积250～300 m^2。面向草地，背靠果林，一边有小溪流过，景色秀丽，宜居、宜游、宜人。别墅区相对独立，以公共空间和服务性建筑为联系纽带，创造出传统风格与现代建筑设计思想相融洽的生态型别墅群。在建筑设计上，为了与观光果园相协调，应以一至二层的院落式布置为主，建筑外观一律为坡屋面，绿瓦白墙，随地形交叉错落，力求与观光果园的自然景观与文化氛围相适应。别墅立面绿化，建筑用材选择，节水等方面，都要贯彻生态设计原则，充分考虑地形、水系、风向、阳光、空气等因素，适量配置台阶、庭院、花坛、绿地，形成多样化的公共空间，实现别墅群与观光果园的和谐协调。

十、中心管理区建设

即园区的管理中枢,由办公室、餐厅、茶庄、会议厅、卡拉 OK 厅等组成。第一阶段重点是完善现有的办公设施;第二阶段在水上娱乐区、草坪的西侧,建一座面积 3 000 m² 的综合大楼,即南南合作国际培训中心,集办公、会议、培训、宾馆、信息于一体,承担联合国南南合作培训任务,成为观光果园对外交流的窗口。

十一、基础设施建设

1. 园区路

1 级路:园内交通主干线,从大门口至科普培训区,路宽 6 m,两侧绿化。

2 级路:园内小型车交通游览与果园生产通道,主要有 3 条。一是果园休闲区的环山路,二是名优果树品种示范区区间路至地方畜禽驯养区,并与环山路连接;三是第二阶段征地连接水上娱乐区、保健康复区、生态别墅区直至溪边的环山路。三条Ⅱ级路总长约 3 000 m,宽 3~4 m,路的两侧依地形及分区景观需要,配置行道树、绿篱、花坛、藤架或沿阶草等。

3 级路:园内步行道,遍布各功能分区,除健身步行道外,均为观景游览步道,总长约 4 000 m,宽 1~2 m,其中水上娱乐区、草坪、保健康复区、生态别墅区路面为精致的水泥板或石板材间草,果园内路面可用草皮或沙土路面,路边绿化美化。

2. 供水、供电设施

观光果园总建筑面积预设 30 000 m²,设计人数约 800 人,最高日给水定额为 220 L/人,平均日给水定额为 170 L/人,预测日给水量为 136~176 m³/日。果树等生产用水采用河水作水源。为确保生活用水的需要,拟在果园最高处建一个水塔,并铺设总进水管连接 324 国道办的市政给水网。总水管长约 1 000 m,再由总水管架设分水管至各功能区。

观光果园现有供电容量为 30 kW,从长远发展考虑,拟一次性扩容至 100 kW。

3. 溪涧拓宽整治

第二阶段开发范围包括环形山东边坡下的溪涧及其外侧 30 m 宽溪岸。溪涧拓宽整治后,将成为观光果园的一大景观。可以根据地形地貌拓宽溪面至

15~20 m，按照不同等高线构筑拦水坝，形成不同落差的梯形水面，用于养殖，沿溪设置景点，外侧沿溪种植绿竹，形成一条环绕环山路而行的水景世界，绿竹成荫，短堤横卧，流水淙淙，泉溪秀色，集于一隅，构成观光果园的另一个游览闪光点。

4. 绿化

生态保护和绿化建设是观光果园的生命线，全园应以果树为骨干，乔灌草结合，构成一幅绿色的画面，不留裸地。园区绿化可供选择的植物主要有：

乔木：凤凰木、榕树、红花洋紫荆、南洋杉、垂柳、桂花、菩提树、洋金凤、白兰花。

棕榈科植物：大王椰子、海枣、假槟榔、华盛顿棕榈、鱼尾葵、蒲葵、散尾葵、糖棕、酒瓶椰子等。

开花灌木：杜鹃、海桐、九里香、小腊、黄心榕、千头侧柏、洒金柏、苏铁、龙船花、马缨丹、月季、龙柏、扶桑、虎刺梅、丝兰、鹤望兰。

有色叶植物：红桑、银桑、色草、变叶木、吊竹梅、紫鸭趾草、紫背万年青、金叶女贞、金边麦冬。

草坪植物：马尼拉草、大叶油草、狗牙根草、沿阶草、大花马齿苋、葱兰、韭莲、一叶兰、马蹄金、白三叶、红三叶、百喜草（护坡）、圆叶决明。

水生植物：荷花、睡莲、王莲、黄睡莲、花叶芦竹、西洋水仙。

藤本垂蔓植物：云南素馨、三角梅、常春、油麻藤、使君子、炮杖花、爬山虎、凌霄、蔷薇、百香果、葡萄、紫藤、鸡血藤。

5. 征地

本规划总用地1 000亩，除自有500亩外，需征地（红线）200亩，主要用于休闲别墅建设用地，其他300亩采用租用方式，主要用于苗圃及娱乐设施。

第五节　经营管理

一、组织机构

组建厦门市万宝山观光果园有限公司，实行总经理负责制管理模式。公司设总经理1人，副总经理2人。下设办公室，技术开发部，旅游服务部，财务部。各功能区组建相应的工作组。按事设岗，定岗定员，全员聘任。积极引进专业技术人才。

二、管理制度

建立现代企业管理制度是企业发展壮大的内在要求。只有建立起完善的管理制度，才能提高企业的竞争力。现代企业管理制度包括建立六大系统：

预算计划系统：预算是现代企业运作的核心，一切工作计划都要围绕预算而定。

组织系统：建立权责利一致的组织系统和无重叠又无空白的组织结构，才能保障各项工作的顺利完成。

垂直指挥系统：即科学高效的权力分配体系。

横向联络系统：以程序化加强企业部门间的协作和制约。

人才选用系统：建立人力资源管理模式，明确企业需要的人才素质要求、人员的绩效考核等。

激励系统：包括科学合理的工资系统和奖惩机制。

为保障各系统的正常运转，必须建立各种具体的管理制度，以实行科学化、规范化管理。主要有：科学用工制度和人才聘任制度、财务管理制度、消防与安全制度、观光游览管理制度、卫生与环境保护制度、车辆管理制度。

三、劳动定员和人力管理

建立健全人力资源管理系统是提高企业竞争力的核心。人力资源管理包括人力资源规划（劳动定员）、职务规范、招聘系统、培训系统、绩效管理等方面。

劳动定员：据测算，万宝山观光果园建成全面运作后，全部劳动人员为88人。其中管理人员10人、技术人员12人、工人66人。

职务设计：根据各部门发展目标和方向，确定每一职务所应承担的任务、职责和责任。

人员招聘：建立科学的用人制度，在人才聘用方面做到规范化、科学化，降低人才流动的昂贵代价，提高招聘成功率。

人员培训：根据员工工作职责和目标要求，组织员工培训，提高员工的工作效率、技术技能、专业和人际交往技能。

用人政策：主要包括：聘用与管理政策、日常工作政策、福利报酬政策、安全政策、处分和终止合同政策等几大方面。通过用人政策，给员工一个明确的行为准则，维持良好的内部关系，维护园区与员工双方的利益，减少不必要的人事纠纷与冲突。

员工绩效管理：通过绩效管理的建立和运行，规范员工工作成果与收益的关系，挖掘员工的潜力，调动员工的积极性和创造性，促进员工个人目标与企业战略的统一，从而提高园区的整体效益。

四、旅游商品开发

1. 旅游商品开发的原则

旅游商品生产和经营是观光果园建设的重要组成部分，也是观光果园创收的重要途径。观光果园旅游商品开发既要坚持以本园自产商品为主，形成特色，又要吸纳厦门乃至全省的旅游资源，为我所用。商品选择要注意以下几点：

一是要充分反映园区的特色，结合自身经营项目，开发自产旅游商品。如果树种苗、种子、盆景、土产家禽、宠物、花鸟虫鱼等。

二是要发挥本地的固有优势，组织出售具有地方特色的旅游商品，如厦门时装、电子产品、名家字画等。

三是要适应旅游者的猎奇心理，注意开发奇特新颖的旅游商品，如反映厦门名胜古迹和风景港口城市的实有景物，出奇制胜。

四是要适应不同层次旅游者的喜爱心理，注意选售适于不同社会地位、文化水平、职业、性别、年龄、风俗需要的商品。

2. 旅游商品的内容

旅游商品开发要注重科技含量和文化内涵，集纪念性、知识性、趣味性、艺术性、观赏性、实用性于一体，不但能给游客留下良好的印象，还可创造经济效益，起到宣传和示范作用。重点开发以下商品系列：

绿色食品：包括自己生产和具有当地特色的绿色食品，如水果、蔬菜、土鸡、土鸭、无污染鱼、虾等。

农业工艺品：应用高新技术培植的小型水果、花卉盆景、果、叶、花朵加工的标本等。

地方工艺品：反映厦门乃至闽南地区民间工艺传统的各种雕塑品，如石雕、影雕、木雕、根雕等。

地方文化艺术品：包括各种古玩、历史文物及其复制品、碑刻和具有纪念意义的馈赠品。

第六节　投资与产出概算

项目设计总投资为1 200万元，其中固定资产投资1 150万元，新增生产经营流动资金50万元。

一、分项投资概算

1. 固定资产投资

固定资产总投资1 100万元，其中：

大门区建设工程投资：包括大门、园区标志、停车场、商务中心、管理房等共投资73.35万元。

名优果树品种示范区工程投资：包括果树品种、山地土壤改良及生态果园（果园种草保水护坡）等，共投资33.30万元。

名优果种苗繁殖区工程投资：包括采穗圃、常规苗圃、大棚苗圃等生产性建设投资，共4.81万元。

果园观光休闲区工程建设：包括亲子园、生日园、情侣园的游玩设施建设，休闲屋的30幢小巧灵笼小屋及设施、宠物园、百鸟园的铁笼及设备，以及果园修整改土费共166.2万元。

科普培训区建设工程：包括科普馆、植物分类园、百菜园、百药园、盆景园及垂钓池的工程建设费，共投资119万元。

畜禽训养场的工程建设：包括生态区建设、畜禽世界、烧烤场、野炊地等建设费用，共计5.5万元。

基础设施建设：包括原办公贵宾楼的修缮、园区内道路建设、饮水设施、供电扩容、园区管理机械（增农用车2部、高架车4部及旅行车1部接送来游学生）、车库及肥料农药库等，共370万元。

其他项目投入：征地费280万元，专利技术投入费20万元。

税费等：预备费（投资总额的5%）53.1万元、投资方向调节税（房屋建设工程的7.5%）22.11万元。

2. 流动资金投入

园区的生产性流动资金增加投入50万元，每年周转4.3次。园区通过培训和组织市场，推动园区的引进生物技术良种、菜、鱼、畜禽、果树新品种及现代农业新技术拓展，形成多层次的产业化体系，积极参与国际竞争。

二、产出概算分述

以园区设计的功能，园区的产出概算如下：

果园按达产年设计的产出期：龙眼、荔枝、枇杷亩产800千克，亩产值800×10元＝0.8万元；脐橙及柑、柚亩产1.8 t，亩产值1.8×4 000元＝0.72万元；蜜雪梨亩产4.5 t，亩产值4.5×2 000＝0.9万元；蜜枣单产3 t，亩产值3×3 000＝0.9万元；桃李、葡萄单产3 t，3×3 000＝0.9万元；草莓亩产2.6 t，亩产值2.6×3＝0.78万元。由于水果主要以采摘果园形式及游客消费和携带为主，加权平均亩产出可达0.82万元以上，330亩果树平均年产出270万元，新增130万元。

苗圃年出苗40万苗，每苗10元，年新增收入400万元。

鸡、鸭、菜、鱼通过烧烤、野炊、垂钓园售出，年售出额约为80万元，新增80万元。

旅游产品（小盆景、纪念品等）以来园人的10%购计，每年收入8万元，新增8万元。

旅游设施完善后，第二年即可达预定效益，即通过加入厦门旅游线路，通过厦门一日游、厦泉二日游及厦漳泉三日游等，每年吸引厦门市接纳旅游人数48.4万人的20%，门票收入（每人10元）为年96.8万元，厦门中小学生春游、秋游约35万人次，吸引其中30%，门票收入105万元，暑期夏令营，每期50人，每年6期，每期平均6日计，收入18万元，30～50人的会议每年吸引20次，年收入24万元，新婚旅游每年吸引200对，年收入8万元。年旅游收入在320万元左右，新增270万元。

达产年年收入为1 058万元，扣除现年收入190万元，新增主营收入808万元。其他营业收入年均60万元。

第五章 茶业生态农业观光园规划
—— 以满堂香现代生态农业园为例

满堂香现代生态农业园项目，以综合开发山地农业资源、推进山区农业现代化为目标，以发展绿色食品生产为重点，在循环经济理论指导下，组织实施"511"重点示范工程，即建设5个专业化生产区（茶叶专业区、蔬菜专业区、果树专业区、笋竹专业区、花卉专业区），1个文化村（茶文化村），综合开发1万亩山地。在做强做大福州绿茶生态产业，建设茶文化村，弘扬中华茶文化的同时，推进蔬菜、果树、笋竹、花卉生产专业化、产业化，促进福州北峰山区生态农业和生态旅游业的有机结合。满堂香现代生态农业园区建设目标是成为集生产、加工、流通、科研、教育、观光、休闲于一体的山区农业综合开发基地，成为福州市现代农业和现代生态旅游业的新亮点。

第一节 项目背景和意义

一、综合开发农业资源，增加山区农民收入

综合开发资源是山区加快经济发展的重要手段。由于交通条件相对落后、科技水平较低等多种因素的制约，山区多数地区的经济水平与发展速度都低于平原地区。园区所在地宦溪镇位于福州市晋安区北峰山区，林、竹、茶、果、野生动植物等山地资源丰富，虽然与福州市中心近在咫尺，但多年来，由于山地综合开发力度不足，资源尚未得到充分、有效的开发利用，农民收入不高。加快资源综合开发利用，是推动项目区经济快速发展，缩小区域间差距的必要选择。

本项目通过现代生态农业园区建设，充分发挥当地自然地理优势、社会

经济条件和现有发展基础,引进农业优良品种、先进技术设备和经营管理经验,综合开发山区茶、果、蔬、林竹、花卉、旅游等资源,把园区建成一个集生产性、生活性和生态性于一体的现代生态农业示范基地,形成以农业现代化为主题,以绿色农产品生产和生态旅游两大主导产业为重点的产业化体系,改变山区农业单一化的生产结构和粗放型增长方式,提高山地资源利用率和劳动生产率,大幅度提高农业生产效益,增加山区农民收入。

二、发挥龙头带动作用,推进山区农业产业化

小生产与大市场的矛盾,是我国家庭联产承包责任制下发展现代农业的一大瓶颈。新形势下,农业面临产业结构调整滞后、农产品品质欠佳、加工率低、流通体系不健全、产供销协调不够以及农产品出售难等问题,很多地区的实践证明,推进农业产业化是解决上述问题的有效途径。福建省委、省政府专门出台了《关于加快发展农业产业化的意见》,制定了扶持主导产业发展,扶持并发挥龙头企业的带动作用,支持建立农业生产基地等一系列措施,以推进全省农业产业化的发展。

本项目以福州满堂香现代生态农业有限公司为龙头,采取公司+农户的形式,并在园区建设较大规模的农产品生产专业区和加工基地,发展规模化、产业化经营,形成贸、工、农一体化,产、加、销一条龙的组织形式,可以较有效地解决当前农业生产中普遍存在的小生产与大市场的矛盾,从而推进山区农业产业化的形成与发展,大幅度提升农业生产效益。项目建设的成功,还可为周边地区提供典型示范,对推动城郊农业现代化建设,必将发挥重要的推动作用;对福州市及周边中海拔山区的无公害茶叶生产也具有积极的带动和指导意义。

三、开发观光休闲农业,促进城乡统筹发展

尽管各级政府采取多种措施,但由于多种因素的综合作用,我国城乡居民收入差距仍在逐年拉大。城乡差距过大的状况如不尽快改变,十分不利于社会稳定和经济的可持续发展。正因为此,要缩小城乡差别,实现统筹发展,在加大扶持农村发展的同时,还必须找出推动农村快速发展的途径。农业生态旅游正是现阶段我国农村经济实现跨越式发展的有效捷径。

由于城市人群密集,交通拥挤,环境污染,节奏紧张,给人们带来的生

理和心理压力日益增大,向往自然,回归自然,体验自然成为许多人新的生活追求。20世纪80年代以来,世界旅游业出现明显变化,单纯追求消极休息的需求在减少,绝大多数游客愿意到具有良好洁净的自然环境中去旅游,去寻求一种特殊的经历,增长知识,有益健康,因而以乡(山)村田园风光为特色的生态旅游应运而生。生态旅游作为一种特色旅游,已在国际上兴起十多年,近年全世界生态旅游增长率为15%,年产值超过2 000亿美元。由于发展中国家大都有丰富的自然资源和淳朴的传统文化,生态旅游每年从发达国家向发展中国家转移250亿美元。

在我国,由于人多地少,人口密度大,绝大多数城市人居环境较差。随着经济发展和生活水平的提高,城郊农业生态旅游已逐渐成为一个新兴产业。本园区生态环境优越,气候宜人,生物资源丰富,是福州市民避暑、观光、旅游不可多得的好去处。本园区充分利用现有自然生态和生产条件,通过环境的综合整治,完善旅游配套服务设施,开发农业生态旅游,发展观光农业,推动农业与旅游业的结合,实现农业和旅游业的相互促进和共同发展,对推动山区农村的跨越式发展,缩小城乡差距有十分现实的意义。

四、依靠科技进步,推进农业可持续发展

自北峰山区综合开发列入福州市晋安区议事日程以来,在市、区、乡镇各级政府的重视和支持下,北峰引进了一批农业优良品种、高新技术和生产企业,经济得到较快发展,已初步建成福州市的绿色农产品生产基地。但总的来看,农民科技文化素质普遍不高,农业生产中科技含量较低。由于缺乏科学的规划和引导,在山地开发中,还存在品种结构不合理、水土流失等问题,导致园区虽然水果、蔬菜、茶叶等生产都有相当规模,但产品质量、效益、市场,以及延长产业链、增加附加值等问题相当突出,制约了农业与农村的可持续发展。要在日趋激烈的国内外市场竞争中立于不败之地,只有依靠现代科学技术的推广应用。

园区在原有基础上,进一步在循环经济原理指导下,依靠科技进步,以发展效益型生态经济为目标,以生态、绿色、有机食品为重点,通过引进农业优良品种和先进适用技术,提高山区农业生产的科技含量和生产效益。通过现代生态农业技术的引进推广,改善山区生态环境,推进园区生态农业、生态林业、生态牧业、生态休闲业的有机结合,以满足人们高层次物质和精

神需求，实现山区农业的可持续发展。

五、开发绿色农产品，提高山区农产品竞争力

随着人民生活水平的提高、消费观念的转变和加入世贸组织之后带来的国际市场竞争，我国食物生产进入一个新的历史阶段，即绿色食品的生产阶段，初步建立了一套从农田到餐桌的全过程质量监控技术标准体系，创建了以技术标准为基础，质量认证为依据，商标管理为手段的绿色食品生产管理模式。但是，到目前为止，食物污染问题远未解决，"毒大米"、"瘦肉精"、"浸泡鱼"等事件时有发生，仍然困扰着人们的日常生活。倡导绿色消费，"治理餐桌污染"，提高农产品出口竞争力已成为当前急需解决的难题，这就需要我们加快建设一批高质量的绿色食品基地。

本项目通过现代生态农业园区建设，以人和自然和谐为宗旨，以生态良性循环为基础，走绿色道路，创生态文明，在生态学原理和循环经济指导下，充分发挥山区丰富的农业生态资源优势，建设以企业为龙头的现代农业产业化体系和优质高效、无公害的农业生态系统，将把宦溪镇建设成为以茶叶和蔬菜为主的安全食品生产与加工基地，开发无公害、绿色、有机农产品，提高农业的国内外市场竞争力，并为福州市市民提供优质、安全、放心的食品。

第二节　现有基础条件

一、有利条件

1. 自然地理条件优越

区位优越：园区位于福州市北郊的北峰山区，是福州市晋安区的辖地，西距福州市中心 25 km，东有省道与宁长高速公路连接，交通十分便捷。北峰山区被人们誉为福州市的"绿色屏障"和"后花园"，区内鼓岭是福州市著名的避暑胜地。

环境优美：园区属丘陵山地地貌，海拔在 300~700 m，地形起伏，植被茂密，山清水秀，空气清新。区内的水、大气和土壤条件优越，水质指标达

到国家地面水环境质量Ⅰ类标准，大气环境质量主要指标均达到国家大气环境质量一级标准，完全符合生产绿色食品的要求，为绿色生态农业园区的建立和发展生态旅游奠定了良好的基础。

气候宜人：园区属亚热带海洋性润湿气候，温暖湿润，冬短夏长，年平均气温15.5 ℃，无霜期达326天，年均日照数为1 700~1 980小时；年均降水量900~2 100 mm；最冷月为1~2月，平均气温6~10 ℃；最热月为7~8月，平均气温24~29 ℃。夏季平均气温比福州市区低3~5 ℃，其中鼓岭7月最高气温28 ℃。比市区低8~10 ℃。夏季凉爽，是休闲避暑的好去处。

2. 农业资源丰富

土地资源丰富：园区所在地宦溪镇土地总面积达145 km^2，占福州市区总面积的13.9%，占晋安区总面积的23.9%。全镇耕地1.26万亩，人均1.1亩。是福州市人均耕地的3.2倍。园区山坡缓平，山地土壤肥沃，有效土层较厚，适宜开发种植多种农作物。

生物资源多样：园区大部分地区多被针阔叶混交林及人工营造的杉木林、马尾松林、毛竹林等植被覆盖，农业生物资源异常丰富。经济作物有茶叶、板栗、锥栗、药材、食用菌等；栽培果树有柑橘、枇杷、柚、李、桃、猕猴桃等；野生经济动物及鱼类有野猪、山羊、山鸡、穿山甲（为国家二级保护动物）、野兔、溪鱼、溪虾等；家养动物和鱼类有牛、羊、猪、鸡、鸭、鹅、甲鱼等，可开发的珍稀动植物资源很多。

3. 政策环境良好

近几年来，农业和农村问题引起了从中央到地方各级政府的高度重视。发展优质、高产、高效、生态、安全农业作为核心，把增加农民收入、推进农业现代化作为基本目标。依靠科技进步，保护和建设好农业生态环境，实现农业与农村经济的可持续发展，已成为新时期我国广大农村特别是沿海经济较发达地区的重点任务。福建省正大力实施生态省建设，促进全省经济社会与环境的协调发展。《福建省农业生态环境保护条例》要求："县级以上人民政府应当组织、引导生产单位和个人发展集生产、旅游、科研、教育于一体的生态旅游观光农业，建立优质安全农产品生产基地，在政策、资金和技术等方面扶持无公害农产品、绿色食品和有机农产品的生产"。

福州市委市政府、晋安区委区政府对北峰山区的开发也十分重视，把山区开发与扶贫奔小康密切结合起来，先后制定了《福州市北峰发展建设规划》、《福州宦溪万亩绿色食品园区总体规划》等发展战略规划。所有这些，都为本项目的建设提供了良好政策环境和资金等多方面的支持。

4. 社会经济基础较好

园区所在地宦溪镇是福州市北峰山区经济较发达的乡镇，工业起步较早，农业相对发达，社会总产值、工业总产值和人均占有量历来居北峰各乡镇之首。旅游业是传统的产业，久负盛名。茶叶是传统的名优产品，发展生态农业和生态旅游业具备很好的基础。由于毗邻福州市区，宦溪镇基础设施也较为完善，交通便捷。104省道横穿腹部，镇内公路网纵横交错；通信发达，有线电视网村村入户；电力系统与福州市联网，电力来源稳定。

园区中心区已建成可同时接纳60多人食宿的接待设施，以及足球场、篮球场等活动场所，初步具备开展休闲观光和青少年科普教育的条件。

5. 建设单位实力较强

项目建设单位——福州满堂香生态农业有限公司，是一家历史较为悠久的茶叶生产和销售企业，具有较雄厚的经营实力和丰富的贸易经验，享有良好声誉，是福建省最早进入北京茶叶市场的企业之一。固定资产3 000万元，员工186人，大中专以上技术及管理人才38人，被评为福建省农业产业化加工带动型龙头企业。目前，公司在园区内拥有3 000亩茶园和700亩生态果园，已初步形成绿色农产品生产与加工、农业生态旅游、科普教育等一、二、三产业齐头并进的格局。

公司主打产品——茶叶生产和运销稳步发展。制作的"古山白云"、"梅兰春"、"针螺"、"大白龙"、"春芽"获福建省"省优质茶"奖，"针王"、"春毫"在中国茶文化国际研讨会暨展示会上获金奖。生产的花茶畅销国内市场，同时还销往美国、英国、日本、非洲等国家和地区。公司各类茶叶销售量550 t，销售总额3 235万元，实现利税106万元，连年被评为"先进企业"、"先进民营企业"、"调整产业结构增加农民收入先进企业"、"管理达标企业"、"AAA级信用企业"等。

6. 技术依托单位科技力量雄厚

园区建设以福建省农科院和福建农林大学为技术依托，科企之间在有机茶示范基地建设等领域已建立较为密切的合作关系。

二、制约因素

1. 经济结构不合理

主要表现在：①产业结构不合理，农业比重偏大，二三产业发展不够；②农业生产结构不合理，大农业结构中，种植业比重偏大，花卉业、渔业等发展滞后；③种植业结构较为单一，以蔬菜、茶叶生产居多；④品种结构不合理，多数品种老化，如茶叶品种以福云6号为主，约占50%，品种呈逐年老化趋势，急需更新改良。

随着国民经济的快速发展，以及农产品供求关系从产品短缺到结构性、周期性相对过剩的重大变化，在现有基础上，园区急需依靠科技进步，加快农业结构调整，发展生态休闲农业，带动二三产业的发展，从而提升农业生产的层次与水平。

2. 规划布局滞后于发展需要

作为福州市的后花园，项目区的发展得到福州市、区、乡镇各级政府的高度重视，历经数次规划，如《北峰发展建设规划》、《福州市北峰绿色食品基地宦溪园区总体规划》、《福州宦溪万亩绿色食品示范区规划》等，对当地的农业生产、生态旅游等起到积极的推动作用。近年来，绿色农产品生产与休闲旅游相结合的农业生态旅游业发展迅速，原有的规划相对滞后，未能从布局和内容上体现生态农业与生态旅游业的有机统一。需要根据形势发展，对原有规划进行适当调整，以使农业与旅游业相互衔接，增强可操作性。

3. 科教水平有待提高

目前项目区农业整体科技含量较低，品种逐年老化，种植养殖中高新技术应用少，加工技术落后，农业生产效益较低。农业人口中，初中以上文化程度60%，高中以上文化程度的仅占30%，还有相当比例的文盲和半文盲，农民文化素质不高，难以适应现代生态农业发展对科技的需求。

4. 农业基础条件有待改善

绿荫不足：项目区现以茶园为主，由于在山地开发中较少关注生态环境保护，砍伐不当，导致林木资源减少，部分地区山体裸露，出现水土流失现象，发展休闲旅游缺乏必要的绿荫植物。

交通条件急需完善：虽临近福州，但因以山地为主，交通相对落后，道路等级低，路网尚未形成，在相当程度上制约了生态旅游的发展。

水资源不平衡：项目区现有一些小水库，地下泉水较丰富。正常年份，农业生产用水基本能得到保证，但干旱年份则供水不足。发展生态旅游业需水量较多，供水问题可能是严峻的制约因素。

第三节　市场需求分析

一、茶叶市场分析

20世纪末以来，随着茶叶科技的进步，茶叶良种培育和加工技术不断改进，茶叶各种有效成分在食品工业、制药业上广泛应用，使得茶的用途得到新的开拓，加上近年气候适宜，一些茶叶主产国调整生产结构，进行政策改革，全球出现了茶叶产销两旺的势头。由于茶文化的兴起、茶用途的日益广泛，传统的茶叶进口大国市场需求量逐步增加。近年来美国、加拿大、法国、英国、德国等消费大国茶叶进口量都有较大增长，市场需求扩大，国际贸易市场活跃，部分缓解了茶叶生产增长的矛盾。

世界茶叶市场在近年呈现三大趋势：

一是绿茶产销量激增。由于绿茶具有抗癌、抗心血管疾病的显著效果，药用价值得到充分肯定，生产量日益增长，在国际市场上交易也日趋活跃，欧洲近五年绿茶进口量增加了两倍，我国绿茶占世界绿茶销售市场的85%左右。

二是茶叶深加工产品日新月异。主要有袋泡茶、速溶茶、茶饮料、茶天然产物提取物等。目前世界袋泡茶的年消费量将近40万t，占国际茶叶消费总量的15%以上。茶饮料是茶叶深加工产品中发展最快的一项，在日本和我国台湾省已处在成熟阶段，茶饮料消费量已接近或超过碳酸饮料，在软饮料市场的占有率在10%以上。茶天然产物的提取在发达国家越来越受到重视。在美国、日本和韩国，茶多酚、咖啡碱已广泛应用于食品行业，尤其在日本，用茶多酚制作的生活日用品有90种之多。茶提取物在医药上的研究和利用成果也十分丰富，且前景广阔。

三是绿色技术壁垒日益提高。各茶叶进口国纷纷加大了技术贸易壁垒的设置，单是农药残留一项，目前即有18个国家和组织颁布的349项农药允许残留标准。如欧盟2000年7月1日起实行的新茶叶残留标准，其农残允许值大幅度降低,有的降幅达到了 1/100~1/200,农残检测品种增加到了 118 种,凡农残超标的茶叶均不准进入,并就地封存、销毁或退回原产地。

中国是茶叶出口大国之一。有一百多个国家和地区直接从中国进口茶叶,将有利于中国拓展国际市场,这将给中国茶叶出口带来机遇。只要加强有机茶、无公害茶叶生产,将农残等有害物质残留控制在国际认可的标准内,中国茶叶生产和出口仍有广阔的发展前景。

二、花卉业市场分析

花卉业是世界性的无烟工业,是当今世界最有活力的产业之一,花卉产品已成为国际贸易的大宗商品。

目前,花卉的生产发展趋势是生产重心正在由发达国家向发展中国家转移。中国发展花卉业具有多种优势:

种质资源优势:我国是世界野生花卉资源和园林植物资源最为丰富的国家之一,被誉为"世界园林之母"。

气候优势:我国幅员辽阔,地跨热带、亚热带、温带等多个气候带,适合多种类型的花卉生长。

劳动力资源优势:我国劳动力充裕,成本相对较低,经济效益显著。

市场优势:随着国民经济的持续稳步发展和人民生活水平的不断提高,本身就是一个十分巨大的花卉消费市场。

花文化的优势:中国人民有养花赏花爱花的优良传统。

中国花卉业经过十几年的恢复和发展,已经成为一个新兴的产业。目前中国花卉生产面积较大的省份有云南、江苏、四川、山东,而观叶植物的生产主要集中在广东和福建。福建是全国第二大亚热带观叶植物生产基地,花卉生产呈多样化、区域化发展态势。从当前形势看,中国花卉业实现跨越式发展的条件已基本成熟。

三、笋竹市场分析

竹笋中含有 18 种氨基酸,其中部分氨基酸为人体所必需,每 100 g 鲜笋中含氨基酸总量约 2 g,竹笋还含有人体必需的多种微量元素,如硒(Se)和锗(Ge)等。鉴于竹笋具有高蛋白、低脂肪和含 Se 等微量元素,加上其丰富的食用纤维,因此被人们誉为"保健食品",自古以来就是世界许多国家的传统佳肴。中国是食笋最早的国家之一，至今已有3 000多年历史。在加拿大、日本、韩国等发达国家，竹笋被认为是餐餐必备、天天必食的蔬菜之一。当前，随着国内人民生活水平提高和国际贸易的发展，对食用笋的需求量也越来越大。

竹子也是林业生态建设的重要内容，已成为中国林业最具有发展潜力的产业之一。竹子具有生长快、成材早、周期短、产量高等特点，是实现生态效益和经济效益最佳结合的林种之一，具有广泛的发展前景。中国开发利用竹子已有6 000年的历史，它以其特有的天然品性，广泛应用于建筑、轻工、食品、包装、造纸、家具、工艺美术以及园林等行业，是社会生活中的不可缺少的重要产品；竹质地板、竹胶板、竹叶黄铜、竹啤等产品的开发，已畅销全球30多个国家和地区。近十多年来，随着国内旅游业的兴起，竹类植物园已成为游览观光的热门景点之一。中国拥有四百余种丰富的竹类资源，拥有竹林面积8 300万亩，居世界之最。

园区交通便利，生态条件优越，靠近城区，发展竹产业，培育毛竹丰产林和笋用林（甜笋和苦笋等），既可促进观光业的发展，竹工艺品和笋产品还可满足福州等国内外市场需要。

四、观光农业市场分析

福州是省会城市，福州市域人口594万人，年出游人数达335万人。福州市还有中小学生100万人。随着福州市学生校外活动的增加，农业生态观光和科普教育人数将会大幅增长，这将为满堂香现代生态农业观光休闲业创造良好的商机。

第四节 园区总体建设构想

一、园区的功能和任务

1. 园区的功能

满堂香现代生态农业园区是现代农业和生态农业的有机结合，是以农业现代化为目标，以生态良性循环为基础，以生产茶、菜、果、肉等绿色食物、开发农业生态旅游为主题的庄园式经济。现代生态农业的"现代"既是一个历史性概念，也是一个地理学概念，不同时期、不同地区条件不同，"现代"的标准和途径也不同；现代生态农业的"生态"是人与环境高度和谐，生态良性循环协同发展的相互关系。现代农业的高效和可持续发展离不开生态的良性循环，而生态农业效益的提升，没有现代农业的经济和技术支持也是不可能实现的。因此，现代生态农业是融现代农业和生态农业之优势于一体的优质高效农业，是21世纪追求发展、富裕、健康、文明目标的新型农业。

满堂香现代生态农业园区是现代生态农业和现代旅游农业建设的载体，是社会—经济—自然复合生态系统，它是由异质的社会、经济、自然三个系统互相联系、互相作用、互为因果耦合而成的，比自然生态系统更高一个层次，也更复杂。其结构由三个关系圈组成：①核心圈，即现代人的主导作用，包括人力的组织、技术、文化等，起主控作用；②内部环境圈，包括园区内部的地理环境、生态环境、设施环境等，是内部的介质发展的基本条件；③外部环境圈，包括社会的原材料供应、产品市场、政策和自然环境条件，是外部支撑系统。

建设满堂香现代生态农业园区既是着眼于未来目标的开拓过程，也是旨在发展生产力而进行的体制、技术、文化等领域的社会改革，是推动晋安区宦溪镇社会经济可持续发展的重要举措。

2. 园区的任务

引进开发：有目的引进国内外优良品种和先进技术，通过吸收、消化和产业化开发，生产一流产品，创一流产业，树满堂香绿色品牌，体现现代科技和现代化农业的最新成就。

示范辐射：面向福州市农业，通过园区的科学规划和集团化开发，以及先进的技术和企业化的管理，创造企业带新村、公司+农户的发展模式，为北峰山区乃至福建省的山区农业综合开发提供示范。

科研教育：以满堂香现代生态农业研发中心和生态农业技术学院为龙头，以园区主导产业为载体，通过农科教结合，紧密联系生产，开展专题研究和技术培训，为园区和社会培养专业人才，为福州市大、中、小学生提供校外实践活动场所。

环境保护：园区建设要运用生态学原理和立体农业工程技术手段，合理开发利用自然资源、保持良好的生态环境，促进园区建设与资源环境的协调发展，为福州市提供良好的生态屏障。

二、园区建设思路和原则

1. 建设思路

一是坚持以可持续发展为纲，实现园区经济的持续增长，资源的永续利用，体制的公平合理，园区与周边社会的和谐共生，以及传统文化的延续与革新。

二是坚持人与自然和谐，合理处理人与自然的关系，科学开发和保护自然资源，防治环境污染，实现人同自然协调发展，共生共荣。要建立以人的行为主导、自然环境为依托、资源流动为脉络、社会体制为根基的社会—经济—自然复合生态系统。

三是坚持环境保护与产业发展相结合，寓环境保护于生产之中，寓废弃物处理于利用之中。生态环境是经济、社会发展的基础，保护生态环境就是保护园区生产力。因为生态环境问题，实质是资源代谢在时间、空间上的滞留或耗损，系统耦合在结构、功能关系上的错位和失调，社会行为在经济和生态关系上的冲突和失谐。只有调整和疏通各项关系，才能实现生态平衡，增加生产，提高整体效益。

四是坚持结构和功能相协调，园区各种生物与非生物的种类、数量、密度和互相联系的内容和方式，与功能相协调，以实现园区物质、能量、信息的高效运转，提升园区整体生产力。

2. 建设原则

面向社会，服务农民原则：园区建设是宜溪镇山区农业综合开发的重大举措，规划要密切联系当地实际，加强体制创新，走以公司为龙头，以农户为后盾的路子，建立企业和农户共同富裕的生产模式，以点带面，致富农村。

市场导向原则：园区建设必须适应园内外市场需求和竞争，在功能分区、产业和产品选择、生产规模和品位等方面，充分考虑市场的容量和趋势，适时调整，不断优化产业和产品结构。

因地制宜原则：既要有预见性、前瞻性，策划一些面向未来的高标准、高起点的项目；又要结合当地实际，扬长避短、量力而行，突出重点，以点带面，分步推进。

突出特色原则：农业和旅游业结合，以菜、果、禽、竹专业化生产、多级质能循环利用的生态农业，和以茶文化村为重点的生态旅游业是本区的特色，区内生产性项目、景点设置、建筑风格、服务设施等，都要突出这个主题，形成山水相依、互为依托的山庄景观。

三、园区建设目标和分区布局

1. 建设目标

围绕晋安区社会经济发展总目标，组织实施"511"重点工程，即建设5个专业区、1个文化村，开发1万亩丘陵山地，在做大做强福州绿茶生态产业同时，推进蔬菜、果树、林竹、花卉产业化、现代化，综合开发观光休闲农业。园区坚持以生态农业、生态旅游业为龙头，以茶文化村为先导，通过集团化开发、多元化经营，带动周边地区经济发展，促进传统农业向知识型生态产业转型，改变农民的传统生活方式和价值观念，为全面建设农村小康社会奠定良好的物质与精神基础。把园区建设成为集生产、加工、流通、科研、教育、观光、休闲于一体的山区农业综合开发基地，成为福州市现代农业和旅游农业的新亮点。

2. 分区布局

园区位于宦溪镇104省道东南部，涵盖创新、鹅鼻、洲洋、胜利、建立、中心、民义等7个村，总面积约1.05万亩，其中，茶叶5 500亩，蔬菜2 800亩，果树700亩，林竹1 000亩，花卉500亩。本着全面规划、突出重点、因地制宜、分步实施的原则，规划期内拟在现有产业布局基础上，按照生产专业化的要求，通过资源整合，把现代生态农业园区分为蔬菜专业区、果树专业区、笋竹专业区、花卉专业区、茶叶专业区和茶文化村，形成五区一村的总体布局。在建设步骤上，以茶文化村为突破口，重点建设一院即现代生态农业技术学院；二中心即技术研发中心、管理服务中心；三园即茶文化公园、观光休闲农园、茶树品种园；三个示范区即有机茶示范区、茶园节水灌溉示范区、茶叶加工示范区。

第五节 专业区建设方案

一、蔬菜专业区建设

1. 现有基础

项目区特定的山地气候，特定的省会城市周边区位和无工业污染环境，为蔬菜生产提供了良好的条件，是福州市重点蔬菜生产基地。宦溪镇常年蔬菜种植面积4 522亩，总产量28 185 t，人均占有蔬菜2 396 kg，两项指标均占北峰4乡镇首位。全镇现有3个千亩以上的蔬菜生产基地，占北峰5个千亩以上连片蔬菜基地的3/5；4个特色蔬菜生产基地，即北岭夏萝卜生产基地、辣椒生产基地、大白菜生产基地和花椰菜生产基地；4个国家级认定的绿色食品A级产品：北岭夏萝卜、辣椒、大白菜和花椰菜。在市场及国家绿色食品规范引导下，蔬菜生产正朝着规模化、产业化、无公害的方向发展。

2. 建设思路

现代蔬菜生产需要把握市场消费动向，及时调整产品结构和经营理念，以适应国内外市场的需求。当前世界蔬菜消费的动向是：

一是追求安全和营养，推广无公害、有机蔬菜生产技术。

二是注重品质和外观的统一，重视开发天然保健蔬菜和奇形异彩类蔬菜。

三是追求应时菜和反季节蔬菜。

四是重视蔬菜后处理和保鲜加工。

本区蔬菜生产要因地制宜，面向市场，开发特色品种，创建产地品牌，以新品种引进和绿色食品栽培规范为切入点，应用现代科技新成果，开发独具特色的绿色、高档蔬菜，实现蔬菜生产专业化、规模化。力争80%以上蔬菜产品达到国家A级绿色标准。适时发展蔬菜净菜、脱水、冷冻等加工技术，建设鲜菜、净菜配送体系，增强市场竞争力，带动园区产业升级，增加农民收入。

3. 主要建设内容

本区规划建设2 800亩，重点建设鹅鼻村和创新村的2个连片菜地，根据市场需求扩建，加强菜地标准化建设，完善排灌体系和路网、林网，配套建设耕作机械仓库和生产资料仓库。

（1）菜地标准化建设

蔬菜生产区平整为规格化梯田，中间修缮二纵三横及环区共6条（全长3.8 km）宽3.5 m的机耕道，道旁种上绿化树，既防风又遮阳。新建工具房及肥料仓库共200 m²。

（2）节水灌溉技术推广

示范滴灌或摆头喷灌菜地500亩，依蔬菜生产对土壤水分、环境湿度的不同需求，安装摆头喷灌或雾灌、滴灌，不仅提高水源利用率，而且使蔬菜更加鲜嫩美味。

（3）蔬菜设施栽培技术示范

建设 6 m × 30 m 镀锌管大棚 30 亩（100 架），进行设施蔬菜栽培示范，冬季加温提早春菜上市时间，夏季遮阳还防台风抗暴雨，春秋蒙上防虫网防虫降湿防病，增强防御自然灾害能力。配备育苗盘示范穴盘苗技术。

（4）优良蔬菜品种引进开发

在发展地方特色品种的同时，有计划引种试种高价值新品种，可供选择的品种有：

意大利黑圆茄：中早熟圆茄品种，耐寒耐热抗病，株高 80～90 cm，味甜，品质好，最大单果重 1 500 g。

紫小玉、紫香玉、绣女（樱桃番茄）：抗病、耐热。果形椭圆形，单果重 25 g 左右，糖度高、风味佳、果肉厚，耐贮运，不易裂果，高产优质。

甜菜椒"黄金椒"：色泽鲜艳，营养丰富，口感好，生食、熟炒均可。且耐贮运，常温货架期半个月，适温贮藏可保存一个月。

黄瓜"津园一号"：瓜条长 35 cm，单瓜重 250 g，大的达 300 g，瓜把短，品味佳，商品性好。从播种至采收约为 70 天。采收期 90～120 天。一般亩产 5 500～7 500 kg。较抗霜霉病和白粉病。

意大利三红胡萝卜：皮肉橙红色，肉质致密，口味佳。播种后 100～110 天收获，比常规品种抽薹晚，耐热，抗病性强。

皇帝生菜：中早熟生菜品种，叶片中等绿色，叶球中等大小，平均重 600 克。品质优良，耐热性好，生育期 80 天。

此外如意大利西芹、寿葱一号（大葱）、寿光独根红（韭菜）、将军油豆"一点红"等都是深受消费者喜爱的新品种。

保健型蔬菜可供选择的品种有：

番杏：又名洋菠菜、新西兰菠菜。以肥厚多汁的嫩茎供食，食用品质好，营养价值高，菜、药兼优。

牛蒡：日本引进品种，根富含蛋白质、氨基酸、多种维生素、矿物质元素以及菊糖。其胡萝卜素含量在蔬菜中居第二位，蛋白质和钙的含量是根菜类蔬菜中最高的一种，风味独特，具良好的医疗保健作用。

黄秋葵，又名秋葵、羊角豆等。以肉质柔嫩、润滑的嫩荚供食，既可炒食、凉拌、作汤，又可作泡菜、制罐头，其营养丰富，种子具有特殊的香味，可作为咖啡的代用品。

菊花脑：南粤地区特色菜之一。近年来，菜农利用竹竿塑料大棚栽培，使菊花脑上市时间比露地栽培提早 35～45 天，亩产值可达 4 000 多元。

少花龙葵：在海南、广东省俗称白花菜、古纽草、扣子草、野辣椒，是茄科蔬菜，其嫩叶供煮食，可汤、可炒、可凉拌，味道甘香、嫩滑可口，倍受欢迎。

剑花：花朵硕大，且具芳香。鲜干都可食用，是有开发前途的花卉类蔬菜。近年来在海南栽培的红龙果（火龙果）也是本属的另一个品种。取未开放的花阴干可长期贮存食用。

鸡蛋花：泡茶用，沸水泡之，再加上少许糖，味道更绝。花可提炼芳香油，还可入药，做成美味佳肴常用于煲汤。

还有如日本紫甘薯、日本"银丝菜"、夜香花都是近几年时髦的具保健功能的野菜型蔬菜。

（5）无公害蔬菜生产技术推广

重点引进应用福建省农科院 Bt 生物农药、杀螨宝及其他病虫生物防治技术；与花卉场配套铺设管道引用花卉区沼液作为生物有机肥料，引用生物磷钾肥、BB 专用肥；同时引进蔬菜有毒物质速测仪器，建立快速检测制度，减少蔬菜污染，提高蔬菜的质量与生产效益。

（6）多熟制栽培技术推广

试用模式有：

一年三熟制：茄子（3—7 月）→花菜（8—9 月）→大白菜（10—2 月），或苦瓜（2—7 月）→花椰菜（11—2 月）→西红柿、茄子栽培（3—8 月）→黄瓜栽培（8—11 月）。

一年四熟制：四季豆（3—6 月）→大白菜（6—7 月）→花菜（8—9 月）→甘蓝（10—3 月）。

一年五熟制：春黄瓜（3—6 月）→豇豆（5—7 月）→秋甘蓝（8—9 月）→莴苣（10—11 月）→冬花菜（11—2 月）。

大棚蔬菜多熟制：2 月定植黄瓜→5 月拉秧定植夏大白菜→7 月采收定植青花菜 11 月盖膜→9 月采收定植秋大白菜→11 月采收定植莴苣→2 月采收。还可在棚内设架，充分利用空间，或利用蔬菜生长期或高矮秆进行立体种植。同时根据需要和可能，安排 3～4 个大棚无土栽培示范，采用沙或蛭石为基质，培育草莓、哈密瓜、樱桃番茄、三叶芹、网纹甜瓜、落葵等优质瓜果。

二、果树专业区建设

1. 现有基础

宦溪镇现有果树4 700多亩，2002年水果产量997t。主要果树品种有：梨、柚、枇杷、李、猕猴桃、水蜜桃、美国黑李、柿、柑橘等。镇内建有大帽山田园农业（果树）开发园、黄田村山地果树中试基地、天香果树观光园、金土地农业大观园（果树）、以及满堂香鼓岭果树观光园。果树新品种引进、产业化、企业化生产起步较早，但重引进轻管理，重生产轻营销问题依然存在。如何根据北峰山区的山地气候，选择适宜品种，发展规模化生产，生产高档、特有果品，还值得深入探讨。

2. 建设思路

随着经济的不断发展，人们生活水平的提高与膳食结构的改善，当前世界水果生产已从"产量时代"进入"质量时代"，对果品的数量、质量、安全性、营养性有了更高的要求，追求优质绿色果品、保健果品、新鲜果品已成为时代的潮流。

园区果树专业区应该以生态果园建设为重点，建成无公害果品生产与生态休闲相结合的产业结构体系。

顺应世界果业发展趋势：以果实品质为中心，通过引进国内外优高果树新品种和配套的栽培技术，重点开发南亚热带优质水果，提高名优特水果比重，推进水果的良种化、多样化和优质化。

果园综合开发：果园种草，牧草养畜禽，畜禽粪尿返回果园、茶园，实行果、草、牧良性循环立体开发。

相对集中，因地制宜：适当整合果园种植布局，便于基础设施的现代化建设和生产管理。

统筹安排：把果园建设与观光休闲结合，力争四季有果，使果园成为园区的绿色屏障和观光热点。

3. 主要建设内容

本区以满堂香鼓岭果树观光园为基础，通过改造、调整、提高，建成总面积为700亩的高标准生态观光果园。该园现有柿子1 000多株，杨梅1 300多株，李子1 400多株，桃1 500多株，梨1 300多株，番石榴900多株，枣1 000多株，枇杷300多株，素梅1 500多株。由于土地产权制度尚不明确，园内果树品种虽多，但疏于管理，品种混杂，长势不佳，生产效益低。

（1）民主协商，妥善处理

通过土地入股等形式，建立以企业为龙头、农户为主体的股份合作制，实行公司+农户的产业化经营，尽快解决产权归属问题，健全现代企业管理体制。

（2）调整优化品种结构

目前品种繁杂，品名不清，专业化生产功能与观光功能混淆，不易形成规模效益。应在现有基础上择优确定主导品种，扩大主导品种种植面积，提升主导品种品质，使之形成专业化生产的规模效益。同时淘汰劣质品种，拓宽新的发展空间，逐步调整分区布局，增添观光休闲设施，强化观光功能。

可供选择的山地果树品种有：猕猴桃品种建宁79-3726、武质3号；早熟梨品种脆冠、西子绿、金水2号及台湾水晶梨系列品种；优质桃品种台农甜蜜桃、西选1号、雨花露等；柿子良种安溪甜柿、永定红柿、广西水柿等；水蜜桃良种深圳甜桃、美国毛维利亚甜桃等；板栗、锥栗良种毛板红、魁栗、黄榛等。通过引种和高接换种的方法，改善果树品种结构，提高观光效果，增加果园经济收入。

（3）果、草、牧立体种植技术应用

为改善果园生态环境和果树长势，可利用果园空地种植牧草，以牧草饲养鸡、猪，以鸡、猪粪、牧草为原料生产沼气，利用沼气作生活、生产能源（照明、燃料等），沼气液肥果，建成以发展果业为龙头，以果园套种优质牧草为基础，以沼气生产为纽带的生态果园。

生态果园中牧草、绿肥的品种选择和搭配，遵循营养平衡和周年供草原则进行套种，其结构如表5-1所示。

表5-1　生态果园牧草品种周年搭配

果园部位	种类	适宜生长季节	
		冬春	夏秋
园面	豆科	白三叶、平托花生	圆叶决明、羽叶决明、印度豇豆
	非豆科	黑麦草	南非马唐
梯埂	豆科	平托花生	圆叶决明
	非豆科	百喜草	
梯壁	豆科	白三叶、平托花生	圆叶决明
	非豆科	百喜草	

(4) 果树无公害生产技术应用

施肥技术：以有机肥和配方施肥为主，减少化肥施用量。

病虫害防治技术：强调"预防为主，综合防治"，合理运用农业、化学、生物等防治方法。及时清理果园；按照国家《生产绿色食品的农药使用准则》的要求，严禁使用"两高三致"（即高毒、高残留、致癌、致畸、致突变）的化学农药，限制使用全杀性、高抗性农药，严格控制使用激素药剂；积极使用生物防治措施，如天敌的利用、微生物农药的利用。

采后商品化处理技术：物理方法主要采用调节贮藏环境的温度、气体成分等，如低温贮藏、臭氧处理、低氧气、高二氧化碳的气调环境、减压贮藏等方法；生物方法主要应用植物提取物防腐保鲜以及采用颉颃微生物等。

(5) 大力推广果树栽培新技术

可供推广的主要有：草生栽培技术；果园配方施肥技术；果树矮化栽培技术；果树修剪优质栽培技术（台湾引进）；果园节水灌溉技术；果树高接换种技术；果树化控栽培技术；果树套袋防虫技术等。新技术推广要因地制宜，合理组装配套，提高水果单产和质量。

三、笋竹两用林专业区建设

1. 现有基础

宦溪镇溪沟纵横，植被茂密，森林覆盖率达76%，有林地12.8万亩，占北峰山区有林地的26%，其中有多片较大面积毛竹林。近几年先后引种绿竹、甜竹、麻竹等新品种，笋竹两用经济林成为宦溪镇绿色食品开发的新兴产业。现有笋竹两用经济林比较集中的有降虎村境内的笋竹两用丰产基地、鹅鼻村南部甜笋林基地和牛项村北面的绿竹、毛竹林基地。此外，在溪涧两侧和中低山下坡尚分布许多零星竹林及待开发的宜林地。

2. 建设思路

竹林是用途很广的经济林。竹子位列"岁寒三友"之一，自古以来就为文人墨客所称颂。宋代大文豪苏东坡的《咏竹》诗云："宁可食无肉，不可居无竹；无肉使人瘦，无竹使人俗"。竹子是建筑和工艺品用材，竹笋是保健食品，在山区发展休闲观光业中，竹林还是重要的景观资源和生态保护屏障。发展毛竹林和笋竹两用林，既有利于生态环境保护和增加绿色笋制品，也有助于休闲旅游业的发展。

本区要围绕可持续发展战略，巩固提高造林绿化成果和加快林竹产业发展步伐，建成生态环境优美、资源可持续利用、绿色产业发达的林业生产体系，尤其是在保护生态的同时大力发展笋用林和笋竹两用林。同时逐步将竹林与园区生态观光建设融为一体，使之成为生态休闲观光的重要景观资源。

3. 主要建设内容

本区以鹅鼻村南部甜笋基地为起点，向东南方向延伸至创新村南部与茶文化村南端水库相衔接。本着"集中、整合、扩大、提高"的原则，在现有竹林基础上改造拓展。重点建设笋竹两用林和绿麻竹笋用林两个专业分区，一个竹类品种园，规划总面积 1 000 亩。

（1）竹、笋两用林建设

面积 700 亩。选择立地条件好、相对集中的低产毛竹林进行抚育、改造。

（2）绿、麻竹笋用林建设

面积 200 亩，为结合景观新建的笋用竹林。绿竹笋味清甜爽口，营养丰富，有清凉解暑之功效，为传统佳肴。竹可造纸，且栽培期短，2~3 年见效，又有涵养水源、护坡固沙、美化环境的作用。麻竹又称甜竹，属大型合轴丝生竹。产量极高，当年种植每亩可产鲜笋 600 kg，成年后亩产 5 000~8 000 kg。笋味鲜美，具"嫩、脆、甜"三大特点，其加工品畅销国内外。

以上两种笋用竹都是福建省近几年大力发展的品种。本区拟结合茶文化村建设，于文化村南部在建的水库集水区及其溪涧两侧，选择适宜地段营造，采笋、观赏、护坡兼顾。

（3）竹子品种园建设

面积 100 亩。按照竹子分类系统排列，重点选择种植在植物学和经济学上有代表性的品种 80~100 种，主要用于科普、观光和示范、推广，展示中国源远流长的竹文化。可供品种园引种参考的品种有：龟甲竹、佛肚竹、金镶玉竹、紫竹、方竹、黄杆乌哺鸡竹、花毛竹、斑竹、花杆早园竹、凤尾竹、德国五季竹、菲白竹、翠竹、孝顺竹、观音竹、黄金间碧玉、大琴竹、福建矮竹、雷竹等。

（4）笋竹产品加工

竹笋除作鲜食外，还可加工成各种成品，其制品可大致分为二大类：笋干（干笋）和罐头（湿笋）。加工必须注意以下"五要"：①采笋适时：老嫩适宜，太嫩产量低，太老粗纤维含量大；②原料精选：选择鲜笋、好笋，不选死笋、变质笋；③加工及时：尽快杀青，防止竹笋老化；④工序合理：各道工序紧密衔接，防止霉烂变质；⑤产品卫生：加工过程搞好食品卫生，加工成品做好包装和贮藏，防止污染。

常见竹笋制品的加工工艺如下：

白笋干：制作流程：挖笋→削笋→煮笋→漂笋→落榨→晒干→烘（烤）干。

玉兰片：制作流程：鲜笋去根→蒸煮→剥笋壳→切片（切成两半）→烘干→泡发→硫黄熏→晒干（烘干或烤干）→装箱。

发酵笋干：制作流程：竹笋采收→剥笋壳→切片→蒸煮→发酵→干燥→分级→包装。

清水笋：工艺流程：原料验收→冲洗分级→预煮→冷却→修整、分级→检验→复煮→装罐→打字→配汤→密封→杀菌、冷却→擦罐进库。

笋罐头：工艺流程：原料→蒸煮→装罐→脱气、密封、杀菌→冷却→成品。

保鲜笋：工艺流程：原料验收→去笋蔸、剥壳→剖切、分级→预煮→冷却→整形→漂洗（→调味）→装袋→抽气封袋→灭菌→冷却→成品入库。

四、花卉专业区建设方案

1. 发展目标

本区以花卉为重点，以质量效益和规模效益为核心，以扩充国内市场份额和积极开拓国际市场为目标，以科技创新为支撑，通过引进国内外优高花卉新品种和配套的栽培技术，重点开发野生花卉、盆花盆景，逐渐形成独具特色、规模经营、国际标准化的现代化花卉产业，推动园区农业结构调整。

2. 主要建设内容

本区规划面积500亩，位于园区中南部的民义村等地。

（1）花卉品种引种筛选

可供选择的引进品种有：

盆花类：蝴蝶兰、大花惠兰、文心兰、凤梨科植物。

观叶类：巴西木、马拉巴栗、棕竹、蒲葵、鱼尾葵、美丽针葵、美洲铁、苏铁、椰子类品种。

观花类：玫瑰、菊花、香石竹、唐昌蒲、补血草、百合、鹤望兰、火鹤花、热带兰、姜荷花、彩色马蹄莲、天堂鸟。

仙人球类：各种仙人球品种。

绿化苗木：适于本地区的绿化苗木有：a. 乔木：红花洋紫荆、盆架木、榕树、南洋杉、垂柳、白玉兰、芒果、广玉兰、刺桐、洋金凤。b. 开花灌木：比利时杜鹃、海桐、九里香、小腊、福建茶、黄心榕、千头侧柏、洒金柏、龙船花、马缨丹、月季、扶桑、变叶木、金边女贞。c. 草坪与地被物：马尼拉草、大叶油草、百慕大草、狗牙根草、沿阶草、葱兰、一叶兰、马蹄金。d. 水生植物：荷花、睡莲、玉莲、黄睡莲、花叶芦竹、西洋水仙。e. 藤本植物：云南素馨、三角梅、常春油麻藤、凌霄、爬山虎。以上品种都可以择优作为商品苗木生产。

（2）花卉栽培新技术推广

主要有花卉可控光温湿连栋大棚栽培技术；名贵花卉组培快繁与工厂化育苗技术；花卉苗木花控栽培技术；榕树薯块和根盘盆景培育工艺技术；良种花卉穴盘苗育苗技术；仙人掌类切刈嫁接技术。

（3）优良草坪植物无土生产技术示范

改变传统的草坪生产方式，引进草坪生产机，采用保水网状物质作载体，生产无土草坪卷。

五、茶叶专业区建设

1. 现有基础

园区现有茶园 6 000 多亩，其中包括满堂香公司示范茶园 3 000 亩，依托福建农林大学和福建省农科院的技术优势，采用生物防治病虫害、增施有机肥等无公害茶叶生产技术，初步完成 600 亩低产茶园改造，引进种植铁观音、福鼎大毫、九龙大白等新品种 400 亩。建成 3 个精粗制生产车间，配套绿茶精加工设备 3 套，年加工茶叶 600 t，年产值 8 563 万元。但目前品种较为单一，福云 6 号占茶叶面积的 50% 以上；加工技术陈旧，附加值低，产品技术含量不高，茶园生态环境脆弱。

2. 建设思路

本区要充分发挥北峰绿茶生产的传统优势，以茶叶生产专业化、规模化、产业化为发展方向，通过公司+农户的运作，建设现代化的茶叶专业区，实行茶叶生产过程的五统一：即统一供种、供肥、供药；统一植保；统一加工；统一检测；统一销售。建立区域化布局、专业化生产、企业化管理、一体化经营、社会化服务的产业化体系。重点发展名优绿茶、特种花茶、茶食品、茶保健品,创满堂香茶品牌。通过高标准茶园建设和先进茶叶生产与加工技术推广,以及开辟茶文化观光旅游,为周边地区提供生产示范和观光、休闲、科普教育场所。

3. 主要建设内容

本区位于园区的中部和南部,规划面积 5 500 亩,其中专业生产区 4 750 亩,茶文化村 750 亩,涵盖创新、建立、中心、民义等村。

(1) 调整优化品种结构

重点引进名优绿茶新品种,适当引进发展名优多用型乌龙茶品种,调减现有"福云 6 号"等老品种,重点扩种奇兰、梅占、黄棪、八仙、福安大白等优质品种,逐步淘汰杂种茶。在换种之前,酌情进行重剪更新,增强树势,提高单产。

拟扩种和可供试种的品种有:

梅占:无性系品种。小乔木型,大叶类,中芽种。树姿直立,主干明显,分枝较稀,节间甚长;叶长椭圆,叶色深绿,叶肉厚而质脆,锯齿疏浅。育芽能力强,芽梢生长迅速,易于硬化。适应性广,抗逆性强;产量较高,在不同产地能适制各种茶类,制乌龙茶香味独特,品质较佳,制红、绿茶香高味醇,具兰花香。

奇兰:系我国珍稀乌龙茶良种。香气清高爽悦,滋味醇爽,汤色橙黄明亮,芽底软亮。白芽奇兰茶种植成活率高、分枝多、芽头密、芽梢长、产量较高,综合经济性状优良。

黄棪:无性系品种。小乔木型,中叶类,早芽种。植株较高,叶形椭圆或倒披针形,叶色黄绿。春芽萌发期在 3 月上旬,一芽三叶期在 4 月上旬。嫩梢黄绿色,茸毛较少,一芽三叶百芽重平均 59 g。开花结实率中等。抗病虫力较强,扦插繁殖成活率较高,产量较高。制乌龙茶香气清高,有"透天香"之称。制红茶条索细匀,香气浓郁,滋味醇厚。制绿茶香、味俱佳。

早春毫:系从迎春有性后代选育而成的特早生绿茶新品种。品质优异,产量高,抗寒、抗旱性与适应性较强。

春波绿:是福大有性群体单株选育而成的绿茶新品种。具有萌发期早,属特早生种,比福大提早 10~15 天,与福云 6 号相近或略早。产量高,比福大增产 50% 以上。品质优异，芽梢节间短，春芽一二嫩叶伏贴芽体，似笋状，易制扁型茶且成茶具有高档龙井茶风格。

黄奇：系从黄旦和白奇兰自然杂交后代中单株分离选育的国家审定新品种。乔木型，中叶类，早芽种。叶形椭圆或长椭圆形，萌发期3月上旬，芽叶黄绿较肥壮，茸毛少，抗寒、抗旱能力较强，制成乌龙茶香气高锐持久，品质优良，制绿茶具有花香。

黄观音：国家审定新品种。小乔木型，中叶类，早生种，萌发期一般在3月上旬。产量高，比黄旦增产量 20% 以上。扦插繁育成活率和种植成活率高，抗寒、抗旱性强，适应性广，制优率高。乌龙茶品质优异，香气馥郁芬芳，滋味醇厚甘爽。亦适制红、绿茶。

瑞香：无性系，灌木型，中叶类，中生乌龙茶新品种。产量高，比母本黄棪增产 10% 以上，比水仙、铁观音增产 30% 以上。制乌龙茶香气浓郁清长，花香显，滋味醇厚鲜爽，水中带香，耐泡，且制优率高。其制绿茶品质亦优异。抗寒、抗旱能力强，适应性好。

丹桂：高香、早生、高产的乌龙茶新品种。灌木型、中叶类，植株较高大，树姿半开张，分枝较密，生长势旺盛，育茶能力强。制成乌龙茶有特殊花香，滋味醇厚甘韵。制优率高于肉桂、铁观音。产量高，年均每亩产量比肉桂、黄旦、铁观音高 20% 以上。

九龙袍：高产优质乌龙茶新品种。比肉桂、黄棪增产 30% 以上，制乌龙茶外形重实，色乌润香气高长，茶香显，滋味醇爽滑口，耐冲泡，品质明显优于毛蟹、水仙。抗性强，适应性广。

茗科1号（金观音）：国家审定乌龙茶新品种。小乔木型，中叶类，早生种。产量高，比黄棪增产 20% 以上。芽头密整齐，有利机采。芽叶色泽紫红，茸毛少，品质优异，乌龙茶外形紧结重实，香气馥郁鲜爽，滋味醇厚回甘，制优率高，抗寒、抗旱性强。

金牡丹：福建省优新品种。无性系灌木型，中叶类，早生乌龙茶新品种。产量高，制优率高，品质优，味醇回甘，"韵味"显，抗寒，抗旱性较强。

春兰：优质、早生、丰产的乌龙茶新品种。制乌龙茶茶香浓郁，滋味醇厚有韵，且制优率高于铁观音、肉桂。产量较高，年均产量较铁观音高 20% 以上，与黄棪相当。适应性好，抗性强。

悦茗香：国家审定乌龙茶新品种。灌木型，中叶种。芽叶淡紫绿色，茸毛少、嫩梢较肥壮，叶质柔软，持嫩性强，属中生高产品种。制成乌龙茶外形重实，香气浓郁鲜爽，滋味醇厚爽口，具"观音韵"。

(2) 建立茶树专业区标准化技术规程

主要技术包括：建园标准化；品种良种化；深翻改土，施足基肥；沟状定植，适当密植，适时土肥水，合理修剪；测土配方施肥，以有机肥施用为主，无机肥施用为辅，无机肥施用量控制在全年用肥量（以 N 肥计算）的 20% 以内，并以复合肥为主；全程植保，综合防治病虫害；适时采摘，规范采摘标准；规范加工、包装、运销等。实施专业区生产过程标准化的全程监控。

(3) 推广病虫害综合防治技术

专业区茶园病虫害防治要坚持以防为主，采用以生物防治、农业防治和药物防治相结合的病虫害综合防治技术进行防治。多采用抗病品种，生产季节严禁全面喷施化学农药，以创造适宜天敌发展的良好环境。常见茶树病虫害采用生物农药，结合农业技术措施进行综合防治，个别病虫害发生特别严重时，可选用针对性强的高效低毒化学农药进行防治，但农药使用的剂量、方法、安全间隔期等，必须按规定和要求严格执行。秋冬季封园时，宜喷施 0.3~0.5 波美度的石硫合剂，以破坏病虫寄生环境，降低病虫害发生率。

(4) 建设生态茶园示范区

通过引进无公害茶叶生产技术，生产符合国家标准的无公害茶。生态茶园是多物种多层次组合的人工复合生态系统，必须坚持系统原则，根据茶树生态习性，按整体协调、循环再生的生态学原理，综合运用多学科的先进科技，组装配套，优化组合，统筹安排。

一是对茶区的山、林、水、路等做全面规划，合理布局，注重植被保护。尽量保护茶区原有的树林、植被，宜茶则茶，宜林则林，不宜植茶的陡坡、山顶、山脊、山脚、沟边及空隙地、茶园四周，要植树造林。山脊、风口、山涧自然沟谷的两岸或茶园上方，要设置防护林带。林带与茶园间应有 2m 以上的距离，并开设隔离沟。

二是多种遮阳树。遮阳树栽植密度与排列方式，应以创造适宜茶树生境条件和不妨碍茶园机械作业为原则，不宜栽在茶行中间。平地、缓坡地种植密度一般控制在30%左右，并据此依不同树种、茶树不同发育阶段和群体结构以及不同季节作适当调整。茶园主道、主渠两旁要种植行道树，选择一些能与茶树共生互惠、主干分枝部位较高，冬季落叶，春季快速着叶，无共同病虫害，具有一定经济价值的落叶速生树如梨、柿等果树。

三是综合防治病虫害：①及时采摘，施用有机肥，深耕锄草，减少病虫害发生；②保护天敌：将修剪细枝覆盖茶树行间，为天敌寄生营造良好的空间；③应用生物农药：如选用苦参素、绿保威（0.5%楝素乳油）Bt、天霸、白僵菌等防治茶园病虫害；④精确安排用药时间：掌握农药安全间隔期，防治茶叶农残超标。

四是科学修剪和采摘：系统修剪是培育丰产树冠的关键，也是消毒病虫害的重要措施，要根据茶树生长状况和生长季节，掌握好定型修剪，轻修剪，重剪和台刈等环节。

（5）集中力量，重点建设茶文化村

包括有机茶示范区、节水灌溉示范区、加工技术示范区等。

第六节 园区重点项目满堂香茶文化村建设

一、茶文化村内涵和功能

茶文化是人类社会历史过程中所创造的茶业物质财富和精神财富的总称，涵盖茶事、茶学、茶文、茶书、茶诗、茶画、茶会、茶宴、茶道、茶礼、茶器、民族茶风情等诸多内容。中国是茶的发源地，茶文化源远流长，博大精深。福建是我国产茶最早的地区之一，据陆羽《茶经》记载，福建闽侯、建瓯是唐代御茶产地，距今已1 300多年。直到目前，福建茶的品种、种植面积和产量仍居全国第一，其茗茶蜚声海内外。长期以来，福建人民在茶的研究、开发、利用、传播等方面积累了许多经验，丰富了社会的物质生活和精神文明，丰富了中国茶文化的内涵。

茶是满堂香现代生态农业园区的主导产业，满堂香茶文化村既是传承和弘扬中华茶业文化的观光园地，又是满堂香现代生态农业园区的生产示范与科普教育基地。

二、茶文化村建设思路

满堂香茶文化村是融茶叶生产、加工、销售、教育、科研、观光、休闲于一体的山区资源综合开发项目。其建设要坚持以人为本、人与自然和谐的宗旨，在循环经济理论指导下，以开发生态茶业和生态旅游业为发展方向，以建设高水平的茶园风光和休闲胜地为发展目标，以企业带新村、公司＋农户为发展模式，通过集团化开发、多元化经营，建设科技先进、产业高效低耗、体制合理、社会和谐的文化，以及生态健康、环境优美的环境，大幅度提高企业经济效益，增加山区农民收入，同时为社会提供示范场所和休闲胜地。建设茶文化村是满堂香企业走向文明与可持续发展的象征，也是企业现代化、多元化的体现。

三、茶文化村建设布局和内容

根据文化村的内涵和资源状况，满堂香茶文化村规划控制面积750亩，重点建设一院即现代生态农业技术学院；二中心即科技研发中心和管理服务中心；三园即茶文化公园、观光休闲农园、茶树品种园；三区即有机茶园示范区、节水灌溉示范区、茶叶加工示范区。

1. 现代生态农业技术学院

现代生态农业技术学院是文化村开展现代生态农业教育和培训人才的机构，也是面向福州市，承接大、中、小学生校外社会实践的基地。

当今世界，随着生物多样性的减少，环境的变化，自然生态系统为人类生存与发展提供的服务功能越来越弱，认识自然、正确处理人与自然的关系，通过教育，提供我国传统的"天人合一"的生态观，建设健康、文明的生态文化已日益显得重要而紧迫。现代生态农业技术学院要以整个生态园区为课堂，在生态产业、生态景观、生态旅游、生态文化、生态保健等方面，通过组织专业教育、培训班、夏令营、讲座、论坛等方式，面向社会，开展教育培训，培养现代生态农业中高级技术人才。同时面向中、小学生，与学校素质教育密切结合，为学生社会实践提供生动活泼的场所。

技术学院位于文化村北端池塘边，以教育楼为主体，内设多媒体教室、多功能会议厅、图书室、展览厅等设施。根据需要建设为中小学生校外劳动提供食宿的生活和科普配套设施,如展览馆,展示如中国农业史、人与自然、环球生态、生态文明、中国生态农业等,集中反映我国悠久的农业史、传播生态农业技术知识;还可以组织开展以科技创新为内容的"科技明星活动",以劳动生存教育为内容的"五自实践"活动(自学、自理、自护、自强、自律),以团结互爱为主题的"互助活动"等等,培养青少年健康向上的人格意识、生存发展能力,以及热爱自然、维护自然的生态观。

2. 现代生态农业科技研究开发中心建设方案

科技研究开发中心是园区优良品种和先进技术引进、开发、创新的机构,也是园区现代化建设的动力之所在。在剧烈的市场竞争中,企业的生存和发展离不开科学技术,组建企业技术研究开发机构,是园区为自身发展提供技术保障的重大举措。

研发中心与培训中心相邻,位于池塘的东岸,背靠茶山竹林,风景奇秀,由一座 $400 \sim 600 \text{ m}^2$ 的研发大楼及周边绿地构成。内设研发、测试、信息等组(室),其任务是围绕整个园区的主导产业和产品,研究分析国内外市场动态,组织进行优良品种和先进技术引进、试验、开发,解决产业化过程中的关键问题,负责园区的技术指导,通过产学研、农科牧结合等形式,承接外来研究课题,开展合作研究开发,不断提高园区的科技水平。近期内要围绕"生态、绿色、健康"主题,重点开展茶、蔬、果、林、牧综合配套技术研究,并负责园区各专业区生产全过程的质量监测和标准化建设。

3. 园区管理服务中心建设方案

管理中心以现有综合楼为基础,是满堂香集团行政管理、商务活动和社会服务的中枢,内设办公、财务、通信、信息、营销等部门和会议、接待、客房、餐厅等办公与服务设施,随着园区和茶文化村的发展,要逐步改善办公条件,增添自动化办公服务设备,建立健全管理体制和制度。

4. 茶文化公园建设方案

本区位于管理中心东侧,与观光休闲区相邻,利用现有三角形开阔地和周边茶园,以园林造景的手法,构成以茶园生态景观为特色的核心展区。面积约80亩。

茶文化馆:园林式单层建筑,采用实物、图片、灯箱和现代声像技术,展示茶的起源和演化、历代茶事、茶学、茶书、茶经、茶诗、茶画、茶器、现代茶叶科技等等，全面、系统、生动地介绍中华三千年的茶文化、世界茶情、茶文化、福建茶史等，让参观者接受中华茶文化的洗礼，促进社会文明。

茶艺馆：庭院式构建，从事中国茶艺和日本茶道表演，宣扬中华"俭、清、和、静"的茶道文化精神。

茶疗馆："茶为万病之药"，有强心、提神、利尿、抗癌、抗糖尿病、减肥、降脂、降压、抗衰老等功效。本馆以茶保健、茶食为重点，结合开发地方特色的山珍、土货、食品，建成名闻遐迩的美食胜地。

陆羽广场：上述三馆之间的开阔地，以绿色草皮为基调，中间竖陆羽（陆羽为中国古代茶文化的奠基者，被后世奉为茶圣）雕像，配合喷泉、水池、花坛、景雕。

5. 观光休闲农园建设方案

观光休闲农业是现代农业的新形态，它包括观光农业和休闲农业两种功能，前者是"只看不住"，后者是"观住结合"。观光休闲农业是农业和旅游业相结合的产物。茶文化村观光休闲区是以茶园生态为基础，为欣赏、享受和研究自然景观及其相关文化而进行的观光、休闲活动的场所。它不仅提供短期的观赏、游览等活动设施，而且提供中长期度假、会议、健身、保健、康复等服务。

本区位于茶文化公园南边，以现有三个梯级小型水库为主体，环绕周边丘陵起伏的茶山，构成以茶山为背景、山水相映的自然景观。占地约100亩，该处目前水面错落有序，山上茶林繁茂，空气清新，宜人、宜居、宜游。本区将利用其立体地貌和梯级水面，开辟为观光休闲的胜地，与茶文化公园相呼应，成为茶文化村的主体景观。主要设施有：

茶花园：以茶花为骨干，配置用于窨制花茶的各种花草，如茉莉、木犀、玫瑰、白兰花、菊花、栀子花、木香、梅花、莲花等，按几何图案排列，供游人观赏。

茶园迷宫：以中华茶史及茶的演化知识为主题，利用起伏茶山，按照植物迷宫的要求，构筑茶园迷宫，让游客在娱乐中接收茶文化知识的熏陶。

水上娱乐：由三级水库水面构成，上部水面小，设荷花池，中部水面次之，置垂钓池，下部水面最大，建为茶花湖，构建水上娱乐区。中间横跨一曲桥在两山之间，湖边散落着水榭、品茗阁、茶坊、悦心亭等，水面用以划船、电子航模等活动；岸边植柳美化，营造幽静秀丽的水上风光。垂钓区岸边配置"渔船"茅棚等钓台。

休闲农舍：散落在湖边西部山坳里，为单体木石结构建筑。每幢面积 20~40 m²，配套卫生间、厨房、电话、电视，为游客提供短期住宿或小型会议。木屋设计要充分考虑地形、风向、阳光、空气等要素，随地形交叉错落，适量配置台阶、庭院、走廊，形成多样化空间结构，力求与茶文化村的文化氛围和整体景观相适应。

6. 茶树品种园建设方案

本区占地 100 亩，收集、种植海内外茶树优良品种 60~80 种，按早熟种、中熟种、晚熟种分类系统分区排列，每种 100~150 株，呈块状或条状排列。立牌说明品种名称、来源、种性。主要品种有铁观音、肉桂、黄旦、水仙、佛手、梅占、毛蟹、八仙、福云 6 号、青心乌龙、矮脚乌龙、金萱、翠玉、祁门、福安大白、政和大白、福鼎大毫、凤广、海南、阿萨姆、鸠坑、翠峰、碧云、黄山、龙井、龙井 43、大叶乌龙（台）、硬枝红心（台）、红心乌龙（台）、白毛猴、及时茶（台）、黄柑（台）、木诸叶、云南大叶、本山、大仁种、荣茶、朝阳、九龙大白菜、春波浆等，展示我国丰富的茶树品种资源，力争把品种示范区建设成为福建省茶树品种资源库，逐步创造条件开展茶树良种选育工作，建设良种繁育基地。

7. 生产示范区建设方案

本区是茶文化村从事科学种植和现代化加工、营销的示范基地，是茶文化村观光农业的组成部分。所谓观光农业，是利用田园景观、自然生态环境和农业生产经营活动、农村文化及农家生活，普及农业生产知识和技能，增进市民对农业和农村的体验。因此，观光农业离不开农业生产技术的示范。本区位于文化村核心区的外围。

（1）有机茶示范区建设

在现有茶园基础上，建成 200 亩高标准的有机茶示范区。通过引进茶叶良种，改造传统茶园；引进有机茶生产技术，生产符合国际标准的有机茶，增强茶业生产的国内外市场竞争力。

在茶园建设中，首先要注意土壤净化处理。选择新开辟的茶园，对土壤成分尤其是农药残留和重金属含量进行系统测定，并在 3 年内不施化肥和农药；其次，按照国家环保总局有机产品认证标准（OFDC）的要求，实行生产技术、环境质量、加工工艺和包装运输等环节的标准化监控。主要内容包括：茶树一般管理、茶园土壤管理、茶园杂草管理、病虫害管理、鲜叶采摘、茶叶加工、有机茶贮藏与运输等7大项的27条技术规程。

（2）茶园节水灌溉示范区建设

本区位于观光休闲区的东侧，面积200亩，采用丘陵山地固定式管道喷灌系统。该系统由水源动力、水泵、输水管道、喷头等部件组成。计划分别从2#蓄水池、3#蓄水池或减压池引水，铺设ND50-90输水管道4 500 m。依茶园地势布设工作水头40~10 m，喷射半径20~10 m的喷头1 500个，进行全园喷灌，起茶园节水灌溉示范作用。

配合节水灌溉，引进日本小型、高效的茶园系列机耕，实行耕地、运输、喷药、施肥、修剪、采摘等机械化操作，全面实现茶园生产机械化。

（3）茶叶加工示范区建设

本区在现有茶叶加工厂基础上改建、扩建，更新设备，以绿茶加工为主扩建厂房3 000 m²，分别设立以下几个车间：

绿茶初制车间：

①主要设备：6CST-80型直筒整体式滚筒杀青机，台时产量300~400 kg；6CR-65型双臂揉捻机，台时产量80~180 kg；6CJS-50型解块分筛机，台时产量800~1 000 kg；6CH-50型翻板式烘干机，台时产量250~300 kg；6CCP-110Q型燃气式整体瓶式炒干机，台时产量110~120 kg；6CBH-90Q型燃气式八角烘干机，台时产量90~100 kg。②工艺流程：烘青：杀青→揉捻→解块→初烘→复烘；炒青：杀青→揉捻→解块→二青→三青→烘干。

茶叶精制车间：

①主要设备：6CSD-767型双层抖筛机，台时产量100~200 kg；6CSY-80型平面分筛机，台时产量1 000~1 300 kg；6CSY-766型平面园筛机，台时产量1 000~1 300 kg；6CQC-661型齿辊切茶机，台时产量300~350 kg；6CEF-40型茶叶风选机，台时产量250~400 kg；6CJJ-82A型阶梯拣梗机，台时产量80~120 kg；6CZS-120型茶叶车色机，台时产量40~60 kg。②工艺流程：定级归堆→复火→拼配付制→筛分→紧门→筛切→风选→飘簸→拣剔→清风→补火车色→拼配。

名优绿茶深加工车间：

引进先进加工工艺，生产特种绿茶，提高茶叶生产附加值。

①扁形茶。主要设备：6CST-40Q 型燃气式直筒整体式滚筒杀青机，6CLZ-60Q 型燃气式进风振动理条机（或 6CMD-60/9Q 型燃气式多用机），6CHB-8 型自动烘干机，6CTH-6.0D 提香机（箱式）。工艺流程：杀青→轻压→理条→重压→起锅→回润→理条→重压→理条→起锅→烘干→提香。②针形茶。主要设备：6CST-40Q 型式直筒整体式滚筒杀青机，6CLZ-60Q 型燃气式进风振动理条机（或 6CMD-60/9Q 型燃气式多用机），6CHB-8 型自动烘干机，6CTH-6.0D 提香机（箱式）；工艺流程：杀青→理条→烘干→提香。③螺形茶。主要设备：6CST-40Q 型燃气式直筒整体式滚筒杀青机，6CR-40 型揉捻机，6CHP-941Q 型燃气式碧螺春烘焙机，6CHB-8 型自动烘干机，6CTH-6.0D 提香机（箱式）；工艺流程：杀青→揉捻→初烘→做形（手工）→复烘←→做形→足火→提香。④卷曲形茶。主要设备：6CST-40Q 型燃气式直筒整体式滚筒杀青机，6CR-40 型揉捻机，6CHB-8 型自动烘干机，6CSP-60Q 型燃气式杀青炒干两用机，6CTH-6.0D 提香机（箱式）；工艺流程：杀青→揉捻→初烘→做形→足火→提香。⑤珠形茶。主要设备：6CST-40Q 型燃气式直筒整体式滚筒杀青机，6CR-40 型揉捻机，6CCQ-50Q 燃气式双锅曲毫炒干机，6CTH-6.0D 提香机（箱式）；工艺流程：杀青→揉捻→二青→炒小锅→炒对锅→炒大锅→提香。

四、茶文化村建设设计的原则

茶文化村是现代生态农业园区的重点起步项目，具有生产、教育、科研、科普、观光、休闲等多种功能，是现代农业和旅游业相结合的象征。因此，文化村设计必须坚持"科学内容与艺术外貌"相结合的原则，科学运用生产、生活、生态三要素，以达到生产、教育、休闲与生活体验之目的。

文化村的总体设计：要科学运用生态工程"整体、协调、自然、循环"四项基本原理。整体是维护时、空、量、序的整体关联性；协调是处理好生物与生物、生物与环境、产业与产业、局部与整体、眼前与长远的关系，互利共生；自然是充分发挥区域内生态系统生长、发育、繁殖等本能，自我调节，自净、自律；循环是畅通物流、人流、信息流的途径，实现正负反馈，最终目的是建立以人的行为为主导，自然环境为依托，资源流动为脉络，社会体制为基础的社会—经济—自然复合生态体系。

文化村生产项目示范设计：要坚持做到生产高效与废物资源化。生产高效必须是技术先进，结构合理，合理加环，延长产业链。废物资源化即实行废物回收，再生，再循环，变废为主。

文化村的农业旅游项目设计：要坚持系统性、特殊性、观赏性、保护性相结合。根据创意策划的综合理念，使文化村的旅游项目既具有系统的完整性，各景区、景点又有相对的独立性，形成整体与局部相承的统一系统。要根据现实条件与景观组合特点，确定开发的重点和时序，坚持"长远规划，分步实施，重点突破，逐步完善"的原则。在道路、景区、景点、服务设施等规划中，充分考虑景观欣赏效果，符合景观视廊和观光心理的要求；要强调生态平衡与人工建设的协调，坚持以挖掘现有基础设施与景观资源为主，就地取材，因地制宜，尽量少动土，或不动土，科学保护和利用生态资源。

文化村的建筑设计：要充分考虑地形、地貌、水体、风向、阳光、空气等因素，利用"阴阳"平衡道理，在建筑造型、材料选择、立面绿化、排污处理等方面，全面考虑健康、美观、循环与自然保护的需要，充分利用茶园生态资源，建设与当地自然景观及茶文化氛围相适应的，面向21世纪的生态型庭园式建筑。

文化村的道路交通设计：除满足一般道路安全、便捷、舒适等条件外，还要满足景观艺术要求，与村内静态自然环境相协调。道路既是分隔各功能区的界线，又是联系各区的纽带，同时是文化村造景的要求，要讲究含蓄、崇尚自然、萦纡四环、曲径通幽、收放开合、藏露交替，严忌大挖、大填、大破坏。

第七节 园区基础设施建设

园区各专业区大多数是在原有生产基地基础上扩建的，其道路、通信、水系、农田基本条件比较完善，但等级不高，应随着生产的发展不断改善、提高。

一、大门区建设

大门区是文化村的门面，不仅是游客进出的通道，而且是人群汇集、留影的景点。要求设计简洁、突出自然情调和生态主题。根据区位调整后村内主干道改道的实际情况，大门拟设在管理中心与培训中心之间，其左侧为池塘，右侧为办公楼，门宽10 m，为不锈钢自动拉门，左侧建票房和门卫房，右侧雕塑茶树浮雕墙，入门10 m处置一天然山石，上书"回归自然，弘扬中华茶文化"。在大门内主干道右侧建一个停车场，周边种树，地面为水泥板间草，以减少太阳辐射。

二、道路系统

文化村内道路分三级：

1级路：交通主干道，宽6 m，从入口处至茶文化公园三角地带分叉，向南至观光休闲区，向北至培训中心，向东至茶叶加工厂，它是文化村主干道，水泥路面；长约3 km，路边配置行道树或花坛。

2级路：村内小车游览和生产干道，连接主干道环绕全村一圈。长约12 km，宽3~4 m，水泥路面。

3级路：各功能区区内之产业路、机耕路、观光路和林间步道。其中观光休闲区路面为精致的水泥板或石板间草，其余为沙土道路，路边绿化美化。新建机耕路10 km，宽3 m。

三、供水设施和水系整治

生活用水：设计日平均人数为4 000人，日平均用水量预测为1 250 m³。所需水源由市政水网供应。在市政水网未达之前，可利用山泉，但必须经过滤消毒处理。

生产用水：茶园生产用水主要依靠地面水库及地下泉水，水资源相对短缺。计划建设小型拦水坝一座，引水2 km至1号主蓄水池，单池容积1 350 m³（30 m×30 m×1.5 m），并根据地形布置2号蓄水池，容积600 m³及3号蓄水池，容积400 m³，铺设输水主干道ND160管道1 300 m，沿途建减压池10座，单池容积80~150 m³，以解决示范区灌溉问题。

水库整治：文化村核心区域有一个池塘、二个水库需要整治。一是教育培训中心和研发中心前的池塘。拟扩大水面，石砌塘岸，岸边植树、美化、绿化，使之成为一个休闲景点，二是观光休闲区的三级水库，水源为地下泉水，据说终年流水不断，按其地势落差现已形成三级水面，其堤坝需加固拓

宽，岸边需石砌或护坡，并根据观光休闲区建设要求进行绿化、美化。

四、机械设备

购置茶园运输车2部，挖掘机一台，FS85割灌机6台，3MF-26喷粉机6台，双人采茶机5台，单人采茶机3台，修剪机4台，深剪机3台，耕作机6台，品质测定仪器一套。

五、绿化建设

大门口区绿化：要突出茶文化特色，茶果花搭配，并与大门造型相衬托。

主干道绿化：以单行的玉兰树为行道树，配植茶花、马缨丹等开花灌木，两侧边坡分段种植黄花菜等护坡花草。

步行观光道、停车场绿化：采用嵌草铺水泥砖，以减少太阳辐射。

文化村裸露的二级路两侧绿化：采用开花小乔木为行道树，同一区间的行道树，用同一树种，以树取路名，如梅花路、桂花路、紫薇路等。如果路边已有树木遮蔽，不必再种行道树。

环水库岸边绿化：以垂柳为主，配置开花灌木，如桂花、米兰、腊梅及假俭草、沿阶草、麦冬等地被物。

休闲区草坪绿化：选用大叶油草、百慕大草、天鹅绒草。或纯种或混播。草坪中适量配置习松、水杉、龙柏等适宜山地的北亚热带植物，结合开花灌木、色叶植物，形成高低错落的植物群落。

茶园梯壁绿化：以黄花菜、石蒜、凌霄花等攀缘植物护壁，避免土埂裸露、水土流失。

生态保护林带营造：生态保护林带是茶生态村建设的绿色保护屏障。茶文化村区域虽然海拔较高，春夏有来自闽江口的海风，经常是云雾弥漫，气候凉爽，是炎夏酷暑避暑的理想场所。但目前生态环境也存在明显隐患，主要问题是林木偏小，大片茶园裸露，局部植被破坏比较严重，水土流失、土壤沙化有发展之势，生态保护和生态恢复任务仍十分艰巨。生态林带营造要从整个文化村丘陵山地的植被保护和生态恢复出发，实行"点、面、线"结合，营造多层次、网络化的生态保护林网。"点"即山顶林戴帽，凡10度以上的丘陵山地，山顶1/3地段都要营造生态保护林，禁止把茶园开到山顶上；"面"指茶园农用防护林建设。凡是相对平缓开阔的茶园，每隔

50~100 m 建立一条农用防护林带;"线"指道路两边种植行道树,形成山顶林戴帽、茶园林环抱、山坡草护壁、路边植树、种果,互为依托的人工生态保护网。

第八节　产品方案设计

根据市场分析、园区生产基础,以及项目建设目标,项目达产期产品生产方案设计如下:

每年生产优质茶叶 42.39 万 kg,无公害蔬菜和绿色蔬菜 420 万 kg,优质水果 31.5 万 kg,笋加工品 288 万 kg,详见表 5-2。

表 5-2　园区生产方案设计

项目	茶叶	蔬菜	花卉	水果	竹笋		
					笋竹两用林	绿、麻竹笋	品种园笋
规模(亩)	5 150	2 800	500	700	700	200	100
单位产量(kg/亩)	133.3	500		500	1 500	10 000	1 500
年产量(万 kg)	42.39	420		35	105	200	15
年销售量(万 kg)	38.15	378		31.5	94.5	180	13.5
单位成本(元/亩)	1 000	2 000	8 000	2 000	1 000	1 000	3 000
生产成本(万元/年)	318	1 680	400	140	70	20	30
单位价格(元/kg)	20	1	15 000 元/亩	10	1	1	2
销售收入(万元)	763	378	750	315	94.5	180	27

第九节　园区形象塑造与营销策略

一、形象塑造

园区的知名度与美誉度的有机结合构成了园区在公众中的形象。形象塑造是园区实力和管理水平的外在表现,直接与园区的兴衰、优劣相联系,良好的形象塑造可以增加顾客的信任感，是一笔巨大的无形资产，因此企业形象在现代企业经营活动中日益发挥着重要的作用。满堂香现代生态农业园区形象塑造要遵循总体规划原则，围绕"生态、文明"这个主题，突出区域特色和中华茶文化，塑造"绿色、健康和可持续发展"的区域形象。

形象塑造有总体形象和局部形象。前者指围绕总体布局进行大面积的绿色渲染和重点标志物、图案的设置，造成以势夺人的景观效果和宣传效应；后者指各功能区或景点的形象塑造，要求突出特色，以增添景致的变化。

二、营销策略

营销策略是贯穿于营销全过程的指导思想、文化理念、营销形式和营销制度的总称。广义地讲，任何产品产出都有一定的文化烙印，任何交易的商业活动都是在一定的文化背景下进行的，先进的营销策略必定蕴含着丰富的文化内涵，包括传统的文化内涵和现代的文化内涵。园区营销策略的基本观念是用户至上，紧跟潮流，价值大于价格，以质取胜，以诚取胜。要建立健全营销网络和销售队伍，加快区域销售中心建设，在北京、上海、广州、重庆、西安、东北等代表地区建立办事处，形成全国销售网络。积极拓展外销，以日本、欧美为主要市场，发展订单农业、电子商务。

第十节　投资概算

根据规划内容初步概算，园区建设达到预期目标，总投资为 8 250 万元。其中蔬菜专业区生产技术性投资 550 万元；果树专业区生产技术性投资 590 万元；笋竹专业区生产技术性投资 530 万元；花卉专业区生产技术性投资 295 万元；茶叶专业区建设生产技术性投资 495 万元；茶文化村投资 4 400 万元；园区基础设施建设投资 680 万元；环保 160 万元；其他费用 550 万元，详见表 5-3。

项目总投资 8 250 万元。其中固定资产投资 5 635 万元，递延资产 990 万元，流动资金 1 625 万元。项目投资所需资金由政府资助、企业自筹、融资、合资、农户集资等途径解决。

表5-3 项目建设任务及投资概算

建设任务		单位	总规模	投资额（万元）	备注
1. 蔬菜专业区		亩	2 800	550	
品种引进		个	60	30.0	递
节水灌溉		亩	500	50.0	固
大棚设施		架	100	75.0	固
仓库建设		m²	200	22.0	固
机耕路建设		km	3.8	38.0	固
标准化菜地土地平整		亩	800	50.0	递
大棚设施		亩	50	10.0	流
大田无公害蔬菜生产农资		亩	2 750	275.0	流
2. 果树专业区		亩	700	590	
品种改良		亩	700	90.0	递
生态果园	果草牧配套	亩	700	90.0	递
	沼气池	口	15	30.0	固
休闲观光设施				200.0	固
道路系统		km	4	40.0	固
无公害水果生产（农资）		亩	700	140.0	流
3. 笋竹专业区		亩	1 000	530	
笋、竹两用林建设	竹林建设	亩	700	90.0	递
	生产资金			35.0	流
绿、麻竹笋用林建设	竹林建设	亩	200	30.0	递
	生产资金			10.0	流
竹子品种园建设	引种	亩	100	30.0	递
	基建			70.0	固
竹笋加工	加工设备	套	10	200.0	固
	生产资金			65.0	流
4. 花卉专业区		亩	500	295	
园林改造		亩	500	10.0	固
钢管塑料大棚		架	50	50.0	固
玻璃温室		m²	3 000	50.0	固
土壤改良		亩	500	50.0	递
花卉引种				35.0	递
花卉区农资				100.0	流
5. 茶叶专业区		亩	4 750	495	
品种改良		亩	2 000	80.0	递
生态茶园示范区建设		亩	1 250	140.0	递
标准化生产示范	标准茶园建设	亩	1 000	100.0	递
	标准化生产	亩		50.0	流
无公害茶叶生产			2 500	125.0	流

（续表）

建 设 任 务		单位	总规模	投资额（万元）	备注
6. 园区基础设施建设				680	
大门区建设		套	1	20.0	固
道路建设	Ⅰ级路	km	3	120.0	固
	Ⅱ级路	km	12	120.0	固
	Ⅲ级路	km	10	80.0	固
给排水沟系统建设	供水设施	套	2	50	固
	水库整治	套	1	40.0	固
	排水系统建设	套	1	10.0	固
机械设备				120.0	
绿化		m²	3 000	120.0	递
7. 茶文化村				4 400	
现代生态农业技术学院	土建与装修	m²	10 000	1 400.0	固
	设施设备			300.0	
现代生态农业科技研发中心	土建与装修	m²	1 000	150.0	固
	设施设备			200.0	
园区管理服务中心	土建与装修	m²	2 000	300.0	固
	设施设备			50.0	
茶文化公园（80亩）	土建、装修	m²	1 000	150.0	固
	设施			50.0	
	土建、装修	m²	600	100.0	固
	设施			30.0	
	土建、装修	m²	600	100.0	固
	设施			40.0	
	茶文化广场	m²	3 000	20.0	固
	茶花园	亩	100	20.0	固
	茶园迷宫	亩	10	10.0	固
观光休闲农园（100亩）	土建、装修	m²	300	100.0	固
	设施			50.0	
	土建、装修	m²	2 000	300.0	固
	设施			50.0	
	土建、装修	m²	800	100.0	固
	设施			20.0	
茶树品种园		亩	100	30.0	递

（续表）

建设任务		单位	总规模	投资额（万元）	备注
生产示范区（400亩）	茶园改造	亩	200	25.0	递
	生产资金			435	流
	节水设施	亩	200	10.0	固
	生产资金			20.0	流
	加工车间	m²	3 000	300.0	固
	加工设备			230.0	固
	生产资金			200.0	流
8. 环境保护				160	
	防污处理设备	套	2	120.0	固
	生态保护林带	亩	2	40.0	固
9. 其他（不可预见费）				550	流
合计				8 250	

第十一节 环境评价与保护对策

一、环境影响预测

满堂香现代生态农业园区的宗旨是崇尚自然，以人为本，走绿色道路，创生态文明。园区的目标是在循环经济理论指导下，开发菜、果、茶、花卉等绿色食品，发展生态农业经济，为消费者提供绿色服务。因此，对各产业的各个生产环节，都力求采用无公害生产技术，总的来看，本项目对环境的影响不大。少量污染源主要有：①茶、蔬、果生产过程中残叶、残枝和加工下脚料；②新垦茶果园可能造成的水土流失；③规模化花卉养殖的粪尿及污水污染；④茶文化村观光休闲区的生活垃圾污染；⑤茶园、菜园生产过程中化肥和农药残留；⑥茶叶加工厂的废气、废渣排放。

二、环境保护对策

茶、果、菜、花卉等各个专业区、示范区严格执行项目设计要求，建立无公害栽培管理技术规程，并严格加以监督执行，重点是加强用药用肥标准化管理，做好生产过程中关键环节和终极产品的质量检测。

加强花卉养殖污染管理：养猪必须根据养殖规模配置相应的沼气池，养鸡提倡果园、林地放养，养鸭要掌握好密度和水体的比例。及时清理消毒禽舍。

农产品加工除茶叶加工利用工厂改造扩建外，果菜肉食品加工尽可能集中于示范区外的工业小区，统一规划防污治污处理。茶叶加工厂扩建要十分注意粉末、烟尘、废气及下脚料、煤渣等固体废弃物的处理。

茶文化村重点解决学校、科研、观光休闲人群的生活垃圾，包括生活污水处理，达到国家级旅游区的标准。

加强园区水利设施建设，使之旱涝保收，减少水土流失，优化生态环境。

三、环境影响评价

本项目属生态型综合开发，项目宗旨是"以人为本，人与自然和谐"。目标是建设生态农业项目区，生产绿色农产品，开发生态旅游，为消费者提供绿色服务。

在保护环境方面，要注重以下几点：

一是人畜粪尿经沼气发酵、无害化处理后施用于果园、茶园及菜园。农产品加工的废弃物经过无害化处理后做肥料，基本可实现资源的有效循环利用。

二是项目区内建设若干个无害化垃圾回收站，加强环境卫生设施建设。

三是保护改造丘陵山地的自然植被，建设多层面生态保护林带，维护良好的生态环境。

四是利用先进的科学管理技术进行绿色食品的开发，蔬菜、茶叶、水果、竹笋的生产以施用有机肥为主，病虫害防治以生物防治和化学防治相结合，使用低毒、无残留的农药与控制化肥施用量。

通过上述措施的综合运用，项目开发将对园区生态环境的整体影响降至最小，达到健康、安全、可持续发展的目标。

第六章 蔬菜业生态农业观光园规划
——以三华现代生态农业园为例

福建省福清市三华现代生态农业园区(简称三华现代农业园)项目,围绕福清市农业现代化的目标要求,以市场为导向,以科技为先导,以农业可持续发展为主线,在生态学原理和循环经济理论指导下,把农业开发与生态保护、环境治理结合起来,在福清市滨海盐碱风沙和畜禽重污染地区,建设现代农业示范区、绿色食品加工区、水产生态养殖区、畜禽生态饲养区、无公害蔬菜生产区、特种作物生产区6个功能区,总面积8 000亩。引进优良品种、先进技术、先进耕作方法和管理经验,形成以菜、果、花产业化为重点,建立集种、养、加、科研、培训、观光、休闲于一体的现代农业产业体系,推进滨海地区农业现代化的跨越式发展。

第一节 背景和意义

一、项目建设是推动福清市农业现代化的客观需要

改革开放以来,福清市充分发挥侨台优势,走出了一条以市场为导向,以农产品加工为龙头,以公有制为主体,侨、台、外多种经济成分共同发展的现代农业发展道路,2000年被福建省定为全省十个农业现代化试点县之一。

但是,福清市农业仍然面临着产业结构调整滞后,农产品品质欠佳、加工率低、农村科技水平不高、农村市场信息不灵、流通体系不健全、产供销协调不够,以及农产品卖难等诸多问题。应对入世挑战,福清市必须进一步加快现代农业发展,而发展以企业为龙头的农业产业化,是推进福清市农业现代化的重要途径。福建三华股份有限公司是国家级农业产业化重点龙头企

业,通过本项目建设,延长"三华"企业产业链,从原先以养殖、加工为主向种植业、养殖业、加工业结合的方向发展,进一步发挥"三华"优势,对加快福清农业产业化、现代化进程,有着重要的示范和推动作用。

二、项目建设是推进福清生态市建设的迫切要求

建设生态省是福建省委、省政府立足省情、应对国内外发展新形势,培育和发展生态经济,全面提高经济综合实力,实现经济、社会与人口、资源、环境协调发展的重大战略决策,是福建省经济社会发展进入新阶段的重要标志。生态县、市建设是生态省建设的基础,福清市地处沿海发达地区,在经济快速发展过程中,工业腾飞和农业发展的奇迹,大规模的基础设施建设和高能耗、高污染产业的发展,以及密集的人为开发活动,不可避免地带来了严峻的生态环境问题,如饲养业的污染问题。实现福清市社会经济的可持续发展,必须把生态建设和现代化建设密切结合起来,合理利用自然资源,保护和建设良好的生态环境,大力发展生态效益型经济,促进经济、社会和环境的持续、协调发展。"福建三华现代生态农业园区"建设的目标是:在生态学原理和循环经济理论指导下,建设以企业为主体的现代农业产业化体系和优质、高效、无公害的农业生态体系。"现代农业"与"生态农业"的有机结合,是"三华"企业的宗旨。因此,项目的实施对福清市生态市建设和现代农业试点市建设具有双重重要的意义。

三、项目建设对发展绿色食品生产具有现实的意义

食品安全已经成为 21 世纪人类最关注的问题。随着人民生活水平的提高,消费观念的转变,我国食物生产进入一个新的历史阶段,这就是绿色食品的生产阶段。倡导绿色消费、"治理餐桌污染"、提高农产品出口竞争力已成为当前急需解决的难题。这就需要我们加快实施"食品放心工程",着力建设一批高质量的绿色食品基地,走绿色道路、创生态文明、发展绿色食品生产等是福建三华现代生态农业园区的产业导向。按照这个产业导向,将致力于建设绿色生产环境、绿色生产体系、绿色管理体系和绿色营销体系,创建"三华"绿色食品品牌,为福清市乃至全省的绿色食品生产提供示范。

四、项目建设是三华企业自身发展的必要选择

福建三华股份有限公司自 1997 年创办以来,从养殖业开始,发展到饲料

业、食品加工业、房地产业，同时涉足于金融、教育等领域，成绩优异，成效显著。但要进一步发展就不能因循守旧，故步自封，必须顺应国内外社会经济发展趋势，不断开拓，不断创新。在当今国内外经济结构大调整的关键时刻，建设以现代生态农业为主题，以开发绿色食品为目标的综合性、规模化农业园区，满足人们高层次的食物需求，是公司实行经营战略转移的客观需要。要在新的历史条件下，继续保持发展的势头，必须加快产业结构调整，通过组成要素改变，促进结构优化，才能实现开拓创新，确保公司的可持续发展。

第二节 基础条件分析

一、有利条件

1. 项目区区位优越

项目区地处福清市城区东南部海口镇的近郊，是福清市龙江入海处。区位枕江面海，西北部距福清市 10 km，东邻海口镇区，西南部为福清湾，是福清市区通往平潭和元洪码头的交汇处，交通方便，经济发达，人口集中。项目区总面积 8 000 亩，除 1 000 亩盐场外，多数是水稻田，地势平坦，土壤肥沃，水资源比较丰富，田间道路、林网、排灌系统比较完善。

2. 自然条件良好

本区是南亚热带与中亚热带的交接处，属亚热带海洋性季风气候，冬无严寒，夏少酷暑，光照充裕，雨量充沛，年平均温度 20.5 ℃，7 月平均最高气温 32 ℃。一月平均最低气温 7.5～8 ℃，极端最低气温 -1.2 ℃，年降雨量 1 050～2 000 mm，年相对湿度 77%～88%，无霜期 350 天以上。全年太阳辐射量 460～477 kJ/cm^2，日照时数 1984～2 093 小时。

3. 承办企业实力雄厚

项目承办单位福建三华股份有限公司前身为福清市海口三华养鳗场，创办于 1989 年，1994～1996 年先后创办了烤鳗厂、鳗鱼饲料厂。1997 年转制为股份制企业，注册资本 1 亿元。现有养鳗基地 22 个，分布在福建、江西、广西等地，拥有 3 条烤鳗生产线，年产烤鳗 4 350 t 左右。拥有 5 家饲料加工厂，年产水产养殖系列饲料8 000多t。饲料厂分布至马尾、龙岩、广西桂林、江西上饶等地。目前，公司已发展成为从事水产养殖、饲料和食品加工、房地产等综合性的企业集团。2000年总产值7.3亿元，出口交货值5 000万美元，利税4 000多万元。2 000年被定为"农业产业化国家重点龙头企业"。公司现有职工995人，中专学历以上350人，本科120人。其中不乏从事绿色食品开发的人员。公司创办有"三华水产科技中心"，通过产学研结合，组成一支由专家、教授、博士加盟的科技研究开发队伍，为公司发展提供了坚强的科技后盾。

4. 园区建设初具规模

"三华"现代生态农业园区正式创办运作以来，已种植番石榴、火龙果、葡萄、杨桃、芒果等优良果树200多亩，种植青花菜、西芹、茄子、甜椒等无公害蔬菜500多亩，初步建立了蔬菜市场营销网点。对首期开发的1 500亩耕地进行了机械平整，修筑了机耕路、排灌水系，初步形成标准化的园区结构。建成800 m^2 办公和生活用房及现代化通讯设施。初步组建一支老中青结合的、具有较高专业素质的职工队伍。这些为园区建设打下了良好的基础。

二、制约因素

1. 土壤质量不均

由于临近滨海滩涂，有些地段积水，有些地段含盐量偏高，有些原先种植水稻的田块土壤黏重。特别是在原东阁盐场1 000多亩土地开发粗放，利用率低，基础建设需较大投入。

排水系统有待疏导：受龙江入口处泥沙淤积的影响，排水不够顺畅，原先修建的排水系统多年欠修，加上不合理的人为破坏，有些地段排水沟淤积，形成外高内低的状态，排水困难，内涝时有发生。有些农地地下水位高，可能影响作物生长，须认真选择适当品种，加强土壤改良，增施有机肥。

2. 环境污染问题应加重视

由于周边村庄畜牧业发展无序，家庭式小规模分散经营，养猪、养鸡、养鸭密度过大，粪便、污水排放构成对土壤、水质、空气的污染问题比较突出，必须采取措施加以改善或隔离，防治污染物入侵农田。

3. 园区周边社会环境比较复杂

项目规划区内有岑兜村、晨光村、东阁农场，形成园区、村庄、农场交错在一起的局面，可能给管理和社会治安带来不便。虽然首期开发地段较为完整，不易受干扰，但随着园区扩大，问题将会凸显。需要从一开始就处理好与周边村庄的关系，探讨公司加农户、企业带农场的路子，走协调和谐、共同发展的路子。

4. 整体生态环境有待改善

园区地处滨海，风沙大，原有的防护林和农田防护林已残缺不全，容易造成风害，特别是对设施栽培的危害更大。需要加强林带建设，营造良好的生态环境。

第三节　市场需求分析

一、蔬菜市场

蔬菜含有丰富的营养物质，对于维持人体酸碱平衡、帮助消化、调节神经和内分泌系统功能等，具有其他食品无法取代的作用。蔬菜作为人类维生素、纤维素的主要摄入源之一，它又是人类生活中非常重要的健康食品。蔬菜消费在世界上愈来愈被人们所重视，已知人体中需要的维生素 A 的 60% 和维生素 C 的 90% 来自蔬菜和水果，其中蔬菜在人们生活中尤其重要。因此，在蛋白质、脂肪供应过剩的许多国家里，蔬菜需求正呈迅猛上升的趋势。

从国际市场看，国际市场对蔬菜的需求量还很大，主要发达国家的进口量大多在百万吨以上。根据联合国粮农组织（FAO）资料，德国蔬菜自给率仅为 40%，每年进口超过 500 万 t；加拿大蔬菜自给率 60%，每年进口 200 万 t；日本蔬菜自给率 80%，每年进口 250 万 t。美国、俄罗斯等国家虽然自给率较高，但每年进口也分别达到 480 万 t 和 170 万 t。2001 年我国出口蔬菜 394 万 t，创汇 23.39 亿美元。

根据中国医科院提出的膳食结构，人均年消费蔬菜应维持在 120 kg 水平，即人日消费蔬菜 329 g。仅次于粮食，因此像美国、英国、日本等发达国家，蔬菜的消费量都很大。这些国家的蔬菜，尤其是有机蔬菜的缺口量也就很大，从而将带动世界蔬菜市场的繁荣和发展。

随着人民的生活水平逐年提高，国内蔬菜的消费量增长很快，但目前福建省城乡人日消费蔬菜仅 280 g，比全国平均水平低 20%，鲜菜和蔬菜加工品大量调入，因此，福建省蔬菜市场容量还很大，潜在着巨大的蔬菜消费市场。蔬菜是福建省正在兴起的农业支柱产业，它在调整农业生产结构、发展农村经济、增加农民收入、保障市场供给等方面，发挥着日益重要的作用，不仅是农民现金收入的重要来源和农村经济的增长点，而且在平衡农产品国际贸易中具有重要的作用。

示范区的气候条件可适合生长的蔬菜种类很多，可利用优越的光热资源，发展亚热带蔬菜、冬季反季节蔬菜、绿色蔬菜、有机蔬菜，开发前景十分广阔。

二、畜禽水产市场

从总体上看，福建省畜禽产品还有相当部分从省外调入，特别是活猪，调入量不断增长。与此同时，随着日本、东南亚市场猪肉需求量的增加，福建省畜禽产品出口也逐步增加，主要出口商品有活猪、冻鸡块、猪肉和咸蛋、皮蛋等。入世后，随着关税降低、市场开放，畜禽出口可能进一步增加。因此，无论福建省省内市场或国际市场，畜禽业仍有较大的发展空间。目前，在国内福建省畜禽业独占鳌头，以福州为核心，北上武汉、北京、天津，南下香港、广州等地，市场前景好，发展潜力很大。

水产品不仅味道鲜美，而且是低胆固醇高蛋白质的食品，营养价值高，国内外市场的需求量逐年增加。粮农组织统计资料显示，美国、日本以及西欧诸发达国家的人均水产品消费量约为 100 kg/年，而福建省城镇居民人均消费 18 kg，农村居民人均消费 12 kg，与发达国家相比差距很大，今后还有很大的市场潜力。

第四节　总体建设构想

一、园区内涵和功能

1. 园区内涵

三华现代生态农业园区是现代农业和生态农业的有机结合，是以农业现代化为目标，以生态良性循环为基础，以生产绿色食物为主题的庄园经济。农业现代化的"现代"既是一个历史性概念，也是一个地理学概念。不同的历史时期，不同的地区条件，"现代"的标准和途径不同；"生态"良性循环的"生态"，是人与环境高效和谐的生态关系，而这种关系是通过循环经济来实现的。现代农业的高效和可持续离不开生态的良性循环，而生态农业效益的提升，没有现代农业的技术支持也是不可能实现的。因此，现代生态农业是融现代农业与生态农业之优势于一体的高效农业，是在一定历史阶段和一定科学技术水平上，追求发展、富裕、健康、文明目标的农业。

现代生态农业园区是社会—经济—自然复合生态系统，它由异质的社会、经济、自然三个系统互相联系、互相作用、互为因果耦合而成的，比自然生态系统更高一个层次，也更复杂，其结构可以理解为三个关系圈组成：①核心圈，即现代人的主导作用，包括人力的组织、技术、文化等，起控制作用；②内部环境圈，包括园区内部的地理环境、生态环境、设施环境，是内部的介质；③外部环境圈，包括社会的原材料供应、产品市场、政策和自然环境条件，是外部支撑系统。

建设三华现代生态农业园区既是一种着眼于富裕、健康、文明目标的开拓过程，也是旨在发展生产力而进行的体制、技术、文化等领域的社会改革，是推动三华企业走向可持续发展的重要举措。

2. 园区功能

三华现代生态农业园区的功能是由其内涵所决定的。

引进开发功能：紧跟现代科学技术发展趋势，引进国内外优良品种和先进技术，通过吸收、消化和产业化开发，生产优质无公害绿色食品，创一流产业，体现现代科技和现代农业的最新成就。

示范推广功能：面向福清市农业，通过自身的科学规划、园田化设施和机械化耕作，以及先进的技术和企业化的管理，创造公司+农户、企业带农场的发展模式，为福州市乃至全省的农业现代化建设提供示范。

科研培训功能：以三华现代农业科研所和三华现代农业培训中心为载体，以现代农业示范区为基地，以产学研结合为手段，紧密结合生产，开展专题研究和技术培训，增强科技储备，为园区和社会培养各种专业人才。

体制创新功能：以效益为中心，以市场为导向，引入市场机制，指导企业的技术创新与体制创新结合起来,建立以农业企业为核心的产加销一体化生产体系,健全现代企业管理制度,推进三华企业集团化、现代化。

二、园区建设指导思想和规划原则

1. 指导思想

围绕福清市《农业现代化示范县规划纲要》和社会经济发展计划,以市场为导向,以效益为中心,以开发绿色食品为重点,引入优良品种、先进技术和现代管理,实行专业化生产、一体化经营、企业化管理,建立产加销一条龙的产业化体系,致力于建设园林化的基本农田、现代化的生产装备、集约化的生产技术、科学化的管理机制、生态化的资源环境,实现园区农业产业化。并通过公司+农户形式,推进周边地区农业、农村、农场同步发展。

2. 规划原则

全面规划与分步实施结合原则:既要着眼未来,从资源有效利用和现代农业综合发展出发,因地制宜地对园区 8 000 亩土地进行高起点、高标准的全面规划,统筹兼顾;也要立足当前,从实际出发,突出重点,集中力量建设具有代表性的现代农业示范区,以点带面,分步推进。

技术引进与自主创新结合原则:既要加强先进品种、技术、设备引进,更要注重试验、示范,通过试验,加强对外来技术的吸收、消化、避免盲目引种、重复引种和无效引进,努力培育适应本地区实际的优良品种和先进适用技术。

开发与保护结合原则:开发是发展的需要,保护是对未来的筹划。既要发挥土地资源的潜力,合理开发农业、牧业、水产,最大幅度增加食物产量,又要保护土地生产力,加强园区的基本建设,着眼于资源的永续利用。

生产、生活、生态三结合原则:园区建设要以人为本,维护人与自然的和谐,注重生产、生活、生态的有机统一,建立以人的行为为主导,自然生境为依托,经济发展为经络的社会—经济—自然复合生态系统。

市场导向原则:园区建设必须适应国内外市场需求和竞争,在功能分区、产业和产品选择、生产规模和品位等方面,都要充分考虑市场的容量和趋势,适时调整,优化产业和产品结构。

三、园区总体布局和分区建设要求

1. 总体分区布局

总体分区布局是指园区资源合理开发和生产力发展的总体部署,主要目的是优化区域内生产力的时空分布,以发挥园区的开发潜力。

根据现有土地的产权关系和未来发展的需要,园区总体规划控制面积为8 000亩,包括原岑兜村1 500亩,晨光村1 000亩,东阁农场2 400亩,东阁盐场2 100亩,滩涂1 000亩。总体规划分为6大功能区,即现代农业示范区、畜禽生态饲养区、水产生态养殖区、无公害蔬菜生产区、绿色食品加工区和特种作物生产区。

2. 分区建设重点

(1) 现代农业示范区

位于园区北端,面积2 500亩,它是园区的核心,首期开发重点的区域。本区主要功能是起综合性的试验与示范作用,为园区二三期建设创造条件,积累经验。

作为现代农业示范区,要根据现代农业的基本内涵,以果、菜、花产业化、标准化、国际化为重点,引进优良品种、先进技术、先进耕作方式,运用现代生产手段和管理方法,建成集种、养、加、科研、培训、观光、休闲于一体的现代农业示范区,重点组织实施"521"现代农业示范工程,即建设5个示范区:果树示范区、蔬菜示范区、花卉示范区、设施农业示范区、观光休闲农业示范区;2个中心:三华现代农业管理中心和培训中心;1个科研所:三华现代农业研究所。具体目标和建设内容详见第6节。

(2) 畜禽生态饲养区

位于原东阁盐场西南部,紧靠水产养殖区和绿色食品加工区。规划二期开发面积300亩。重点建设集约化、工厂化、无公害化饲养场,引导周边农村个体分散的养猪户、养禽户逐步集中起来,通过组建联合体、合作社或股份公司,扩大规模,统一管理,推广立体生态饲养技术,减少环境污染,提高饲养水平,建立现代化的畜牧生产基地。

本区建设的目标要求是:

建设双列式猪舍120幢,共10万m^2,坐北朝南,每列6幢,年产出栏肉猪和仔猪各8万头。猪场按户分摊租赁给农民,或组建合作股份公司,扩大经营规模。

配合养猪场,建立中温发酵沼气池2口,共12 500 m³,配合建设利用沼气发酵后的沼渣为原料,年产1.8万t的有机肥厂一个;同时建设由猪舍至沼气池的U形石砌输粪渠10 km,把猪粪集中引入发酵池;建设由沼气池到无公害蔬菜生产区的PVC管道2 km,把沼液输送至蔬菜基地。

在畜禽生产区与特种作物生产区之间的排洪沟边,建设约500 m长、面积2 500 m² 的标准化养鸭舍,集中原有分散的养鸭户,形成以排洪沟水面为活动场所的养鸭区,注意控制放养密度,防治水质污染。

推广优良品种,肉猪重点推广"三元猪"、"合成系"等优良瘦肉猪品种;蛋鸭以"山麻鸭",肉鸭以番鸭和"白羽半番鸭"等优良品种为主。白羽半番鸭为福建省农科院选育的优良品种,生育期56~70天,单体重2.5~3.2 kg,肉料比1:2.8至1:3.2,一般饲养56天可出栏。

推广畜禽"全进全出"技术、半番鸭"阶段饲养"技术,蛋鸭"饲料控制"技术,肉猪"一条龙饲养"技术,沼气池集粪除臭技术等现代化饲养技术。

建立畜禽疫病防治体系,贯彻以防为主方针,开发应用特异性快速诊断技术、预测预报检验技术。

与三华饲料公司密切配合,统一规划开发应用畜禽浓缩饲料,预混饲料、专用饲料和新型添加剂。限制抗菌素、驱虫药以及激素添加剂长期使用,严禁使用瘦肉精。

(3) 水产生态养殖区

本区包括东阁盐场东段和浅海滩涂开发两部分。面积1 500亩,其中围堤内盐场改造为养殖鱼池500亩,堤外滩涂养殖1 000亩。目前滩涂已养殖650亩,产量776 t;盐场改造的养殖区已养面积约400亩,为个体承包,粗放经营。规划二期开发以改造鱼池精养为重点,建成高效生态养殖区,引进高档珍贵鱼种,建成集约型水产养殖基地。

本区重点建设内容有:

对现有鱼池进行规范化改造,分为两个小区,一是养鳗小区,由三华总公司统一规划,养殖鳗鱼;二是精养小区,重点开发鲍鱼、海参、蟹、真鲷等珍贵水产品养殖。

进一步开发堤外滩涂和浅海养殖,扩大养殖面积。滩涂重点发展缢蛏、扇贝、文蛤、花蛤等贝类；浅海吊养牡蛎，开发网箱养殖，引进海鳟鱼、军曹鱼、牙鲆鱼等优势品种。

培养水产养殖大户，构建企业+农户模式，形成以企业加工、营销为主体，把养殖户组织起来，建立种苗、养殖、饲料、加工、营销一体化的贸工农产业化体系，提高养殖水平。

加强鱼类疫病防治，依托"三华水产科技中心"建立健全养殖品种疫病防治体系，及时对养殖区水质、种苗、饲料进行严格检测，预防疫病发生和传播。

(4) 无公害蔬菜生产区

位于东阁农场北段，北依现代农业示范区，东边是绿色食品加工区，开发面积约1 500亩。

本区是园区二期开发的有机蔬菜生产区。绿色消费是当代人的共同追求，国内外市场对绿色蔬菜需求与日俱增，目前我国绿色蔬菜出口需求量约300万t，每年以15%的速度增长，蔬菜出口具有很大的潜力。本区将作为一期开发的蔬菜示范区的扩大生产区域，经过2～3年的农地转换，消除土壤中的有毒物质残留之后，推广应用蔬菜示范区已经掌握的优良品种和先进技术，扩大种植面积，重点生产出口有机蔬菜，提高园区蔬菜规模效益。

(5) 绿色食品加工区

位于东阁盐场北段，规划面积200亩。现有原东阁盐场的部分旧厂房，地势较高燥。本区可供"三华"根据企业发展的需要，统筹规划，建设与整个企业相配套的绿色食品加工区，包括果蔬加工、肉食品加工、水产品加工，以及与食品生产、加工相配套的关联性企业，形成食品工业产业群。

(6) 特种作物生产区

位于东阁农场的南端，作为三期开发的预留地，面积约2 000亩。主要根据市场需求种植适销对路的特种作物，如特用经济作物、药用植物、香料植物等。

四、园区总体建设目标和实施步骤

1. 总体建设目标

园区建设的总体目标是以市场为导向，以农业高新技术和优良品种为推动力，以走绿色道路、创生态文明为宗旨，重点开发绿色有机食品，通过引进新品种、新技术和新的经营方法，实现果、菜、花、牧、渔各业的综合发展。分三期基本建成绿色生态环境、绿色生产体系、绿色管理体系、绿色营销体系，创"三华"绿色食品品牌，把园区建设成为福清市乃至福建省一流的绿色食品生产加工基地。实现产业化、科学化、标准化、国际化的园区建设基本要求。

科学化：即要运用现代科学技术，实现生产和管理全过程的科学化。通过自然科学、社会科学和工程技术科学的融合，用科学的技术创新产品，用科学的方法经营企业，用科学的思维开拓市场，实现传统技术向现代技术转变，把园区企业建设成为用现代科学技术武装起来的农业高新技术企业。

产业化：产业化是现代农业企业的特征，也是园区实现上述目标的关键。它包括两层意思：一是产品系列化；二是经营一体化。园区是一个完全一体化的企业，企业集种植、加工、销售、科研、培训、文化、观光于一体；园区也是一个多元化的企业，农林牧渔加工综合发展，系列开发，形成现代农业产业群，力争产品加工率达到80%以上。

标准化：标准化产品品质是市场竞争力的保障。园区要逐步实现生产技术标准化、加工技术标准化、产品质量标准化、销售技术标准化，建立各个产业产销全过程的标准化管理规程。力争80%以上产品达到国家绿色食品标准。

国际化：园区要立足国内，面向世界，充分利用国内外两种资源、两个市场，采取内外并举的方针，谋求更大的发展空间，力争50%以上产品达到国际市场标准。

2. 实施步骤

园区建设分三期进行：

第一期：重点建设现代农业示范区，全面完成"521"示范工程，建成5个示范区（果、菜、花、设施农业、观光休闲农业）；2个中心（管理中心和培训中心）；1个科研所（三华现代农业科研所）。在生态农业、现代农业、设施农业、观光农业以及现代管理等方面提供示范，积累经验。完成建设面积2 500亩。

第二期：重点建设无公害蔬菜生产区、畜禽饲养区、绿色食品生产区，启动建设水产养殖区池养部分。完成建设面积2 000～3 000亩。形成农、牧、渔、加工结合，产加销一体化的绿色产业体系。

第三期：根据1~2期产业发展状况和市场需求，开发特种作物生产区和浅海、滩涂养殖。完成建设面积约3 000亩。

第五节　现代农业示范区建设方案

根据第五节总体规划的布署，现代农业示范区是首期开发项目，面积2 500亩，重点组织实施"521"示范工程，建设5个示范分区，2个中心，1个科研所。

一、果树示范区建设方案

1. 目标要求

果树示范区要顺应世界果业发展趋势，以市场需求为准则，以效益为核心，以品种、品质为重点，加强优良品种的选择和引种，实行良种良法配套，避免盲目引种，强化产后处理，做好产前、产中、产后服务，走绿色果品产供销一体化生产的路子。

2. 主要建设内容

（1）种植面积

本区规划种植果树500亩，其中规模化栽培400亩，果树品种园100亩，种植亚热带果树50~60种，做到四季有果，配合观光休闲农业示范区，建成既有科学内容，又有艺术外貌的自助性观光果园。

（2）优良果树品种的引进和利用

可供选择的优良品种有：

台湾优良品种：①茂谷柑：迟熟、糖度高达15°，单果重250 g；②印度枣高朗1号：单果重30~50 g，高产、甜度高；③杨桃台农1号：在福州种植当年结果，糖度9.5°~10.5°，风味清甜，单果重300~400 g；④台农甜蜜桃子：当年种第二年结果，果重80~100 g，早熟；⑤金煌芒果：世界最大的芒果品种，平均果重1.2 kg，甜度高，种子小；⑥台农1号芒果：早熟，糖度25°，果重220~360 g，耐贮运；⑦台农2号芒果：早熟，糖度18°，抗病；⑧四季珍珠番石榴，单果重300~500 g，果肉多而脆，占80%

以上，种子小；⑨美国红提子葡萄：丰产，平均穗重650 g，病虫害较重，需设施栽培；⑩美国黑提子葡萄：引种琅岐，穗重720 g，需设施栽培；⑪"红美丽"李子（美国布朗李），早熟，果重72～105 g。以上品种在福建省已引种成功，可以推广。⑫泰国柚、桃园1号草莓、意大利红葡萄、高砂葡萄、西印度樱桃、红色番石榴、水晶番石榴、百香果台农1号及福建省农科院培育的枇杷"早钟6号"等。

(3) 果树栽培新技术示范和推广

可供推广的新技术有：①生态果园技术（草生覆盖）；②果树矮化栽培技术；③果树修剪优质栽培技术（台湾引进）；④果草牧良性循环技术；⑤果园节水灌溉技术；⑥果树高接换种，提前结果技术；⑦果树反季节栽培技术；⑧果树化控调节技术；⑨果树套袋新材料、新技术。

(4) 建立优良果树引种栽培标准化生产程序。

二、蔬菜示范区建设方案

1. 目标要求

园区已种植青花菜、西芹、甜椒、茄子等蔬菜500多亩，市场销售网络正在形成。从发展前景看，应加大蔬菜发展力度，把它培育成为园区的主导产业。园区蔬菜生产要把握消费动向，及时调整经营理念和种植结构，以适应国内外蔬菜市场的需求：①要讲究安全和营养，选择优质品种，推行无公害、绿色、有机蔬菜生产技术；②注重品质与外观，重视开发天然保健型蔬菜和奇形异彩类蔬菜；③追求应时菜和反季节菜，小包装洁净菜；④重视蔬菜产后处理和保鲜加工。因此，本区蔬菜生产要立足本地，面向国内外市场，把握市场需求动向，以品种引种和无公害栽培为切入点，着力发展应时、高档、出口型蔬菜。应用现代科技，开发绿色、有机蔬菜栽培技术和脱水、冷冻等加工技术，研究开发蔬菜饮料新产品，实现蔬菜生产专业化、规模化、国际化，力争80%以上蔬菜产品达到A级绿色标准。

2. 主要建设内容

规划面积：本区规划建设面积1 300亩，以原岑兜村的土地为主，根据市场需求，逐步向南扩展。

优良蔬菜品种引进开发：可供选择的蔬菜品种有：①花菜：南安3号、

南安5号、绿王、绿冠、秋津、台湾农友"无录青花菜"。②豆类：白毛豆、美国76甜豆、台中13号甜豌豆、台中11号、奇珍甜豌豆。③苦瓜：月华、交月、翠华。④番茄：明珠、金珠、圣女。⑤茄子：农友长茄704、玫茄。⑥韩国白玉春萝卜。⑦法国矮生四季豆。⑧美国PS洋葱。⑨台湾洋香瓜。⑩小型西瓜：黑美人、宝冠。⑪叶菜类：清风菠菜、明月白菜。⑫荷兰UC157-F1。⑬南瓜：台湾东升、一品（小型）。⑭甜瓜：蜜天下、银辉、翠芳、日本露丝等。⑮辣椒：台湾丽妃星、七彩甜椒。

推广现代蔬菜栽培新技术：①大力推广节水灌溉技术，建设埋管滴灌或摆头喷灌蔬菜地400亩，实现蔬菜灌溉自动化。其中建设塑料大棚200亩，并引入亚热带地区蔬菜大棚栽培技术（重点是调温、调湿、抗风设施和夏季散热技术）。安置100架带滴灌系统的30 m×6 m的塑料大棚，呈南北向排列，并逐步发展工厂化蔬菜生产体系。②引进蔬菜育苗、耕作、采摘、保鲜及包装机械若干套，发展蔬菜机械化生产技术和采后净菜包装处理技术。

推广无公害蔬菜生产技术：重点引进福建省农科院Bt生物农药、杀螨宝及其他病虫害生物防治技术；与畜牧场配套铺设管道引用畜牧区沼液作为生物有机肥料，引用生物磷钾肥、Bt专用肥；同时引进蔬菜有毒物质速测仪器，建立快速检测制度，减少蔬菜污染，提高蔬菜的质量与生产效益。

推广蔬菜立体种养技术：发展多熟制生产。

建立蔬菜配送中心：把小包装净菜按时配送到超市和客户，组建"三华净菜配送网络"。

健全蔬菜引种栽培技术程序。

三、花卉示范区建设方案

1. 目标要求

从长远看，本区建设要面向国内外两种资源、两个市场，走中外并举、引用结合、科技先导的路子，开展外来品种和技术的引进、吸收、消化，在推动世界名花国产化、产业化的同时，加强地方名优品种开发和野生花卉引种驯化，促进本地花卉国际化。要突出"品种、技术、设施"三大重点，实行多元化经营，花木并重，在生产观赏花卉、新潮盆花、礼品花、盆景的同时，生产绿化苗木，为地方园林绿化提供多样性苗木，逐步发展组建园艺工程产业公司。

2. 主要建设内容

（1）建设规模

本区规划种植面积200亩，其中设施栽培30亩，绿化苗木100亩，观赏花卉70亩。

（2）示范推广品种

可供选择的花卉品种有：①盆花类：蝴蝶兰、大花惠兰、文心兰、凤梨科植物；②观叶类：巴西木、马拉巴栗、棕竹、蒲葵、鱼尾葵、美丽针葵、美洲铁、苏铁、椰子类品种；③切花类：玫瑰、菊花、香石竹、唐昌蒲、补血草、百合、鹤望兰、火鹤花、热带兰、姜荷花、彩色马蹄莲、天堂鸟；④仙人球类品种；⑤盆景和微型盆景，果树盆景。

（3）示范推广新技术

①花卉可控光温湿连栋大棚栽培技术；②名贵花卉组培快繁和工厂化育苗技术；③花卉盆景、苗木化控栽培技术；④地方盆景造型新工艺；⑤自动化穴盘苗技术；⑥仙人掌类切割嫁接技术。

（4）健全不同花卉品种栽培技术流程

①棕榈科植物栽培技术流程；②多肉柱植物栽培技术流程。

四、设施农业示范区建设方案

1. 目标要求

以良种繁育为中心，根据繁育过程中的不同要求，集中采用多形式的设施栽培手段，建成以植物组织培养为中心的良种繁育体系，集中体现园区设施农业的形式和技术水平，充分发挥设施农业的示范作用。

2. 主要建设内容

本区规划面积100亩。其中露地苗圃60亩，包括初选圃10亩、复选圃20亩，繁殖圃40亩，遮阳棚（阴棚5～10亩，6 m×30 m单栋大棚）日光温室5亩，智能温室（自动化控湿、控湿、通风、遮光）500 m^2。

全部苗圃安装自动化浇灌系统，包括浇灌、微灌、滴灌。

建设砖混结构双层组培楼600 m^2。包括器材室、洗涤消毒室、实验室、无菌接种室、组培苗培养室、工作室、穴盘苗育苗室等。

五、观光休闲农业示范区建设方案

1. 目标要求

本区位于龙江一侧，沿江滨展开，目的是利用滨海清新的空气、优美的海岸风光和丰富的海产食品，建成集观光、采摘、垂钓、休闲、健身、保健于一体的海滨游览休闲胜地。示范区要引入"融于自然、健康长寿"的休闲理念，创造优美、益智、返璞归真的休闲设施和人居环境，以适应城市居民追求户外活动回归自然的愿望，使它成为福清市乃至福建省观光度假的新热点。

2. 主要建设内容

休闲屋：本区规划面积400亩，以果园为主调，根据市场需求建若干15~20 m^2 的单幢休闲木屋，每幢配套空调、热水器、卫生间、电视、电话等，适于双休日家庭度假或小型会议。

别墅群：位于沿江一线，面江背靠果园，建设15~20幢单体面积200~300 m^2 的别墅。别墅布局相对独立，配以泳池、草地、健身场所，形成以公共空间和绿地花坛为联系纽带，具有地方建筑特色的生态型别墅群。

垂钓区：在地势低洼地区，挖筑成垂钓鱼池，配备相应的设施，如垂钓台等。

自助果园：配合果树示范区品种园建设，供游客观赏、采摘，开展命名果园活动。

六、现代农业管理中心建设方案

本区位于果树示范区公路边，占地面积约10亩，由已建成600 m^2 的两层楼房及其周边绿化带组成，内设办公、通讯、会议、餐厅、住宿等设施。管理中心是园区的管理、商务活动和服务的中枢，随着发展的需要，可新建一幢职工宿舍，把办公与生活分开。

七、现代农业培训中心建设方案

位于管理中心与研究所之间。其功能是接待会议和组织人才培训，规划建筑一座面积2 000 m^2 的培训大楼，内设多媒体电教室、多功能会议厅、餐厅、客房、商务中心等。

八、现代农业研究中心建设方案

位于管理中心的左侧,占地面积 10 亩,由一幢研究大楼和周边绿化带组成。研究大楼面积 2 000 m²,内设现代农业研究所、三华企业成果展示厅、学术报告厅、会议厅等,是三华园区科技引进、试验、研究、创新和成果展示、学术交流的场所。

第六节 防护林带建设方案

一、防护林带建设的必要性

园区地处福清市中部龙江的出海口,东部濒临福清湾海域,自北至南海岸线长 2.8 km,大部分地段是 20 世纪 50 年代末的围垦地。20 世纪 60 年代以来,在全县"防护林体系工程"建设统一规划下,部分地段曾经营造一些防护林,但历经沧桑,由于人为因素和作为防护林主要树种木麻黄已进入衰老期,防护林体系受到严重破坏,龙江沿岸及原东阁盐场临福清湾的护堤、护岸林带几乎不复存在,农田防护林也残缺不全,风沙、干旱、盐碱、海潮等为害时有发生,给园区的农业生产和生态环境带来严重威胁。因此,全面规划重建以护岸、护堤为主的农田防护林体系是园区安全生产和可持续发展的迫切需要。

森林是是陆地生态系统的主体,是人类生存和发展的保障,也是维护和调节陆地生态平衡和改善生态环境的基础。当前人类面临的全球性环境问题,诸如水旱灾害、土壤侵袭、水土流失、温室效应、环境恶化等,都与森林破坏密切相关。保护生态环境,就是保护生产力,改善生态环境就是发展生产力,而森林是实现环境与发展统一的关键和纽带。对沿海地区来说,防护林带建设直接关系到环境的改善和经济的可持续发展。沿海防护林建设不仅是保障农牧业高产稳产的需要,也是减灾防灾、改善投资环境、确保生态安全和人民安居乐业的需要,是一项有益当代、荫福子孙的事业。

二、防护林带建设指导思想和基本原则

园区防护林带建设要遵循自然规律和经济规律,贯彻实施可持续发展战

略，依靠科技进步，以环境维护经济发展和农田园林化为目标，以江堤海岸护堤护岸为重点，兼顾农田护渠、护路、护区（管理区、观光区）和水源涵养等，建成多树种、多林种、多层次、高效益的农林复合防护体系，协调处理好人与自然的关系，实现生态效益、经济效益、社会效益协调统一。

1. 多树种结合原则

要根据园区气候地形土壤及灾害因素的特点，适地适树，因地制宜实行多树种搭配，避免单一树种的弊病。重点选择抗病力强、抗干旱、耐盐碱、耐积涝的乔木，绿化灌木、草皮等，实行乔灌草结合。护堤护岸林带可选择木麻黄（短枝品种）、台湾相思、肯氏相思、合欢、苦楝、细叶桉等。路旁、渠边的农田防护林和四边绿化除上述树种外，可配合芒果、枣树、龙眼、橄榄、绿竹、无花果等经济果木，溪边可种植柳树、湿地松等。地面水库涵养林应多林种混种，乔灌草立体种植。

2. 远近结合原则

防护林建设 是园区可持续发展的基本保证，既要立足于长远发展的需要，遵照系统工程原理，从园区整体发展出发，高标准做好全面规划，统一布置，又要突出重点，分清主次，分步实施，先急后缓，因害设防，先绿（化）后美（化）。

3. 生态、经济、社会三大效益结合原则

园区防护林要以灾害防护为中心，以增加园区植被，改善沿海生态环境，提高土地生产力、资源利用率为目标，在注重生态效益的同时，注重经济和社会效益。三者中，生态效益是前提，是主体，只有在生态效益的基础上，积极发展以果为主的经济林，才能确保园区发展的后劲。要以林保土保水，以林护果护经（经济作物），以林营造良好的人居环境，实现保护与发展结合、绿化与美化结合，形成良好的景观生态系统。

4. "带、网、片、点"结合原则

"带"指江堤海岸防护林带，是园区防护的主林带。"网"指农田林网，包括道路林、沟渠林、田埂林，实现农田林网化。"片"主要是地面水库周边的涵养林。"点"是指管理区、观光区、研发区的绿化、美化。由此形成多层次的农林结合的网络结构。

5. 生物措施与工程措施结合原则

沿海防护林带建设与海岸、海堤、路桥以及社区工程建设密切相关，必须坚持生物技术与工程技术结合的原则。一方面防护林建设规划要与工程建设规划同步；另一方面在实施过程中要工程措施与生物措施结合，以工程造林为主，结合一般绿化、美化。

6. 营林与育林结合原则

要依法营林，科学育林，营林只是防护林建设的开始，防护林养护才是林带形成和最大限度发挥防护功能的关键。要树立生态文明观念，贯彻三分造、七分管的方针，在管字上下工夫。认真贯彻执行林业部《沿海国家特殊保护林带管理规定》和《福建省森林保护管理条例》等法律法规。建立专业管理队伍，依靠科技进步，加强幼林培育，严禁砍伐破坏。

三、防护林带布局与设计

1. 防护林带布局

防护林是园区建设的基础，由于林带建设的周期长，故从园区建设开始就应该进行全面统一的规划。根据园区总体规划，区内陆域面积约7 000亩，东西宽约1 600 m，南北长约2 800 m。按照总体规划中江堤、海岸、渠道、道路的走向，园区主林带布局设计为6纵6横，东西6条林带纵向间隔360 m左右，南北6条林带横向间隔为600 m左右。在主林带之间，还可根据作业区内不同设施和作物的要求，另行营造作业区内的次林带。次林带营造不在本规划内。为便于组织实施，本规划根据不同林带的功能把主林带划分为6个类型、19条主林带（表6-1）。

Ⅰ 护堤林带：

序号1，位于观光农业示范区的龙江堤岸。自元载大桥至规划中的"三华"码头，长约800 m，以护堤为主，主栽木麻黄，配植台湾相思、合欢、羊蹄等风景树。

Ⅱ 护岸林带：

序号2，自码头经水产养殖区至特种作物区的南端，长约2 000 m，其外侧大部分是福清湾的海岸迎风面，风力较强，林带以护岸防潮汐为主，主栽耐盐碱、抗风力强的短枝木麻黄。

Ⅲ 护渠林带：

序号3~6，即自南至北的4条横向排水渠道，总长9 800 m，兼顾护渠防风功能，是农田防护林的组成部分。主要种植高大防护乔木，如木麻黄、柳树、榕树、芒果等，靠近海边的盐碱地段，以木麻黄、相思、楝树为主。

Ⅳ护路林：

序号7~17，除第7条为元载公路一侧的行道树外，其余均为园区二级路的护路林带，即作业干道的行道树，总长17 000 m，树种以经济果木为主，如芒果、橄榄、枣、龙眼、无花果等。

Ⅴ护区林：

序号18，包括管理中心、培训中心、组培中心、康复中心以及休闲别墅区周边的绿化美化。总长约3 000 m，以乔木为主，根据设计配植其他观赏绿化灌木。

Ⅵ水源涵养林：

序号19，即地面水库周围的丘陵坡地，面积约90亩，以涵养水源、改善生态环境为主要目的，成片种植马尾松、黑松、杨梅、余甘等，土层深厚地段亦可配植龙眼、枇杷、巴乐等果树。

2. 防护林带结构设计

以上6个类型林带的株行距均以2 m×2 m计算，Ⅰ类种植4行，合计种植1600株；Ⅱ类种植6行，合计种植6 000株；Ⅲ类种植4行，合计19 600株；Ⅳ类种植2行，合计17 000株；Ⅴ类种植2行，合计3 000株；Ⅵ类90亩，合计14 400株。全部林带总长31 000 m，合计需要各种林苗、果木苗61 600株。其中龙江护堤林带长800 m，需1 600株，福清湾海岸护岸林带长2 000 m，需6 000株，农田防护林带16条（包括第3至第18条）长28 200 m，需39 600株；水源涵养林90亩，需14 400株（表6-1）。

表6-1 防护林带设计与布局参数

序号	林带类型	长度（m）	行数	适宜树种	株行距（m）	总株数
1	Ⅰ护堤林带（观光农业区）	800	4	木麻黄+相思	2×2	1 600
2	Ⅱ护岸林带（水产养殖区）	200	6	短枝木麻黄	2×2	6 000
3	Ⅲ护渠林	800	4	木麻黄、椰树	2×2	5 600
4	护渠林	2 600	4	木麻黄、椰树	2×2	5 200
5	护渠林	1 600	4	木麻黄、椰树	2×2	3 200
6	护渠林	2 800	4	木麻黄、椰树	2×2	5 600
7	Ⅳ护路林	1 600	2	木麻黄、榕树、相思	2×2	1 600
8	护路林	1 100	2	果树	2×2	1 100

（续表）

序号	林带类型	长度（m）	行数	适宜树种	株行距（m）	总株数
9	护路林	1 600	2	木麻黄、相思、羊蹄甲	2×2	1 600
10	护路林	800	2	木麻黄、相思、羊蹄甲	2×2	800
11	护路林	800	2	果树	2×2	800
12	护路林	800	2	果树	2×2	800
13	护路林	300	2	果树	2×2	300
14	护路林	2 800	2	木麻黄、相思、羊蹄甲	2×2	2 800
15	护路林	2 600	2	木麻黄、相思、羊蹄甲	2×2	2 600
16	护路林	2 600	2	木麻黄、相思、羊蹄甲	2×2	2 600
17	护路林	2 000	2	木麻黄、相思、羊蹄甲	2×2	2 000
18	Ⅴ护区林	3 000	2	观赏果木	2×2	3 000
19	Ⅵ水源涵养林	90亩		松树、杨梅等	每亩160株	14 400

综上所述，园区防护林体系建设的基本框架是：由沿海防护林带、田间防护林网、水源涵养林片和社区绿化林点组成的多层次农林复合系统，最终形成园区园林化的总体景观。

3. 防护林种植条件

一是由于沿江沿海堤岸目前基本上没有林带，造林前需进行地面整治、挖穴、加泥、改土，施适量有机肥，加强前管理，确保成活。

二是木麻黄苗木最好选1 m以上，其余苗木也尽量用大穴、大苗，客土种植。

三是田间现有部分残断林带，凡严重老化者需更新。新栽林带尽可能与其衔接。

四是本着量力而行、分步实施的原则，建议分2期组织实施。第一期重点抓现代农业示范区的园林化建设。实施内容包括1、3、4、7、8、11、12、13、18等9条林带，其中护堤林带800 m，农田防护林带13 000 m，水源涵养林90亩。第二期重点抓其他各功能区的园林化建设。

4. 管理中心、培训中心、观光休闲区等林带建设要与园林绿化结合起来，形成高低错落有致的自然式景观，绿化树种力求多样化

可供选择的绿化树种有：

乔木：榕树、白兰花、芒果、红花洋紫荆、盆架木、桂花、菩提树、刺桐、马蹄甲、洋金凤等。

棕榈科植物：大王椰子、海枣、鱼尾葵、榕竹、黄棕、糖棕等。

开花灌木：杜鹃、九里香、小腊、茶树、黄心格、千头侧相、洒金柏、苏铁、月季、龙柏、二色茉莉、扶桑、丝兰等。

色叶植物：红桑、色草、变叶木、吊竹梅、紫鸭趾草、金边麦冬等。

草坪与地被物：马尼拉草、大叶油草、沿阶草、大花马齿苋、葱兰等。

水生植物：荷花、睡莲、水葱、西洋水仙等。

爬藤植物：凌霄、爬山虎、炮仗花等。

第七节 基础设施建设

为实现区内自流灌溉，规划在园区西北坡上，利用小山丘之间的低洼地，挖掘一个人工地面水库，承接和贮蓄从总灌渠引入的灌溉用水，利用地形高差进行自流灌溉。并在各示范区内根据需要埋设PUC浇灌管道，与各区滴灌、喷灌、微灌等设施相连接。

横穿于示范区内的两条排水干渠，总长约2 000 m，都不同程度存在入海口淤积、排水不畅的问题，造成渠中水位高于农地，使部分农田积水或抬高地下水位，需要进行分段疏顺整治：一是修整取直干渠边坡；二是清理渠底淤积泥沙，在一些地段挖深挖宽渠道；三是修筑拦水坝、涵洞，调节水位。

第八节 投资概算和效益分析

由于工程建设的实际需要，对第一期第一阶段2 500亩以菜、果、花示范区建设为主，进行投资和效益的具体分析。第一期第一阶段项目设计总投资1 901.7万元，其中固定资产投资1 661.7万元，生产性流动资金投资230万元，投资方向调节税10万元。

固定资产投资：1 661.7万元，其中：

①生产性投资：1 607.7万元，包括蔬菜示范区420万元，果树示范区

130万元，花卉示范区165万元，路桥工程（一级路100 m，二级路1 700 m，三级路4 000 m）50.5万元，水利灌溉工程和地面储水水库510万元，林带152.2万元，农机100万元，管理中心及通信设备80万元；②递延资产投资：征地费25万元；③不可预见费29万元。

生产性流动资金投资：230万元，每年周转4次，主要用于良种引进、新技术开发和产品营销、建立产业化体系、组织人才培训等。

第七章 牧业生态农业观光园规划
——以玉华山生态农业园为例

福建省连江县玉华山生态农业园（简称玉华山生态农业园）规划控制面积2 500亩，其中山地1 500亩、等高梯田600亩、山谷盆地400亩。计划实施"621"示范工程，即建设生态畜牧区、牧草产业区、生态果园、绿色蔬菜区、花卉园艺区、生态观光休闲区6个示范区，建设现代生态农业研发中心、现代生态农业教育培训中心2个中心及建设1条环山生态林保护带。项目以发展现代农业为主题，以生态良性循环为基础，以开发绿色食品为重点，在发展福建黄兔产业的基础上，综合开发牧草、果树、蔬菜、花卉、观光休闲等相关产业，建设园林化的生态环境，现代化的生产设施，集约化的生产技术，科学化的管理机制，把玉华山现代生态农业园区建设成为以福建黄兔产业为主的农牧结合产业基地。

第一节 背景和意义

一、对促进连江县农业现代化，全面建设小康社会有重要的示范作用

改革开放以来，连江县充分发挥山海侨的优势，走出了一条以海洋产业为主导，推动农业和农村经济全面发展的道路。根据福建省委、省政府全面建设小康社会的战略部署，连江县属于第一层面地区，要力争在2017年全省实现全面小康目标之前，率先基本实现全面小康，这是一个艰巨的任务。因为从目前发展水平看，连江县与福州市、福建省同一层面的地区，如福清、长乐、晋江、南安等相比，还有较大的差距。因此，必须加快农业现代化建

设，增加农民收入，提前实现全面小康才有希望。目前，连江县农业仍然面临着产业结构调整滞后，农产品品质欠佳，农业产业化水平低，农产品流通不畅，品质差、卖难等问题。应对入世挑战，连江必须加快现代农业发展。本项目面向本地，以农业现代化为主题，以培育主导产业为重点，建设示范样板，对促进连江农业产业化、现代化，增加农民收入有重要的示范作用。

二、可加强敖江下游生态环境建设

敖江是福建第6大河流，也是连江县的骨干河流，发源于古田县境内，全流域面积2 666 km²，流经连江境内总长63 km，覆盖6个乡镇，境内流域面积724 km²，占全县陆地面积的62%。由此可见敖江对连江社会、经济、发展有重要的作用。项目区地处敖江中下游的江南乡，该处山地广布，丘陵山地占陆地面积的80%以上，属连江县中低山丘陵粮、林、茶、果区。土壤为花岗岩发育而成的红壤及粗骨性红壤，含沙量较高，水稳性较差，抗蚀能力低，容易造成水土流失，使土层变薄、土壤沙化。由于不合理的山地开发，敖江两岸自上游古田而下，水土冲刷都比较严重，造成河道淤塞，水库、河床变浅，肥沃土层流失，地表裸露，长期以来，一直是连江县生态脆弱地区之一。

本项目以生态学原理为指导，运用立体工程技术手段，因地制宜，开展山、田、水、林、路的综合治理，建立果、草、牧、沼综合开发、良性循环的人工生态系统，通过对生产要素的合理组装和环山生态林带建设，形成多物种、多层次立体种养模式，实现开发与保护有机结合的双重目的。因此，项目完成后，可为敖江两岸生态环境建设和水土流失治理，提供有推广价值的科学示范。

三、是适应当代人回归自然、追求健康长寿目标的迫切愿望

当今，由于城市人群集居、交通拥挤、环境污染、节奏紧张，给人们带来的生理和心理压力日益加大，因而，向往自然、回归自然、追求空气清新、环境幽静、景色宜人的田园生产，成为当今生活的时尚。玉华山群山环抱，景色秀丽，空气清新，冬暖夏凉，自然景观与人文景观兼备，是福州市回归自然的理想去处。玉华山现代生态农业园区，将立足农业、农村，面向城市，引入"融于自然、健康长寿"的经营理念，用科学的内容、艺术的外貌，构筑优美、益智、健康的人居环境，创一流生态休闲产业，提供一流服务，体

现现代生态农业科学的最新成就，以适应新时代人们生活水平提高的新追求，也为中小学学生校外教育创造良好的环境。

四、是玉华山自然生态农业试验场可持续发展的重要举措

玉华山自然生态农业试验场自1995年规划建设以来，围绕"立足生态农业，发展绿色食品"这个宗旨，以开发福建地方优良品种——福建黄兔为重点，致力于黄兔品种改良和育种软件开发、优质牧草引种利用以及生态果园建设等，取得了显著的成绩，初步建立了牧、草、果、沼良性循环的生态产业链。但在新的形势下，试验场的持续发展，也面临着新的问题，诸如产品质量、效益、市场、规模，以及延长产业链、增加附加值等问题。特别是在入世之后，国内外市场竞争加剧，要立于不败之地，只有锐意改革，开拓创新，以求得更大的发展空间。因此，在原试验场的基础上进一步在循环经济原理指导下，以发展效益型生态经济为目标，以生态、绿色、有机食品为重点，建设生态农业、生态牧业、生态休闲业有机结合，科研、培训、生产、加工、营销一体化的现代化农业园区，以满足人们高层次物质和精神需求，是玉华山自然生态试验场求得更快发展的必要选择。

第二节 现有条件分析

一、有利条件

1. 项目区区位优越

项目区位于连江县江南乡与琯头镇山地交界处，东距连江县城3 km，西距福州市45 km，南距长乐机场20 km。离福州传统旅游胜地青芝寺2 km，邻近有福宁高速公路和104国道通过，交通方便，人口集中，是连江县侨区和经济发达地区。项目区规划面积2 500亩，原是连江县"知青场"，农业开发有一定基础。地形为山垅带小盆地，地势南高北低，周围山丘散布，海拔高75~300 m，坡度15°~45°，土层深厚，土壤肥沃，水资源丰富，适于农业综合开发。

2. 气候条件良好

本区地处亚热带季风气候区，气候温和，雨量充沛，年平均气温18.5 ℃，

最热月平均气温 26.2 ℃，最冷月平均气温 8 ℃，极端低温一般在 0 ℃ 以上，年积温为 5 400~7 100 ℃，无霜期 304 天。年降水量 1 000~1 740 mm。年日照时数 1 688.7 小时。由于群山环抱，地形起伏，形成相对独立的农业小气候，风和日丽，相对湿度较大，一般不受热带风暴侵害。

3. 园区建设初具规模

现已建成标准化兔舍 3 000 m²，安装兔笼 4 000 多个，年存栏种兔 8 000 只，后备种兔 1 万只。建沼气池 500 m³、生态果园 400 亩、牧草基地 400 亩，种植龙眼 3 000 株、枇杷 5 000 株、绿麻竹 30 亩、红豆杉 100 亩。基本形成山顶林竹带帽，山腰种果、种草、养兔，山脚盆地种菜，库区养鱼的立体生态农业布局。同时，修筑进山公路 1.8 km、场内干道 3 km、小二型水库一座（库容量 20 万 m³），配备饲料加工厂车间、办公、会议、生活用房 4 000 多 m²。区内供水、供电、通讯设施齐全。

4. 科技含量较高，技术依托力量较强

试验场建设以来，与福建省农林大学、福建省农科院、福建省农业厅等建立了紧密的"产学研"、"农科教"结合关系，依托农业院校、科研单位，遵照"整体、协调、循环、再生"的原则，开展品种改良、绿色食品开发、农业标准化建设等关键技术的研究和开发。特别是在福建黄兔选育与产业化系列研究开发上利用现代科技新成就，先后进行了兔肉的营养成分、药用价值、中药饲料配方等多项试验研究。引入先进饲养技术和现代化经营理念，建立了电脑管理室、兔病研究室和技术培训中心，成功开发了兔场电脑管理软件，进行种兔选种育种、系谱档案、饲料组成、财务管理、工作规程等的电脑化管理。并安装闭路遥控设备，对兔场的管理和疾病防治进行有效监控。在饲养模式上系统性地探索出自然放养与以青草为主、粗料为辅的放养与笼养相结合的饲养方式。

由于显著的科技开发成就，玉华山生态农业园先后被确定为福建省农业厅"生态农业示范基地"、福建省农林大学现代农业研究中心、福建省农科院"福建黄兔科研实验基地"和"生态农业研究中心"、"果树科研与实验基地"，以及福州市农业局"畜禽良种示范基地"。

二、制约因素

1. 功能区界定不够明确

原规划划分为 4 个农业小区：

一是耕作示范区，即库区淡水养殖、蔬菜和园林绿化区。

二是山腰果、禽、牧、食用菌、花卉区。

三是山顶畜禽林竹带帽区。

四是高优高效耕作示范区。

因为产业渗杂交错，区位界定不清，以及主导产业不明确，产业结构陈旧，功能区未能充分体现园区主题，所以没有体现现代农业的内涵和特征，与玉华山生态农业观光园的开发建设不相适应。

2. 基础设施建设有待加强

一是区内循回往返的主干道及多级产业路网尚未形成。

二是水利失修，农田排灌系统不完善；多级水库和排洪水渠亟待整治，蓄水能力不足，旱涝灾害时有发生，仅靠山泉供水适应不了发展的需要。

三是园区中心管理区尚未形成，除黄兔养殖区建设比较完整外，其他各区的基础建设有待加强，特别是管理中枢的建设亟待进行，管理体制和机构有待完善。

3. 外观形象有待改善

除黄兔养殖场外，其他各部门景观较差，地势高低不平，果树长势欠佳，杂草丛生时有所见，绿化、美化覆盖面偏少，人工造景更是缺乏，入园大门及主干道尚待定位，园区整体结构尚未形成，外观形象显得比较粗陋。

4. 经济效益有待提高

如何增收节支，提高自我发展能力，是园区的当务之急，而在这方面还需要从产业布局、主导产业和产品选择、产业化体系建设以及提高现代管理效能等方面作进一步探索和部署。

5. 管理体制有待完善

按照市场经济规律，建立现代企业管理体制和机制是园区未来发展的关键，在这方面还需进行认真的研究和协调。

第三节　主要产品肉兔的市场分析

世界约有 106 个国家从事兔肉生产，但产量不高，只有 100 万～120 万 t，主要是欧洲国家，其产量和消费量占世界的 85% 以上，意大利首位，年产 30

万t,消费最多是马耳他,人均8 kg,法国、意大利人均消费4~6 kg。意大利每年进口兔肉2万~3万t,法国进口1万~2万t。世界兔肉贸易量不大,但增长迅速,尤其是欧洲、北美,进口量逐年增加。中国是养兔大国,目前全国兔存栏量为1.3亿~1.5亿只,年产兔肉18万~20万t,主产于山东、四川、江苏等。

中国肉类结构调整的方向是发展节粮型草食动物,而兔肉是节粮型动物的最佳选择。①家兔的生产性能具有"两高一优"的特点,每只母兔每年可产30只商品兔,以每只商品兔2 kg,每 kg 12元计算,则每只母兔每年毛收入可达720元,这是养其他畜禽无法比拟的;②兔肉的营养性能具有"三高三优"的特点,即高蛋白、高氨基酸、高消化率、低能量、低脂肪、低胆固醇。据全国《食物成分表》记载,兔肉蛋白质含量为20.7%,高于牛肉(19.9%)、羊肉(19.5%)、猪肉(17.9%)、鸡肉(19.3%);兔肉脂肪含量为2.20%,大大低于牛肉(13.1%)、羊肉(14.1%)、猪肉(12.8%)、鸡肉(9.4%)。兔肉胆固醇含量是牛肉的70%、羊肉的64%、鸡肉的55%;③兔肉还有独特的药用价值,中国《本草纲目》、《名医别录》等古典医书均有记载,具有补中益气、凉血解毒、健胃、活血等功效,是当今国内外营养学家公认的保健、益智、延寿食品;④在化学添加剂滥用、食物农残居高不下的情况下,草食性肉兔还是天然的绿色食品。因此,发展肉兔生产,特别是走规模化、产业化的路子,开发多样化、高档兔肉食品、保健品、营养品,其市场是广阔的。

第四节 总体建设构想

一、建设目标

围绕连江县《农业现代化示范县规划纲要》和社会经济发展目标,遵循循环经济的原理,走绿色道路、创生态文明,在延长肉兔生产产业链,做大、做强、做优肉兔生态产业的基础上,运用立体生态工程技术,综合开发牧草、蔬菜、果树、花卉等相关产业和生态休闲农业,实行一体化经营、企业化管理,致力于建设园林化的生态环境、现代化的生产设施、集约化的生产技术、科学化的管理机制,开发绿色食品,创"玉华山"品牌,到目前已逐步把园区建设成为以福建黄兔产业为主导的农牧结合生态产业体系；成为集生产、加工、流通、休闲、科研、教育于一体的绿色食品生产基地；成为连江县敖江下游的绿色生态屏障。

二、建设布局

园区布局是园区自然、经济、人力资源的合理开发和功能区建设的区位部署，其主要目的是优化区域生产力的时空分布，以发挥园区资源潜力。玉华山农业园区的地理环境基础是带状丘陵盆地，丘陵山地占80%以上，平地少，海拔高差较大，立体地形气候特征明显。园区规划控制面积为2 500亩，其中山地1 500亩、等高梯田600亩、山谷耕地400亩。根据园区建设目标、功能设计和地形条件，计划组织实施"621"示范工程。即建设6个现代生态农业示范区：①生态畜牧区；②牧草产业区；③生态果园；④绿色蔬菜区；⑤花卉园艺区；⑥生态观光休闲区。建设2个科研教育中心：①现代生态农业研究开发中心；②现代生态农业教育培训中心。建设一条环山生态保护带：形成六区两中心一带的总体布局。

第五节 分区建设方案

一、生态畜牧区建设方案

1. 现有基础

园区畜牧业现养有福建黄兔和鸡，其中福建黄兔饲养是玉华山试验场最早开发的产业，始于1997年，现已发展成为福建省规模最大的产供销一体化的肉兔生产基地，具备深度开发的良好条件。

基础设施较完善。现有标准兔舍及管理、生活设施建筑面积3 000 m^2，金属兔笼4 000多个，自然放养场80亩，配套建设沼气池500 m^3，饲料加工车间300 m^2。供水、供电、通讯设施齐全。

兔种品质优良，具有广阔发展前景。兔场引进福建农科院选育的福建省地方优良品种福建黄兔，该品种在生产性能上具有早熟（90日龄重1.5~1.7 kg，105~120日龄配种）、早泌乳（9天达泌乳高峰）、体型紧凑、适应性强、耐粗食，适于放养等优点；在肉质上具有三高（高蛋白质、高赖氨酸、高消化率），三低（低脂肪、低热量、低胆固醇），多维生素、多药用价值的特点。其蛋白质含量 22.7%，比一般兔肉高 2.2%，比牛肉高 2.8%，比鸡肉高 3.1%，消化率 85%，比牛肉高 25%，比猪肉高 10%。脂肪含量 2.2%，比猪肉低 10.2%，比鸡肉低 7%。胆固醇 59%，比猪肉低 29%，比鸡肉低 47%。福建黄兔肉药膳可治疗糖尿病、胃病、风湿病、高血压、肺结核等疾病。

生产规模较大，产业链初步形成。现存栏种兔 8 000 多只，后备种兔 10 000 只。每年可产兔 30 万只，初步形成产、供、销一条龙，科研、教育、生产相结合的产业化体系。

饲养管理科学，基本建成标准化管理规程。已完成兔肉营养成分、药用价值、中草药饲料配方等多项研究，建立以沼气为纽带，牧、果、草、沼立体生态种养模式，成立电脑研究室、兔病研究室，开发了兔场电脑管理软件，实行种兔生产和疾病防治电脑化管理。

但是，从现代生态农业园区的目标要求来衡量，也还有不足之处。主要问题是市场开拓不够，潜力没有充分发挥，深度加工有待加强。随着市场开拓和加工增值，规模还可扩大。此外"公司+农户"的产业化体系也有待建立和完善。

2. 目标要求

（1）建设目标

一是围绕园区建设的总目标和发展生态农业，开发绿色食品的宗旨，充分发挥福建黄兔的品种品质优势，认真把握调整农业结构、增加农民收入、发展节粮性草食动物的机遇，以国内外市场为导向，以经营商品兔为目标，实行种兔与商品肉兔并举，笼养与自然放养并举，饲养与加工并举的经营方向。

二是立足园区资源综合利用，同时遵照循环经济原理，发展集约化养猪业，建立兔、猪、草、果、沼良性循环模式，生产优质高效无污染绿色食品。

三是面向社会，通过公司+农户形式，建立科工贸农一体化产业体系，为农户提供系列服务，促进农民增收、农业增效。

四是引入现代科技和现代管理理念，实行科学化饲养，标准化管理，企业化经营，把以兔、猪为主的畜牧业建设成为园区的主导产业，把园区畜牧场建设成为国内一流的现代化肉品生产基地，成为福建农业产业化的龙头企业。

(2) 采取措施

为实现上述目标，必须实施品牌战略，加快开发国内外市场，做大、做强、做优、做好福建黄兔绿色食品系列开发。

做大：要在现有基础上，从深度和广度上扩大生产规模、增加产品品种和数量。黄兔力争达到年产种兔4万只，年自产商品兔30万只，带动农户饲养80万~100万只。肉猪生产存栏猪5 000头，年出栏商品猪达到10 000头。

做强：走产业化路子，开发系列产品；发展深加工，增加附加值，提高产业化效益。一方面要自营加工，科贸工农一体化；另一方面，切实推行"公司＋农户"体制，健全福建黄兔加工、销售原料基地，建立畜产品营销中心。

做优：依靠科技，集约经营，电脑化管理，创建"玉华山药膳兔肉系列产品品牌"。

做好：走绿色道路，创生态文明，健全兔、猪—草—果—沼立体生态模式，实现物质多级转化、良性循环，生产高标准、适应国际市场需求的绿色食品。

3. 主要建设内容

(1) 生态养兔场建设

种兔场建设和纯种繁育：在现有笼养兔舍基础上，扩建标准化兔舍2 000个笼位，新增核心种兔2 000只，采用纯种繁育方法，保持黄兔品种的优良性状，每年生产纯种黄兔4万只，其中一部分种兔用于本场商品肉兔生产，部分种兔供应农户。同时研究开发育种软件，建立种兔性能数据库，包括种兔系谱、配种、生长繁育等参数。筛选最佳配种方案，确保血缘关系相距6代以上，防止近亲配种。

兔场建设和肉兔生产：肉兔生产除笼养外，主要开发自然放养。把现有的自然放养区扩大到150亩，依地形每10~15亩为一区。仔兔经笼养55天后进入放养区放养，每只兔占地面积2~3 m^2。场地四周用砖石砌成围墙，高1.5m左右。放养场要求干燥，场内混播豆科、禾本科牧草，搭建数个矮棚或石洞供兔子栖息。场内设置食槽、水盆、草架，以供补充喂养。

肉兔产业化体系建设：以种兔场为龙头企业，统一生产种兔提供农户饲养，采用"公司+农户"的形式建立肉兔生产产业链，由公司统一提供兔种、饲料（精料）、技术指导、疾病防治、成兔收购、加工、销售等"六统一"。通过产业链，扩大生产规模，同时为农户增收、农村结构调整开辟新的路子。园区所在的江南乡和琯头镇，现有农户 2.52 万户，以 20% 农户养兔，每户饲养 50 只，可年产商品肉兔 25 万只，增加农户收入 700 万元。

饲料加工厂建设：在现有饲料加工车间基础上扩建，分生产车间和成品贮存车间两部分，重点开发全价颗粒饲料。需扩大更新切草机、粉碎机、混合机和颗粒饲料压粒机等基本设备。颗粒面料除玉米、麦类、稻谷等外，可添加中草药、高蛋白草粉和其他微量元素。牧草粉原料由牧草示范区生产提供。原料经粉碎、混合、压制等过程，颗粒长控制在 10~15 mm，直径 3~5 mm，含水量不高于 12.5%，杂质不超过 2%，严格控制饲料原料的农残含量，全部原料采用无污染原料。

兔肉加工厂建设：肉兔加工是面向国际市场大批量生产的必要生产过程。兔子全身是宝，皮毛、肉、血、骨、内脏都可加工利用，但最基本的加工程序是屠宰和冷冻，还可加工成罐头、香肠、肉松以及皮毛加工。可根据市场和生产规模扩大的需求，从粗加工向精加工发展。从园区环境保护考虑，大型的兔肉加工企业应建设在园区外的工业区，便于统一进行环保管理。

营销体系建设：黄兔产业发展如何，取决于市场开发，而市场开发必须有一个强有力的专业营销队伍和营销策略。因此，必须高度重视营销体系建设。营销体系的功能是市场调查、预测和市场开拓、商务洽谈、产品贮存、运输和配送。营销体系由产品经营部、配送中心（包括市场调查、产品贮运和配送）、销售队伍（配送中心与市场连接的中介人员）和多种形式的销售网点组成。其核心机构是产品经营部，首先要建立健全经营部，赋予组织产品营销的各项职能。

饲养管理标准化体系建设：结合园区研发中心建设，把兔场管理标准化作为研发中心的重点任务，利用现代电子技术，建立种兔繁育、肉兔饲养管理、疾病监测、品质检验等标准化规程，实现电脑化管理。安装闭路跟踪监控设备，实行兔舍封闭管理。

（2）生态养猪场建设

养猪场位于兔舍北边山脊平地，坐北朝南，建设三层式养猪舍 5 幢，每幢长 54 m，宽 18 m，总面积 1.5 万 m²。饲养母猪 500 头，公猪 20 头，采用半放养的方式饲养，年出栏商品肉猪1万头，存栏5 000头。推广"莆田黑猪"、"槐猪"等地方优良猪品种和"一条龙"饲养技术，健全疫病防治规程，实行全封闭管理。

配合养猪场建设"斜流隧道式"沼气池1 000 m³，采用推流式厌氧发酵（PAD）和协流式厌氧滤床（TATS）二级发酵工艺，发酵池分别为16×13×3.5（m）和16×12×3.5（m）。其工艺由粪污前处理系统（沉砂井、酸化调节池）、厌氧发酵系统（推流式厌氧池，协流式厌氧污泥滤床）、沼液利用与无害化处理系统（氧化塘）、沼气输配系统，猪舍保温系统（沼气保温器）等组成。该系统在常温下池容产气率可达1 m³/天，能承受较大负荷冲击，密封性能好，污水降解率高，污泥逐级回流，能自动排渣，实现不耗其他动力运行，经处理后污水达标排放符合GB18956－2001《畜禽养殖业污染物排放标准》的要求。

二、牧草产业区建设方案

1. 现有基础

园区现有牧草种植区150亩，引种优质牧草10多种，主要有黑麦草、台湾百喜草、杂交狼尾草、圆叶决明等。配合肉兔放养区，组织进行适宜放养牧草品种及轮放轮养试验。但由于人力条件限制，管理比较粗放。

2. 发展思路

本区以牧草的引种筛选与应用为重点，在原有的研究基础上，通过牧草在玉华山区域生态条件的适应性观测与应用示范，建立以兔业开发为龙头，以果园套种优质牧草、人工改良草场为纽带，配套实施草业产业化工程以及防治水土流失、改良土壤，实现"果—草—牧—沼"良性循环的高效持续生产体系，达到改善园区生态环境，提高生产效益的作用。通过农牧有机结合，合理开发山地资源，建设多功能、多用途、高效持续的现代生态农业园区。

3. 主要建设内容

（1）优质牧草引种筛选

对现有牧草用地统筹规划，建立品种试验区20亩，进行优质牧草引种和适应性比较试验、观察，选择适宜本地区的优良牧草品种。

豆科：热带品种有圆叶决明、闽引羽叶决明、印度豇豆、平托花生、柱花草；温带品种有白三叶。

禾本科：热带品种有南非马唐、百喜草、狼尾草；温带品种有一年生黑麦草、多年生黑麦草、鸡脚草。

其他：菊苣、串叶松香草、墨西哥玉米、高丹草、杂交高粱等。

计划引种50~100份优质牧草资源，建立品种资源初选圃、复选圃，进行初选、复选观测，并最终建立5~10亩品种资源圃，对筛选出的适应本区域生态条件的牧草种质资源进行品种保存与繁育，并进一步进行适应性观测。

(2) 可供引种的主要牧草品种特性

威恩圆叶决明：源自巴西，早中熟品种，匍匐型，草层高度40~60 cm，收获一次产量4 000 kg/hm²（干重），越冬率差。适口性较佳，猪、羊喜食。主要用于果园套种增加覆盖、改良土壤，并兼作饲料。适于荒山荒坡地种植。

闽引圆叶决明：来自墨西哥，晚熟品种，半匍匐型，草层高度60~80 cm，收获一次产量9 000~10 000 kg/hm²（干重）。这两个品系鲜草适口性较差，主要用于果园套种增加覆盖、改良土壤、保持水土，可用作新开果园、红壤山地先锋作物，或制备干草、草粉作为畜牧利用。

闽引羽叶决明：源自巴拉圭，早中熟品种，直立型，株高可达1.1~1.5 m，收割一次产量13 000 kg/hm²（干重）以上。其中ATF2219越冬率达77%。这二个品系具有较高的羊、兔的适口性，在增加覆盖、改良土壤、保持水土的同时，还能为家畜提供丰富的饲草，其中ATF2217已通过"全国牧草品种审定委员会"审定，定名为"闽引羽叶决明"。

新引圆叶决明（*Chamaecrasta nictitans*）CPI92985：源于巴西，早熟品种，匍匐型，草层高度50~60 cm，收获一次产量5 600 kg/hm²（干重）。该品系适口性较佳，猪、羊、兔喜食。主要用于果园套种增加覆盖、改良土壤，并兼作饲料。

平托花生：原产巴西，多年生匍匐型，节节生根，草层高20~30 cm，形成地毯式覆盖；耐高温，较耐瘠、耐高铝。适口性好，产量3 000 kg/亩。主要用于生态果园的绿化、水土保持和土壤培肥。

印度豇豆：一年生豆科草本植物，原产印度。株型为半匍匐型，一年生热带种、半匍匐型，蔓长2~3 m，适应性广，耐酸耐瘠。适口性中等，亩产达5 000 kg。主要用于抑制果园杂草的生长、改良土壤并兼作饲草。

柱花草：原产中南美洲及加勒比海地区，多年生。具有耐旱、耐酸、耐瘠等优良特性。可作为牛、羊、兔、猪、鸡等的饲料。亩产鲜草2 000~

3 000 kg。既适用于放牧利用或刈割鲜草饲喂，又可打草晒干加工成草粉配合饲料。花期蛋白质含量12%～14%，粗脂肪2.2%～3.0%，粗纤维28%～33%。在日粮中使用10%～15%的草粉喂猪，猪体红润。

罗顿豆：多年生亚热带型豆科牧草，原产南非，1993年从澳大利亚引入我国，主要在湖南、福建北部推广利用。植株形成紧密的地毯状植被，完高可达60 cm，藤蔓生长很快，一个星期可长25 cm，蔓长一般为1.2～1.5 m，每年可刈割4～5次，鲜草产量可达4 000 kg/亩，年固氮可达150 kg/hm²。适口性极佳，猪、牛、羊、兔均喜食。粗蛋白约20%，粗脂肪4.4%，粗纤维27.3%，干物重23.1%。可一年四季为牲畜提供饲草。

白三叶：原产地中海地区，可作为绿肥、牧草、水土保持及观光果园等应用。在果园套种土壤有机质含量可提高0.5%。一年可刈割2～4次，年鲜草产量达4 000～5 000 kg/亩。蛋白含量高（18.1%～28.7%），粗纤维含量低（28.8%），干物质消化率为75%～80%，是牛、羊、猪、禽、兔、鱼的优质饲草。

南非马唐：原产南非，热带型多年生牧草，属禾本科马唐属。草层高度一般30 cm，有的可达70 cm，供草期可从4月至9月下旬，一亩年产鲜草5 000 kg以上。干草含粗蛋白13.9%，主要作为果园护埂作物，并可刈割作为饲料。

百喜草：原产拉丁美洲，1963年引入台湾，20世纪90年代引入福建省。喜高温，28～33 ℃生长最好，耐旱性强，耐瘠并耐践踏，每年刈草2～3次，作为敷盖材料或压青肥土，也可供羊、鹅、兔及鱼的饲草。

杂交狼尾草：多年生热带型牧草，可作为草食动物或鱼的饲料。一年可刈割8～10次，一般亩产鲜草8～10 t，也可以晒制干草或调制青贮料。供草期在6～10月，干物质粗蛋白9.95%，粗脂肪3.47%、粗纤维32.90%。

黑麦草：多年生或一年生禾本科温带型牧草。蛋白质含量11.3%、纤维25.2%、脂肪4.9%，适口性好，是冬春季节良好的饲草，适于刈割青饲，晒制干草，一般亩产鲜草3 000～4 000 kg，多者可达5 000～6 000 kg。

鸡脚草：禾本科多年生牧草，可种植利用15年。在果树下种植或与黑麦草、白三叶等混播，鲜草用作放牧或调制干草和青贮料。

菊苣：原产欧洲，多年生，全年可刈割6～8次，亩产鲜草1万～1.5万 kg。营养价值优良，放牧及刈割利用皆可。

串叶松香草：多年生宿根草本植物，每年割草3~4次，当年种植亩产鲜草达5 000 kg以上，2~3年亩产鲜草可达1.8万~2万kg。一次种植可连续利用10年。鲜枝叶用于喂猪、鹅等畜禽。

墨西哥玉米：1年生草本植物，原产中美洲，20世纪80年代引入我国。亩产鲜草1万kg以上。

(3) 优质牧草生产示范区建设

把现有牧草种植区扩大到180亩，对适应本区域的优质品种进行较大面积的生产性示范。从引进的牧草种质资源中选择5~10个针对不同利用目的的最佳品种，分别进行10~20亩规模的示范。并根据牧草品种的不同植物学特征、生物学特性，从肉兔鲜草周年供应、适宜自然放养和适宜制作颗粒饲料等三个目标出发，进行丰产性和适应性示范，为大面积生产提供科学依据。

(4) 果草牧立体种植模式区建设

结合生态果园建设，建立果、草、牧、沼立体种植牧草示范区400亩。针对不同果树特点，选择不同草种进行合理搭配，利用果园空地种植牧草，以牧草饲养兔、猪，以兔、猪粪、牧草为原料生产沼气，利用沼气发电，沼气液肥果，建立以发展果业为龙头，以果园套种优质牧草为基础，以沼气生产为纽带的果草牧沼立体种养模式，不仅提供优质饲草、提高果品产量与品质，而且达到保持水土、培肥地力和改善生态环境的目的。

生态果园中牧草/绿肥的品种选择和搭配，遵循营养平衡和周年供草原则进行套种：在果园园面以豆科牧草（圆叶决明、平托花生、白三叶）搭配少量非豆科牧草（南非马唐、黑麦草）为主，梯埂以南非马唐为主，梯壁以百喜草、圆叶决明护坡，并根据不同牧草的生长习性进行周年搭配。在品种搭配上要注意豆科与禾本科的搭配及热带种与温带种的搭配，以达到营养平衡和周年供草。一般豆科牧草种于果园园面树冠滴水线之外，禾本科牧草种于果园的梯埂或两株果树的中线范围。

种植的牧草主要以鲜草饲喂为主，饲养方式以刈割舍饲为主、自然放养（果园套养）为辅。依据不同日龄的幼兔、成年兔、母兔的生理特点及其对养分需求的不同，结合各牧草不同生育期的养分含量，对优质牧草尤其是羽叶决明、圆叶决明等养分含量高的优质豆科牧草适时进行刈割，调制干草、草粉，配制适合不同兔龄的全价配合饲料，尝试草业产业化开发，并由此带动饲料加工等一系列产业发展。

(5) 人工草场放养区建设

逐步对现有的 80 亩自然放牧草场进行人工改良，以圆叶决明、印度豇豆、平托花生、白三叶、南非马唐、黑麦草、鸡脚草等优质牧草品种替换目前产量、品质、供草期较差的当地草种。针对不同牧草品种的生长特性，进行划区轮牧，明确不同牧草组成草场的最佳载畜量、放牧强度以及放牧效果，为进一步大规模自然放养提供理论依据，达到提高载畜量、自然放养效益的目的。

三、生态果园建设方案

1. 现有基础

园区现有果园约 400 亩，其中有成片早钟 6 号枇杷约 5 000 株，龙眼 3 000 株，分布在园区主干道的两侧，另有橄榄及其他杂果，呈零星分布。枇杷、龙眼均为梯级果园，部分地段安装自动喷灌管道。由于投入不足，种植区分散，管理比较粗放，果树缺株断行比较普遍。有些梯田滑坡，生产能力没有充分发挥。

2. 目标要求

园区果树示范区建设目标：①顺应世界果业发展趋势，以品种品质为中心，选择生产适销对路的优质果品；②符合园区宗旨，以生态果园建设为重点，实行果、草、牧立体开发；③加强果园基础设施建设，建成高标准的现代化果园；④相对集中，因地制宜适当扩大果园面积。集中便于管理，便于基础设施的现代化建设，把果园建设与观光休闲结合，使果园成为园区的绿色屏障和观光热点。

3. 主要建设内容

(1) 总体布局调整

根据现有果园分布状况，本着相对集中的原则，把生态果园示范区分为 3 个园：①枇杷园，包括现有成年枇杷园和正在开发的白马山枇杷园，种植面积 300 亩；②龙眼园，种植面积 50 亩；③橄榄园，种植面积 50 亩。整个生态果园示范区规划面积约 400 亩。

(2) 早钟 6 号枇杷优质高产示范

早钟 6 号枇杷具有早熟、丰产、品质好、价格高、市场广阔等优点，是目前国内的热门品种。本区依托福建省农科院技术优势，实行良种良法配套、应用矮化密植、生物防治、疏花疏果、套袋、化控、草生栽培等综合配套技术，提高单位面积产量和品质。

（3）龙眼果、草、牧、沼立体种养技术示范

以现有的龙眼园为主，系统进行果草牧结合的生态果园建设。一方面对龙眼进行补株补缺，通过高接换种，引入优良品种；另一方面开发多种模式的种草试验，以草养兔，兔粪入沼池，沼液肥果，形成良性循环。其他果园如枇杷园，也可种草，但其种草不以试验为目的，主要在于应用。

（4）橄榄矮化栽培示范

橄榄是福州市特产。现有橄榄集中在玉华洞西侧山坡。拟以此为基础，精选地方优良品种和台湾青心橄榄（鲜食、加工均可，肉细、味甜、少涩），进行高接换种，矮化栽培，提高单株产量和品质。

四、绿色蔬菜区建设方案

1. 目标要求

蔬菜是园区新开发的项目，规划面积 300 亩。位于毛头佛水库下方山垅小盆地。绿色蔬菜区生产要因地制宜，面向市场，把握市场需求动向，以品种引种和无公害栽培为切入点，应用现代科技，开发绿色、高档蔬菜，实现蔬菜生产专业化、规模化，力争 80% 以上蔬菜产品达到国家 A 级绿色标准。

2. 主要建设内容

（1）蔬菜地基础设施建设

本区地形为水库下方的山垅及其周边缓坡地，部分地段地下水位高，排水不畅，常有积水，部分地段坡度较大，作为常年蔬菜基地，必须进行土壤整治。①配合水库修建，疏顺排洪渠道；②在积水地段加挖排水沟，降低地下水位；③坡地要进行土地平整，沿等高线开辟梯田；④根据地形，修建产业道；⑤依托水库的水源，修建自流灌溉渠网，实行自流灌溉。

（2）优良蔬菜品种引进开发

①花菜：南安 3 号、南安 5 号、绿王、绿冠、秋津、台湾农友"无录青花菜"；②豆类：白毛豆、美国 76 甜豆、台中 13 号甜豌豆、台中 11 号、奇珍甜豌豆；③苦瓜：月华、交月、翠华；④番茄：明珠、金珠、圣女；⑤茄子：农友长茄 704、玫茄；⑥韩国白玉春萝卜；⑦法国矮生四季豆；⑧美国 PS 洋葱；⑨台湾洋香瓜；⑩小型西瓜：黑美人、宝冠；⑪叶菜类：清风菠菜、

明月白菜；⑫荷兰 UC157－F1；⑬南瓜：台湾东升、一品（小型）；⑭甜瓜：蜜天下、银辉、翠芳、日本露丝等；⑮辣椒：台湾丽妃星、七彩甜椒。

(3) 蔬菜现代化栽培技术示范推广

①大力推广节水灌溉技术，建设埋管滴灌或摆头喷灌蔬菜地 50 亩，实现蔬菜灌溉自动化。其中建设塑料大棚 20 亩，并引入亚热带地区蔬菜大棚栽培技术（重点是调温、调湿、抗风设施和夏季散热技术）。安置 10 架带滴灌系统的 25 m×6 m 的塑料大棚，顺坡排列；②引进蔬菜净菜处理包装设备，组织鲜菜小包装配送供应；③发展蔬菜机械化生产技术和采后净菜包装处理技术。

(4) 绿色蔬菜生产技术示范

重点引进应用福建省农科院 Bt 生物农药；利用养兔场沼液作为生物有机肥料，引进生物磷钾肥、BB 专用肥；同时引进蔬菜有毒物质速测仪器，建立快速检测规程，实行产地检验，减少蔬菜污染，提高蔬菜的质量与生产效益。

五、花卉园艺区建设方案

1. 目标要求

花卉园艺是园区新开发项目，规划面积 100 亩，位于父老水库左侧坡地，与管理中心相对应。近期内，花卉生产重点是围绕园区美化、绿化，配合观光休闲功能区建设，抓好"品种、技术、设施"三大基础建设，实行多元化经营，花木并重，在生产观赏花卉、新潮盆花、礼品花、小盆景的同时，重点生产绿化苗木，为本园区和地方园林化提供多样性苗木。

2. 主要建设内容

(1) 花卉苗圃建设

在本区中部山凹坡地，开辟苗圃地 30 亩，其中露地苗圃 25 亩，大棚温室 5 亩，智能温室（自动控温、控湿、喷灌）200 m^2。主要用于新品种引种、繁殖、育苗和优良品种展示。

(2) 百花园建设

环绕父老水库一侧岸边，面积约 30 亩，园林式布置，着重展示亚热带地方花卉资源和新引种的名贵花卉，呈多形状花坛布局，配以草地、苏铁植物、棕榈科植物，水库边植柳，设置垂钓设施。

(3) 花卉品种引进生产

①盆花类：蝴蝶兰、大花惠兰、文心兰、凤梨科植物；②观叶类：巴西

木、马拉巴栗、棕竹、蒲葵、鱼尾葵、美丽针葵、美洲铁、苏铁、椰子类品种；③观花类：玫瑰、菊花、香石竹、唐昌蒲、补血草、百合、鹤望兰、火鹤花、热带兰、姜荷花、彩色马蹄莲、天堂鸟；④仙人球类品种；⑤绿化苗木：适于本地区的绿化苗木有：a. 乔木：红花洋紫荆、盆架木、榕树、南洋杉、垂柳、白玉兰、芒果、广玉兰、刺桐、洋金凤。b. 开花灌木：比利时杜鹃、海桐、九里香、小腊、福建茶、黄心榕、千头侧柏、洒金柏、龙船花、马缨丹、月季、扶桑、变叶木、金边女贞。c. 草坪与地被物：马尼拉草、大叶油草、百慕大草、狗牙根草、沿阶草、葱兰、一叶兰、马蹄金。d. 水生植物：荷花、睡莲、王莲、黄睡莲、花叶芦竹、西洋水仙。e. 藤本植物：云南素馨、三角梅、常春油麻藤、凌霄、爬山虎。以上品种都可以择优作为商品苗木生产。

六、生态观光休闲区建设方案

1. 目标要求

本区规划面积约200亩，从发挥整个园区的观光旅游资源出发，按照山水相映的景观设置原则，规划"一区两线"的观光休闲格局。①一区依托玉华洞历史文化景观，向右侧山坡沿伸至山谷盆地，在谷底筑坝开辟一个面积20~30亩的玉华湖，利用山谷清新的空气和优美的湖岸风光，以及点缀在山坡林间的休闲建筑物，建成集健身、保健、会议、休闲、餐饮于一体的生态休闲区；②两线，即观光游览线。一是以水景为特征溪间观光游览线；二是以山景为特征的森林步道，形成山水相依、上下呼应、独具一格的观光游览带。

2. 主要建设内容

（1）生态休闲区

本区占地面积约80亩（包括玉华洞）。以玉华湖为中心向上延伸，依次建设以下项目：

水上乐园：利用水面及环绕水面的堤岸风光，设计为本区水上活动的核心场所。将湖岸边石砌后划分为深水区和浅水区两部分。重点布置泛舟、垂钓、水上航模等项目。库边设置若干观景平台、水榭、曲桥深入水面，营造自然生态艺术氛围。

休闲屋：根据客源市场需求顺两侧山坡建设15~20幢单体面积200~

300 m² 的别墅。别墅布局相对独立，配以花坛、草地、健身场所，形成以公共空间和绿地花坛为联系纽带，具有地方建筑特色的生态型别墅群。并在山脊顶上开阔地，建一个会议中心，提供大型会议服务。

(2) 观光游览线

溪涧观光游览线：结合水利建设，自大门入口处顺山谷溪涧经父老水库到白马寺，根据地形落差建筑拦水坝，可形成 5 个梯级小型水库或蓄水水潭，人造深浅、大小各异，经蔬菜设施栽培区直至毛头佛水库，沿线配置观光景点，水中养鱼，种植水生植物、水面庄稼，营造水面的自然野趣，给城市学生或游客营造一处生动自然的生态课场所，也可作为环境保护和生态教育场景。

森林步道：从大门入口处向右至玉华洞，经玉华寺沿玉华山山脊林下修筑石砌林间步道，途经古塔、防火林、北斗垅水坝、毛头佛水坝与水景观光线相连接，形成环绕玉华山的观光游览圈。林间步道设计的景观特色是利用地形地貌造景，尽量与原地形融合为一，构成一条弯曲的林间山路，曲径通幽，让游客穿行林间，领略大自然的风光，享受森林清新的气息。

两条观光游览线各具特色，山上以森林为背景，历史人文为特征；山下以水景为主体，流水潺潺，上下呼应，充分体现玉华山农业园区自然生态的山水野趣。

七、现代生态农业研究开发中心建设方案

园区始建几年来，依托福建农林大学、福建省农科院、福建省中医学院，在黄兔品种改良、兔场管理软件开发、兔病防治以及牧草、枇杷引种栽培等方面，进行过多项试验研究，建立了电脑管理室、兔病研究室、技术培训中心。福建省农科院生态农业研究所和果树研究所都在园区设立试验示范点。这些都为园区研发中心建设打下了基础，形成牢固的科技支撑。

现代生态农业研发中心是园区优良品种和先进技术引进、开发、创新的机构，是园区现代化建设的推动力之所在。在当代激烈的市场竞争中，企业的生存和发展离不开科学技术，组建企业技术开发机构，是为自身发展提供技术保障的重大举措。

园区研发中心建设由一座 600~800 m² 的研发大楼及其周边绿化地组成，位于父老水库右侧岸边，与园区总部办公室（管理中心）、现代生态教育中心

一起，形成园区中心管理区。根据发展需要，内设研发、测试、信息等研究室组。研发中心的任务是围绕本园的发展目标和主导产业，根据国内外市场动态，开展优良品种和先进技术引进、试验，研究解决产业化过程中的关键技术，通过产学研、农科牧结合等形式，承接外来研究课题，开展合作研究开发，不断提高园区的科技水平。近期内要围绕"生态、绿色、健康"主题，重点开展猪、兔、牧草、水果三个产业综合配套技术研究，建设现代化、标准化的果草牧沼良性循环生态产业链，为市场提供一流产品，创一流效益。

八、现代生态农业教育培训中心建设方案

生态农业教育培训中心是园区普及现代生态农业知识和培训人才的机构，也是面向福州市，承接大、中、小学学生校外劳动教育的基地。园区生态农业教育培训中心要以自身科学的内容和艺术的外貌为课堂，在生态产业、生态景观、生态旅游、生态文化、生态保健等领域，通过组织培训班、夏令营、讲座、论坛等方式，开展广泛的宣传教育。特别要面向中小学生，与学校素质教育密切结合，为学生校外劳动教育提供生动活泼的场所。

教育培训中心建设以教育楼为主体，与研发中心相毗邻，内设多媒体教室、多功能会议厅、图书室、展览厅等设施。根据需要建设为中小学生校外劳动提供食宿的配套设施。"中心"可以举办各类专项陈列式展览，如中国农业史、人与自然、环球生态、生态文明、中国生态农业等，集中展示我国悠久的农业史、现代生态观、传播生态农业技术知识；还可以组织开展以科技创新为内容的"科技明星活动"，以劳动生存教育为内容的"五自实践"活动（自学、自理、自护、自强、自律），以团结互爱为主题的"互助活动"等等，培养青少年健康向上的人格意识、生存发展能力，以及热爱自然、维护自然的生态观。

九、环山生态保护带建设方案

1. 目标要求

玉华山是连江县自然风景名胜区，又是福建省二级保护水源区，山上的毛头佛水库，山下的南宫水库都是敖江下游工农业和生活用水的重要水源，其环境生态保护不仅是园区可持续发展的需要，也是建设敖江下游生态屏障的需要。

玉华山在知青农场和自然生态试验场期间就比较重视生态建设，先后种

植一批红豆杉、绿竹、麻竹、黄甜竹等经济植物，植被覆盖度较高。目前对玉华山自然生态保护威胁最大的是屡禁不止的石矿开采，造成大面积植被破坏，具有景观特色的山石被毁，山体滑坡。因此，生态保护和生态恢复任务仍十分艰巨。

园区生态保护应立足于整个山体的植被保护和生态恢复，以山顶造林为重点，处理为保护与开发的关系，结合园区建设，实现对天然次生林和已经营造的经济生态林的全面保育，推动自然植被和人工植被的正向演替，提高生态经济林的单位面积产量和生态保护功能，为其他野生动植物资源的繁衍创造良好的群落生境条件。

2. 主要保护措施

（1）科学规划，合理布局

玉华山园区山地基本上是"W"地貌，由"一峰两垅四面坡"构成。中间主峰玉华山最高海拔 298.5 m，其两侧山垅最低处海拔分别为 158 m 和 162 m，两个山垅的两侧山峰以山脊为界，最高海拔分别为 240 m 和 350 m，整个园区呈南高北低地势，山坡坡度 25°～45°。根据这个地形状态，园区生态环境保护规划环绕玉华山主峰及两侧山坡，建成环山人工生态经济林保护带，形成山顶林带帽，山腰经济林护坡，山脚种菜、种果、种草、养兔，立体种养，综合开发的布局。

（2）造林和抚育并举，优化林种结构

目前玉华山植被外观状况良好，郁郁葱葱，但对其生物资源缺乏了解，应认真做好生物资源和植被类型调查，在了解其种群结构基础上引进优良树种，提高经济和生态效益。①对现有经济林木红豆杉、小径竹等要加强抚育与管理，分区定位，做好分区抚育规划，修建管理道路；②在已暴露地段或疏林地，加快植被更新，有选择地营造一批油茶、锥栗、板栗、肉桂等经济林木；③加强封山育林，保护生物多样性，增加林地物种。

（3）建设生态绿化带

从整体保护观念出发，做好绿化、美化规划，改善园区与天然植被衔接地带动植物生存的空间环境。园区环形干道两侧都要配置行道树或相应绿化树丛，各个建筑物之间要配置草地、花坛，不露地表。

（4）建立珍稀植物园区

园区内种植红松、银杏、秃杉、鹅掌楸、珙桐等具有经济、观赏、保护价值的国家珍稀植物。

(5) 保护生态环境、防止污染

严禁在园区建设带来污染的工厂、放牧、开荒、取土、狩猎、捕鸟、采石。对开采的石矿及其废石场要限期整治，植树覆盖。

(6) 建立管理队伍、完善管理制度

建立生态保护决策机制和专业管理队伍，推行环境良好、生态合理的管理制度，定期进行生态环境评价和环境听证，切实处理好自然保护和其他经营性开发的关系。一切果业、草业、牧业、观光旅游业开发都必须以生态保护为前提，逐步把园区建设主导方向转移到景观生态保护和生态经济建设并举的轨道。

第六节 基础设施建设

一、大门区建设

根据现有地形，大门口设在一级水潭边，其左侧为水潭，右侧为山坡，门宽 10 m，为不锈钢自动拉门，左侧建票房和门卫房，右侧依山坡雕塑浮雕墙，门内 10 m 处有一自然山石，在大门内主干道右侧建一个停车场，面积 200 m^2 左右，周边种树，地面为水泥板间草，减少太阳辐射。

二、道路供水供电系统

园区内部道路分三级：主干道宽 8 m，长约 3 km，水泥路面。园区入口处经父老水库分岔至黄兔产业区和绿色蔬菜区，路边种行道树；园区内小车游览和次要生产干道，连接主干道环绕园区一圈。长约 10 km，宽 3~4 m，水泥路面；观光休闲区路面为精致的水泥板，或石板间草，其余为沙土道路，路边绿化美化。

生活用水设计日平均用水量预测为 625 m^3。果园、菜地等农业用水主要依靠毛头佛水库，水源有保障，但需要建设自流灌溉水系或铺设管道，采用微灌、滴灌等节水灌溉技术。

园区现有供电容量 50 kW，随着建设的需要，拟逐步扩至 100 kW。

三、绿化建设

绿化建设要注重以下几个方面：

大门口区绿化要突出山庄特色，林果花搭配，并与大门造型相衬托。

主干道自东大门至父老水库绿化以单行榕树为行道树，配植黄心榕、马缨丹等开花灌木，两侧边坡作一般护坡绿化处理。

周边种植高大乔木，以利遮阳，地面用嵌草铺水泥砖，以减少太阳辐射。

园内裸露的二级路两侧绿化采用开花小乔木为行道树，同一区间的行道树，用同一树种，以树取路名，如紫荆路、桂花路、紫薇路等等。如果路边已有树木遮蔽，不必再种行道树。

环水库岸边绿化以垂柳为主，配置开花灌木，如桂花、米兰、腊梅及假俭草、沿阶草、麦冬等地被物。

休闲区草坪绿化选用大叶油草、百慕大草、天鹅绒草、或纯种或混播。草坪中适量配置大王椰子、海枣、糖棕等棕榈科植物，结合开花灌木、色叶植物，形成高低错落的棕榈群落。

果园梯壁以百喜草、平托花生等生态牧草护壁，避免土埂裸露、水土流失。

第七节　投资概算

根据规划，初步估算园区建设达成预期目标，约需总投资为 3 200 万元，详见表 7-1。

表 7-1　园区建设投资估算

序号	项目名称	主要建设内容	预计投资额（万元）
1	生态畜牧区	标准化兔舍扩建，放养区建设，兔肉加工厂合资，饲料加工厂扩建、养猪场建设	850
2	牧草产业区	引种，土地整治，节水灌溉设施，草粉加工	50
3	生态果园	枇杷园扩建，老果园改造，橄榄园扩建	120

（续表）

序号	项目名称	主要建设内容	预计投资额（万元）
4	绿色蔬菜区	土地整治，排灌系统整修，塑料大棚等设施，蔬菜加工处理和配送设施	300
5	花卉园艺区	引种，土地整治，大棚设施，园艺工具	120
6	生态观光休闲区	6个水库（水潭）或涧渠建设及景观处理，TDS检测中心，老人保健院、休闲屋、会议中心、森林步道及观光休闲、会议、餐饮等设施	900
7	研发中心	中心大楼及其设施、通讯设备	120
8	教育培训中心	中心大楼，多媒体电教设施，展文厅设备，学生劳动食宿设施等	100
9	环山生态保护带	林木更新，裸露地段处理，保护设施建设	80
10	大门区建设	大门、停车场、票房等	20
11	道路系统	Ⅰ级路、Ⅱ级路修建	120
12	供水和水利设施	自流灌溉渠道，排水排洪渠道，节水灌溉管道，生活洁水设施	140
13	供电设施	电力扩容	60
14	绿化	行道树	20
15	其他	不可预见费、流动资金、利息等	200
16	合计		3 200

第八章 渔业生态农业观光园规划
——以甘文现代生态农业园为例

甘文现代生态农业示范园（简称甘文生态农业园）位于福建漳州龙海市紫泥镇浒茂岛，地处九龙江出海口，东邻厦门经济特区，北接龙海角美开发区，西南紧靠龙海市区。甘文生态农业园区规划总面积为 16 000 亩，重点建设名优水产生态养殖示范区、名优水禽生态养殖示范区、城郊型精致农业示范区、红树林生态保护与休闲示范区、现代集约化畜牧生态养殖示范区 5 个生态种植（养殖）示范区。按照现代生态农业的发展要求，围绕"以市场为导向、以科技为支撑、以可持续发展为目标"的发展思路，从甘文的区位优势和发展基础出发，通过引进优良品种和推广先进科学技术，做到农业开发与生态环境保护相结合，将甘文建成集生态性、生产性和生活性于一体的现代生态农业示范园区。

第一节 示范园区建设的基础

甘文现代生态农业示范园包括甘文农场、军垦农场、巽玉村、金定村和仁和村，耕地总面积 16 000 亩，总人口 1.05 万（均为农业人口），农业劳力 0.609 万。改革开放特别是 20 世纪 90 年代以来，示范园区充分利用地理优势、区位优势和政策优势，大力引进农业优良品种、高新技术设备和资金，改善农田基础设施，不断调整农业产业结构，提升农业生产的层次和水平，已初步形成了生产效益和科技含量同步提高的现代农业生产格局，为发展现代生态农业示范园区创造了有利条件。

一、园区建设的有利条件

1. 自然条件优越，发展生态农业具有较强优势

示范园区生态环境条件良好。属南亚热带海洋性季风气候，年太阳辐射量 100.58~124.35 kcal/m^2，日照时数 2 143~2 171.9 小时，年平均气温 21~21.5 ℃，降雨量 1 350~1 370 mm。光热充足，温度适宜，终年无霜，一年多熟。紫泥岛地处福建第二大河九龙江的北溪、西溪汇集处下游，其中北溪是示范园区的重要直接灌溉水源。区内河网密布，是典型的"鱼米之乡"，有"水乡"之誉。示范园区属九龙江支流西岸的冲积平原——九龙江冲积洲，地势平坦，成土母质系河流冲积物及海积物，发育着乌泥田，部分为灰泥田，土壤质地为中壤。

区内无化工、电镀、水泥等工业污染源，九龙江口有红树林面积 1 000 多亩，是少有的生物多样性农业区域，被列为省级生态保护区。优越的自然条件、良好的生态环境，十分有利于发展生态农业。

2. 区位优势明显，发展休闲农业前景广阔

示范园区位于福建省经济较发达的闽南三角洲，邻近厦门市和漳州市。陆路经龙海市区进入厦漳高速公路及 324 国道，水路距厦门港直线距离仅 6 海里，交通十分便利。

厦门、漳州和龙海市是福建经济较为发达、且发展较快的地区，城镇居民休闲观光有较为充裕的经济条件，这为示范园区将生态农业与休闲观光结合提供了较好的经济基础和广阔的发展前景。

3. 农村经济较为发达，为农业产业化提供了强劲动力

示范园区所在地龙海市经济实力较强，发展基础扎实，已连续 6 年获得福建省经济"十佳县（市）"和"十强县（市）"称号，是全国百强经济大县。示范园区属地紫泥镇是一个典型的水乡之岛，以生产"鱼、米、禽"为主，农业生产条件较为发达。全镇总人口 5.8 万，耕地 3.3 万亩，水面、滩涂 2.8 万多亩。示范园区内农民人均纯收入 4 800 元，位居全市前列，超过全省、全国平均水平，农民生活恩格尔系数为 45%，有意愿也有能力投入现代生态农业建设。近年来，示范园区按照"发挥优势，盘活资源，大户带动，科技驱动"的发展思路，不断加大农业结构调整力度和科技投入力度，农村经济呈现各业协调发展的良好局面。

4. 基础设施逐步完善，为示范园区奠定了较好的发展基础

为加快甘文示范园区的开发，有关部门先后投入大量资金进行基础设施建设，如锦江大桥、川岛公路、排灌设施及海堤达标建设等。特别是经过近三年的农业综合开发，区内路、渠、桥、闸、堤、电力、通信及自来水等基础设施互为配套，其中新建道路网 10 km，排灌渠系 21 km，机耕桥、涵、闸 26 座，电力设施 10 km，机械总动力 21 万 kW，耕地农机总动力 7.2 kW/hm^2，拥有耕作机械 390 台，排涝机械 68 台，居全市之首；岛内 11 万 V 输变电站并入省级电网；电信设施配套齐全，电话扩容 1 万门，发展余量充裕。基本形成"旱能灌、涝能排、田成方、林成网、渠相连、路相通"的标准农田格局。

5. 科教兴农受到广泛重视，十分有利于先进科技成果的推广

示范园区所属市、县、镇都十分重视科教兴农工作。几年来，示范园区建设得到了漳州市、龙海市政府资金、政策等多方面的大力扶持。示范园区被漳州市定位为市级农业现代化示范园区，二级财政计划从每年的财政支出中给予建设补助；同时，农业、交通、金融、科技等相关部门均表示给予技术指导和支持，共同推进示范园区的建设。

示范园区属地紫泥镇的镇、村、户（科技示范户）三级科技示范网络健全，全镇拥有农业专业技术人员 54 人，常年聘请福建农林大学、福建省农科院等农业院校、科研单位的农业专家、技术人才 50 多名。福建农林大学、福建农科院的许多科研成果已在示范园区广泛推广。这些使示范园区实用技术培训、技术开发应用、技术示范推广体系较为健全，在农业结构调整和农业科技推广方面都走在全省前列，优良品种和高新技术在此易于辐射推广。

6. 农业产业化基础较好，有利于推进科学、高效的经营管理模式

紫泥镇近年来水产、水禽养殖发展迅速，已成为二大优势主导产业，形成了规模化的万亩水产养殖区和千万羽的水禽饲养示范园区。同时，农业服务体系较为健全，建立了水产、水禽、莲藕三个专业协会。目前，示范园区农业生产组织化程度居龙海市之首，土地规模经营达 70% 以上。贸工农一体化、产加销一条龙的产业化生产格局初步形成。

二、园区建设的存在问题

1. 农业资源承载过重

紫泥镇地处沿海岛屿，人均耕地与淡水资源相对匮乏，在经济快速发展的同时，由于人增地减、资源过度利用，导致对自然环境损害加剧，农业生态系统退化，农业生产成本越来越高，资源开发与环境保护的矛盾日趋尖锐。

发展现代生态农业，实现农业生产社会效益、经济效益和生态效益的有机统一，进而实现农业生产的可持续发展，是甘文等沿海地区发展现代农业的重要方向。

2. 农产品市场竞争力亟须进一步提高

随着社会经济的发展，人们的食物安全和健康意识日益增强，沿海农业面临难得的发展机遇。一方面，优质农产品将更快捷、更有效地进入国际市场。另一方面，又面临更艰巨的挑战，既要面对国外优质农产品的激烈竞争，又要面对国际不断提高的农产品绿色壁垒。甘文农业示范园区在依靠科技进步、提高农产品质量和效益的同时，必须更加注重防治农业生产造成的污染，加强农业生态环境保护，发展现代生态农业，生产安全、优质农产品，提高农产品的国际市场竞争力。

3. 产业层次亟须提升

紫泥镇得益于地处改革开放前沿的有利条件，农业经济较为发达，农业生产水平与效益较高，农业生产基础较好，农业结构调整步伐较快，现代农业已初具规模，具备了加快发展的条件和基础。随着国民经济的快速发展，以及农产品供求关系从产品短缺到结构性、周期性相对过剩的重大变化，在现有基础上，示范园区亟须依靠科技进步，进一步提高农业生产的科技含量，加快农业结构调整，发展观光生态农业或生态休闲农业，带动二三产业的发展，从而提升农业生产的层次与水平。

4. 农村劳动力科技文化素质偏低

示范园区农业人口中初中以上文化程度的占54%，高中以上文化程度的仅占15%，还有一定比例的文盲和半文盲，农民文化素质整体水平不高，难以适应激烈市场竞争对农业科技的要求。

第二节　指导思想与发展目标

一、指导思想

坚持科教兴国和可持续发展战略，认真贯彻落实党中央、国务院和福建省关于保护和治理生态环境的战略部署，以农业高新技术和良种的引进、示范、推广为手段，以保护生态环境、提高农业综合生产能力和市场竞争能力、增加农民收入为目标，调整、优化农业产业结构，重点培植水产、水禽、蔬菜、生态农业旅游等主导产业，引导园区朝现代化、园林化、可持续化方向发展，将经济、生态、社会效益有机结合起来，实现多种效益的同步提高。

二、规划原则

按照示范园区的指导思想，结合园区的自身特色及客观实际，本示范园区规划原则如下。

1. 统筹规划，分布实施

运用系统论的方法对农业综合体进行多因素、多层次、多方面的综合规划，坚持社会、经济和环境优化的同步发展，对园区内水土保持、生态种植（养殖）、农田基本建设、红树林保护等进行综合考虑，全面规划，既要保证农业综合生产能力的提高，又要注重农业生态环境的保护和改善。

要根据现实需要与资金投入的实际能力，整体统筹，制定规划，确定目标，分步实施。同时，充分利用一切现代化手段将项目所取得的成功经验和成果向周边地区辐射，充分发挥园区的示范带动作用。

2. 因地制宜，突出特色

紧紧围绕现代生态农业主题，发挥甘文自然地理优势，发展生态农业；发挥区位优势，发展休闲观光农业；发挥产业基础优势，发展高效农业。将三者有机结合，提升现有农业产业的层次，加速发展地方特色型的现代生态农业。在项目安排中，突出自然性、地域性、知识性、参与性与趣味性。

3. 依靠科技，持续发展

坚持高标准与高效益相结合，以科技为依托，以效益为中心，坚持技术先进性与适用性相结合，既要体现引进技术、品种的先进性、导向性产生的社会经济效益，又要体现良种与技术引进、示范、推广的经济效益，使农业增产与农业环境保护相统一，实现经济、社会、生态的可持续发展。

4. 以人为本，合理布局

园区建设要把满足示范园区及其周边城乡居民的要求、促进示范园区居民的全面发展作为出发点，把提高人的素质和生活质量作为落脚点，建立以人为本的社会发展体系。在布局安排中，既要根据农业季节性、地域性特点，搞好农业项目本身的品种搭配、种养结合，使之具有科学性、立体性、生态性、常年性和艺术性；又要根据发展观光农业的需求，搞好服务项目、服务设施的设计，使之具有综合性、配套性；同时，在空间上对项目进行合理布局，使之既符合生态农业本身的发展规律，又方便城乡居民的休闲观光。

三、建设目标

1. 总体目标

按照现代生态农业的发展要求，围绕"以市场为导向、以科技为支撑、以可持续发展为目标"的发展思路，从甘文的区位优势和发展基础出发，通过引进优良品种和推广先进科学技术，力求做到农业开发与生态环境保护相结合，合理、充分利用自然资源，加快农业产业的优化升级，形成比较完善的现代生态农业发展体系，实现农业增效、农民增收与农业可持续发展的有机统一、资源开发与环境保护的有机统一，将甘文建成集生态性、生产性和生活性于一体的现代生态农业示范园区。其基本内涵是：按照生态学原理和生态经济规律，因地制宜地设计、组装、调整和管理农业生产和农村经济的系统工程体系，把发展大农业与第二、第三产业结合起来，利用传统农业精华与现代科技成果，通过人工设计生态工程，协调发展与环境之间、资源利用与保护之间的矛盾，形成生态上与经济上两个良性循环，以及经济、生态、社会三个效益的统一。

2. 功能定位

根据现代生态农业发展目标和甘文的实际，本示范园区不仅具有现代农业功能，还应具有生态农业功能。

经济功能：依靠现代科技，发展生态种植（养殖），使示范园区成为绿色农产品生产基地，大幅度提高农业生产力水平和农产品市场竞争力，提高农业生产的经济效益，实现农业增效，农民增收，农村发展。

生态功能：通过农、林、牧、渔业等的有机结合，实现物质良性循环和能量多级利用，达到保护农业生态环境、实现可持续发展的目的。

社会功能：通过生态环境的保护与建设，发展休闲农业，使示范园区融生产、娱乐、科普于一体，吸引城镇居民回归自然，体验农家生活。

示范功能：将示范园区探索成功的优良品种、先进技术和先进管理水平向周边地区辐射，为沿海经济较发达地区发展现代生态农业起到示范带头作用。

3. 具体发展指标

现代生态农业指标由农业现代化指标和生态农业建设指标两部分组成。考虑到本规划期限为5年，一些重要指标如乡镇企业环境污染治理、农村村镇建设、农业人口、农村教育等不在本规划范围，因此确定如下发展指标。

经济发展指标：依靠先进技术和科学管理，使劳动生产率、土地产出率、农民人均收入等均有大幅提高；园区经济实力大幅增强。园区主要经济指标基本达到农业现代化要求的指标值，其中人均国内生产总值为26 000元，农村人均农业总产值为9 000元，农业劳动生产率为56 000元/（人·年），耕地产出率为80 000元/公顷，农民人均纯收入为11 000元，恩格尔系数为41，非农劳力占农村劳动力比重达70%以上。

生态发展指标：通过示范园区建设，促进农业生态环境保护。在较大幅度提高园区农业生产效益的同时，有效保护环境，实现农业生产社会效益、经济效益和生态效益的同步提高，实现农业开发生态性与经济性的统一。示范园区农田林网控制率达100%，水土流失面积控制在1%以下，绿色优质农产品的比例达到90%左右，作物长期土地绿色覆盖率100%，自然灾害成灾率控制在10%以下，农田投入有机肥与无机肥比（按纯氮计算）为1∶1，病虫害综合防治面积占农田总面积的90%以上。

农业科技指标：现代农业科技指标名列福建省前茅。农业良种覆盖率达95%以上，科技进步贡献率达65%以上。农民的生产技能和科技素质得到较大提高，农技人员占农业劳动力比例达2.40%。

农业集约化指标：通过项目的实施，使园区农业产业化基础条件得到较大改善。区内田、路、沟、渠、桥、涵、闸建设互为配套，水利建设全面达标，防灾、抗灾、减灾体系增强，旱涝保收率达90%以上，农业机械化作业率达到80%以上。农村市场化水平有较大幅度提高，示范园区规模生产面积达80%以上，服务体系农户覆盖率80%，主要农产品商品率达85%以上，生物产品加工增值率达50%以上。

第三节　发展重点与产业布局

根据甘文自然条件、资源优势和发展基础，按照现代生态农业的发展要求，甘文现代生态农业示范园区围绕农业生态环境保护、绿色无公害农产品生产、休闲观光农业三大重点，加快发展7大产业。

一、巩固二大支柱产业——水产、禽畜

1. 水产生态养殖

发挥示范园区地处九龙江出海口咸、淡水交汇处，既可发展海水养殖，又可发展淡水养殖的有利条件，以及光热充足、温度适宜、终年无霜的优越地理条件，发展多样性水产养殖，促进水产养殖从传统模式向生态养殖模式转变，通过科学投喂饵料和合理搭配鱼种来实现减污化的生态养殖，生产优质、高效、安全的水产品，增强市场竞争力，实现水产养殖业的可持续发展，推动沿海地区无公害水产养殖业的发展。

规划发展面积7 500亩，主要养殖优质鱼、虾、蟹、贝类等，应用生态混养、优质水产工厂化育苗、水产健康养殖、高位池水产养殖、水产饲料营养物质高效利用等先进适用技术，到2008年，争取水产年产量达到630万kg，年销售收入8 200万元。

2. 水禽生态养殖

发挥示范园区水禽养殖现有的基础（金定鸭良种和养殖技术）优势，发展水禽生态养殖，实现水禽养殖业的可持续发展。通过总结、示范水禽生态养殖模式，生产优质、高效、安全的水禽产品及其加工品，增强市场竞争力，建立起沿海地区水禽养殖业实现可持续发展的生产模式。

规划养殖面积3 000亩。主要示范推广金定鸭、白羽三元杂交鸭、北京鸭等国内外名优鸭良种，以及金定鸭种质资源保护、低胆固醇的保健型蛋鸭新品系培育、白羽三元杂交鸭培育、水禽健康养殖、鸭—鱼（虾）立体生态混养、金定鸭系列产品深加工、饲料营养物质高效利用与新型饲料添加剂的应用、废弃物资源化等先进适用技术。水禽养殖规模达到600万羽，年产优质禽肉1 800万kg，年销售收入达12 600万元。

3. 生猪集约化生态养殖

在甘文种猪基地现有基础上，充分运用先进的设备与技术，提高生猪养殖的科技含量和效益。树立现代生态与环保理念，把养猪场建设与猪场的绿化美化结合起来，建设包括保健牧草在内的防疫体系，与养猪废弃物的综合利用、有机肥的开发、沼气开发利用结合起来，达到经济效益、生态效益、社会效益的统一。

规划用地100亩，年存栏瘦肉猪3 000头。通过引进国内外良种，建立3 000头自繁自养瘦肉型商品猪场，借鉴台湾现代养猪技术，采用全价饲料配方、猪粪尿综合利用、"猪—沼—鱼"生态饲养、生猪健康养殖等先进适用技术，年出栏优质商品猪6 000头，折合优质猪肉54万kg，年销售收入432万元。

4. 奶牛生态养殖

在现有部队农场的奶牛养殖基础上，通过引进、推广优质奶牛和牧草良种，利用园区池塘边角地和埂岸发展牧草种植（包括以中草药为主的保健牧草体系建设），建设农区草业产业链，为奶牛提供青饲料，推广奶牛健康养殖、粪便综合利用和污水处理等先进适用技术，促进奶产业的健康发展。

规划用地300亩，养殖奶牛300头，年产优质牛奶165万kg，年销售收入430万元。

二、发展二大重点产业——休闲农业、农产品加工业

1. 休闲农业

城乡经济一体化是世界经济发展的重要趋势，也是缩小城乡差距的有效途径。龙海市是闽南金三角一颗璀璨的明珠，也是闽南重要的港口城市，社会经济发展水平较高。示范园区根据当地农业发展水平和经济基础，从改善基础设施条件、保护生态环境、发展绿色农产品等着手，提升产业的发展水平和层次。同时，利用示范园区毗邻厦门、漳州等经济较发达城市，拥有省级红树林保护区的有利条件，发展观光农业或休闲农业，吸引城镇居民前往旅游、观光、体验农家生活，带动示范园区二、三产业的发展，解决农村富余劳动力就业，增加农民收入。

2. 农产品加工业

充分发挥示范园区地处厦、漳经济较发达地区，对台对外开放基础较好

的优势，在支持现有锦财食品公司等农产品加工企业的基础上，多方引进资金、先进设备以及农副产品精深加工、保鲜、贮运技术，运用现代加工工艺与管理经验，加强对传统、特色加工品的改造和升级，提高农产品附加值和市场竞争力，提高农业效益。

三、整合三大配套产业——蔬菜、果树、莲藕

围绕现代生态农业发展，加快发展名优特蔬菜、水果、莲藕等的生态种植，以满足休闲观光需要为主线，将三者发展成为一个有机整体，在生产优质、高效、安全农副产品的同时，提供休憩、观光场所，满足城镇居民休闲观光的部分需求。

1. 名特优绿色蔬菜生产

引进日本、台湾小型农机具进行育苗、耕作、管理、采收和运输，发展高产、高效、优质模式化栽培；充分应用有机肥，并根据绿色食品标准要求防治病虫草害，采用高效低毒农药、微生物农药、天敌和抗病虫品种，生产无公害绿色蔬菜；引种一批集种植观赏与实用为一体的名优蔬菜，发展高价值、高档次、反季节蔬菜，为进入生态示范园区观光的游客提供采摘、品尝、观光等服务；与生态旅游结合，为休闲游客提供蔬菜种植的实践体验。

规划面积 400 亩，其中观赏示范 30 亩，生产示范 370 亩。通过引进、筛选国内外特别是台湾地区的蔬菜良种，如网纹甜瓜、樱桃番茄、五彩甜椒等，以及有机生态型无土栽培、蔬菜健康种苗工厂化生产及检验、立式栽培、有机生态型无土栽培、节水滴喷灌、绿色蔬菜生产的生态环境保护与调控、绿色蔬菜生产病虫害综合控制等先进适用技术，年产优质、无公害蔬菜 420 万 kg，年销售收入 350 万元。

2. 名优莲藕生产

在现有莲藕种植的基础上，引进名优新品种和配套的生态种植技术，提高生产效益；延长观赏时间，提高观赏性，丰富生态旅游内容。

规划面积 1 000 亩。主要引进、示范鄂莲四号等优质品种，推广虾—莲藕立体养殖技术等先进技术，年产优质鲜藕 180 万 kg，年销售收入 210 万元。

3. 名优水果生产

规划面积 600 亩。主要引进、种植台湾名优果树良种，注重生产与休闲

观光、生态保护的结合，建立果、草、花配套和设施建设一体化的生态观光果园，使果树林带除具生产性功能外，兼具休闲观光和防护林的作用，年产优质水果54万kg，年销售收入108万元。

四、产业布局

根据产业发展重点，甘文生态农业园区规划总面积为16 000亩，重点建设5个生态种植（养殖）示范区，即：名优水产生态养殖示范区、名优水禽生态养殖示范区、城郊型精致农业示范区、红树林生态保护与休闲示范区、现代集约化畜牧生态养殖示范区。其产业布局结构如图8-1。

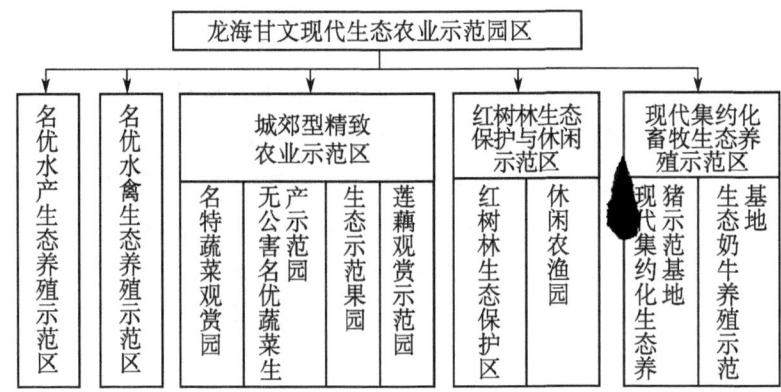

图8-1 龙海甘文现代生态农业示范园区产业布局结构

五、生态循环模式

示范园区通过农、林、牧、渔各业的有机结合，实现物质间的良性循环和能量间的多级利用，通过生产与生态的良性循环及水、林、田、路的综合治理与建设，达到农业资源最优化利用和农、林、牧、副、渔各业协调发展，力求实现农民收入最多，单位土地产出率最高，并保护土地、水及生物资源，从而实现可持续发展。其生态循环的主要过程是：利用水禽、水产养殖池塘埂（壁）及果园种草，以草喂养奶牛、生猪、水禽和部分鱼类，并作为绿肥培肥果园；利用奶牛、生猪粪尿生产沼气，作为生活和生产能源，以沼渣作为牧草、果树、蔬菜和莲藕养殖的有机肥，猪尿水经无害化处理后，作为部分鱼类的营养料。其循环模式见图8-2。

第八章　渔业生态农业观光园规划

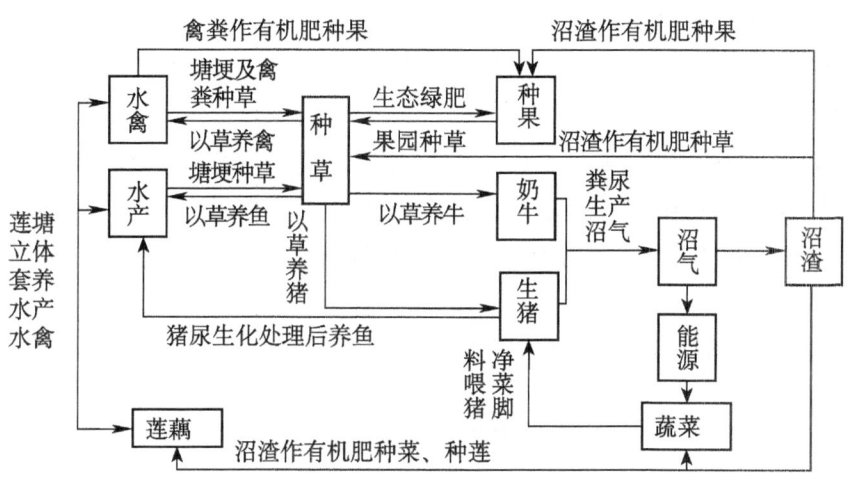

图 8-2　示范园区生态循环模式

第四节　重点建设项目

一、名优水产生态养殖示范小区

1. 小区功能

生产功能：通过生态养殖，生产优质、高效、安全的水产品。

示范功能：总结、示范水产生态养殖模式，推动沿海地区水产养殖业实现可持续发展。

休闲观光功能：通过池塘整治、道路绿化等生态环境建设，将示范园区生产与休闲观光相结合，吸引城镇居民前来休闲垂钓，促进示范园区二、三产业的发展。

2. 主要引进、示范品种

鱼类：牙鲆、七星鲈鱼、红鳍等。

虾类：斑节对虾、中国对虾、中国龙虾、罗氏沼虾、青虾、红螯螯虾、刀额新对虾、南美白对虾、海南沼虾等。

蟹类：锯缘青蟹、溪乾红虫寻等。

贝类：牡蛎、缢蛏、鲍、珍珠贝等。

3. 主要建设内容

标准化鱼塘整治与建设：以甘文水产养殖场为载体，改造和整治5 900亩水产基地。

建立水产良种中试基地500亩，高位池水产养殖示范100亩。

加强配套完善的排灌设施和道路设施建设，提高防汛、防潮、防污能力。

以甘文南口水产育苗场为龙头，扩建标准化、工厂化，优质水产育苗池10亩。

进行鱼塘埂绿化与标准化管理房建设。

二、名优水禽生态养殖示范小区

1. 小区功能

生产功能：通过生态养殖，生产优质、高效、安全的水禽产品及其加工品。

示范功能：总结、示范水禽生态养殖经验，建立沿海地区水禽养殖业实现可持续发展的生产模式。

休闲观光功能：通过引进国内外各品种鸭及其配套的健康养殖技术，建立观赏型鸭园，并逐步将其建设成国内唯一的鸭博物馆，吸引城镇居民前来休闲观光。

科普教育功能：通过金定鸭种质资源保护中心、观赏型鸭园等建设，使示范小区成为人们了解水禽养殖的科普教育基地，丰富休闲旅游的内容。

2. 主要引进、示范良种

金定鸭、白羽三元杂交鸭、北京鸭、樱桃谷鸭、番鸭、半番鸭、绍兴鸭、山麻鸭、连城白鸭、野鸭、美国枫叶鸭、克里莫鸭、天府鸭、荆江鸭、攸县麻鸭、三穗鸭、康贝尔鸭等。

3. 主要建设内容

建设规模化养鸭基地，整治、新建规范化鸭池3 000亩。

建设金定鸭种质资源保护中心和现代化育种研究中心1 000 m^2。

建设标准化鸭棚100座，8 000 m^2。

购置孵化及加工现代化设施20台（套）。

建设观赏型鸭园，面积500亩。在原2公里养鸭走廊的基础上，新建标准的鸭驯化园、观赏鸭园和水上观赏走廊。

进行鸭池埂绿化。

三、名特优蔬菜观赏园

1. 主要功能

以蔬菜良种引进为重点，结合园区其他项目，引进世界各地新、奇、特的蔬菜品种供游客观赏和食用，使之成为一个娱乐休闲的好去处。

2. 主要建设内容

一是建立6 m×30 m镀锌管大棚50个，主要用于蔬菜工厂化育苗、新品种引进试种、无土栽培示范以及设施反季节蔬菜栽培示范等。

二是进行土壤改良，充分利用园区鸭场、猪场、奶牛场的畜禽粪便以及淡水塘泥来进行改良。

三是引进、筛选蔬菜新品种，进行示范、推广。拟引及筛选的特色瓜菜良种有：网纹甜瓜、樱桃番茄、五彩甜椒、小型西瓜、西葫芦、紫甘蓝、加工及鲜食兼用型黄瓜等。

四、无公害名优蔬菜生产示范园

1. 主要功能

发展高价值、高档次以及反季节的绿色蔬菜，为进入生态示范园区观光的游客提供采摘、品尝、观光等服务；与生态旅游业结合，为城镇休闲游客提供蔬菜种植的实际体验。

2. 主要建设内容

土壤改良：充分利用园区鸭场、猪场、奶牛场的畜禽粪便以及淡水塘泥，对园区盐碱较重的土壤进行改良。

名特优蔬菜引种示范：通过瓜菜名优新品种的引进、试种、观察与推广，以及先进栽培技术的应用，促进本地及周边地区种植结构调整和品种的更新换代。

主要引进的蔬菜新品种有：白菜类、瓜类、豆类、茄果类、甘蓝类、绿叶蔬菜等。

五、莲藕观赏示范园

1. 主要功能

生产功能：引进名优新品种，生产名优绿色莲藕产品，供应市场和游客。

观光功能：充分利用莲花的观赏性，丰富示范园区农业生态景观。

2. 主要引进品种

鄂莲四号、武植 2 号、3735、湘莲、白花建莲等。

3. 主要建设内容

建设长 500 m、宽 10 m、深 0.5 m 的浅水田 10 个，用于莲藕的引种试种和观光。

建设标准化莲塘 900 亩。

建立深水塘 4 个，用于莲藕的生产示范并供游客乘船观赏。

修建 3~5 座观光凉亭。

进行塘埂绿化。

六、生态示范果园

1. 主要功能

生产功能：引进、种植在闽东南沿海引种成功并有较高价值和市场前景的台湾果树，提高水果的市场竞争力。

观光功能：与生态旅游结合，丰富休闲景观；③生态保护功能：果树林带兼具防护林作用。

2. 主要建设内容

一是引进品种。主要引进品种：重点引进台湾新兴名优果树品种，如印度枣、红龙果、白柿、甜柿以及菠罗蜜等新品种，还可引进台湾颜色极红耐贮藏的大（深）红色及经济价值较高的粉红色莲雾品种，如"黑珍珠"、"钻石"等良种。果园内引进的品种应注意体现各种果树的规模效应，保证四季有果。果林中留有人行道和一定面积的空地，以便于人们休闲观光。

二是建设复合型生态果园。在果林内套种豆科牧草良种，利用豆科牧草的固氮效应为果树提供氮肥，为畜牧业提供食物，同时还可美化环境，既可增加经济效益，又可实现生态保护，建立起果—草—牧—沼的生态循环模式（图 8-3）。

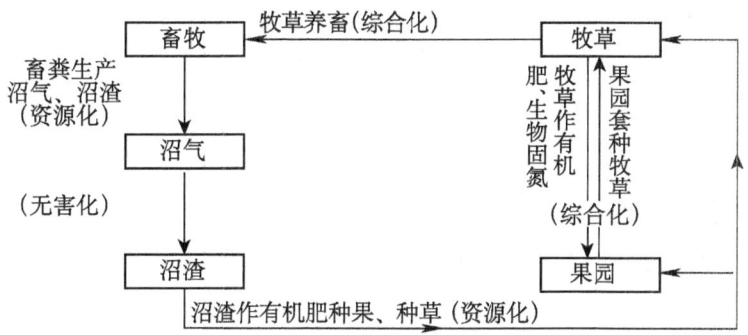

图8-3 生态果园生物间的良性循环利用模式

七、红树林生态保护与休闲示范小区

1. 主要功能

生态保护功能：红树林生长于陆地与海洋交界带的滩涂浅滩，是陆地向海洋过渡的特殊生态系，生物资源量非常丰富，是各种海鸟的觅食栖息、生产繁殖的场所，也是候鸟的越冬场和迁徙中转站。红树林还具有防风消浪、促淤保滩、固岸护堤、净化海水和空气的功能。龙海紫泥红树林保护区占地面积1 000亩。本示范园区通过对现有红树林的保护、扩大现有红树林的种植面积等措施，对沿海生态资源保护具有重要的意义。

科普教育功能：红树林是一种稀有的木本胎生植物，我国红树林共有37种，龙海紫泥红树林保护区现有3个红树林品种，本示范园区的建立将大大促进人们对红树林重要性的认识和保护意识。

休闲观光功能：将红树林观光与邻近的休闲农渔园相结合，发展休闲生态旅游，将小区建成集农科教、生产、观光休闲、生态保护为一体，专业性与高新技术相结合的多功能、多形式的生态休闲农业科技示范中心，成为人与自然、人与生态相互沟通、有机融合的生态旅游场所。

2. 主要建设内容

扩大红树林面积：在3年内人工种植2 000亩红树林，使示范园区红树林面积增加到3 000亩的规模。

科普教育馆与观景塔：占地面积100 m^2，其中建筑面积为下部4层各50 m^2，顶部观景塔高4 m。主要用作接待室、展示厅、红树林生态系统标本馆、资料馆和红树林研究站等。

海上观光设施：配备 3～5 艘游艇，沿海沟深入红树林观赏和研究。

休闲农渔园：在靠近红树林保护区的防洪大堤内侧，规划 1 000 亩的休闲农渔园，开展鱼、虾烧烤与垂钓等活动，为城乡居民提供农业体验和垂钓娱乐休闲。园内养殖各种集经济效益与观赏性于一体的海淡水混养鱼类，如"石斑鱼"、"海鳗"、"美国红鱼"等。

八、现代集约化生态养猪示范基地

甘文种猪场地处甘文现代农业示范园区内，占地 20 000 m^2，拥有规范化猪舍 4 000 m^2，是福建省农业厅二级种猪场，国家出入境检验检疫局定点供港猪场。猪场按福建省、市关于九龙江流域水环境综合整治的要求，对污水采用综合利用和达标处理相结合的办法整治，使污水排放达到 GB18596 - 2001 的标准要求。

种猪场基础设施建设已基本完成，今后主要完善以下配套工程建设：

配套肥料生产设备：主要包括烘干机、输送机、破碎机、堆肥质检仪器等，利用猪粪尿等生产有机肥。

养殖场的环境绿化美化工作：在猪场内外以及场内各栋猪舍之间种植常绿的树木及各种花草，既可美化环境，又可改变场区的小气候，减少环境污染。种植芒果、夹竹桃、美人蕉等植物，可以吸收空气中的有害气体，使氨、硫化氢等有毒气体的浓度降低，提高场区空气的质量。场区内绿地草种可选用结缕草、马尼拉草、平托花生、百喜草、百慕大草等；绿化树种可选本地化树种与引进树种相结合，本土树种可选用榕树、龙眼、荔枝、重阳木、台湾相思、桃金娘、夹竹桃等乔灌木，引进一些棕榈科植物，如：大王椰子、假槟榔、华盛顿棕、皇后葵等。花灌木用扶桑、红桑、美人蕉、马缨丹、杜鹃。污水处理水面可用凤眼莲。

加强猪粪尿综合再利用：其主要技术流程见图 8 - 4。

九、生态奶牛养殖示范基地

规划建设 5 个示范片：牧草生产示范片、奶牛繁殖片、奶牛养殖片、奶牛疾病防治隔离片、奶牛排泄物综合利用及污水处理片。

1. 牧草生产示范片

利用整个示范园区塘埂绿化、果园套种等生产牧草，供奶牛食用。示范

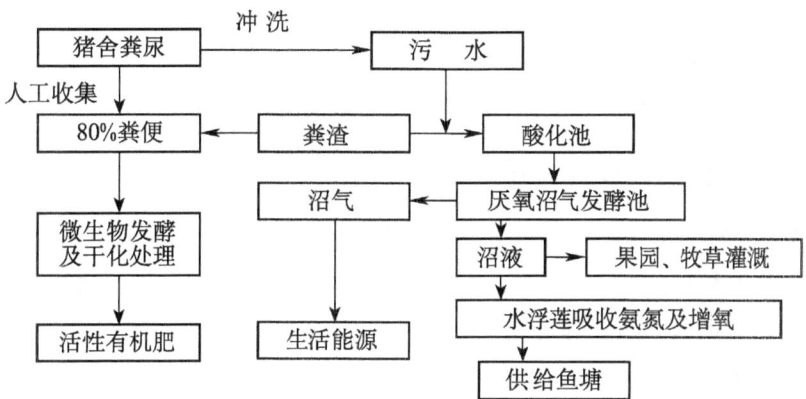

图 8-4 猪粪尿综合再利用主要流程

园区现有水产养殖 7 000 多亩，金定鸭养殖水面约 3 000 亩，共计水面 10 000 亩，可利用的池塘边角地和埝岸约 1 000 亩（含塘埂坡面）、果园地面 600 亩，可用于种植多年生牧草或一年生的黑麦草。

主要推广的牧草良种有：杂交狼尾草、南非马唐、羽叶决明、黑麦草等。牧草与养殖业形成如下生态循环利用：鲜草养牛→牛粪→沼气→沼渣→种草

2. 奶牛繁殖片

主要用于奶牛分娩、分娩母牛的恢复及牛犊的乳育。与养殖区隔离，有利于防止母牛和牛犊染病。初产奶牛在繁殖区饲养 15～20 天后，根据产奶量投入相应养殖组群。需建设牛棚 100 m^2、配套运动场 200 m^2。

3. 奶牛养殖片

计划养殖 300 头奶牛，并采用牛群饲养法。为了管理方便，将正常奶牛分成三组，即高产组、中产组及低产组。需建设牛棚 3 座，每座 500 m^2，共计 1 500 m^2，配套建设 3 个运动场，每个 1 000 m^2，共计 3 000 m^2。

4. 牛病防治片

该区除了用于病牛治疗外，也是对奶牛检疫的工作场所，定期或不定期地对奶牛进行健康状况检查和建立犊牛免疫程序，做好牛球虫病等寄生虫病的防治和口蹄疫等主要传染病的防疫监测工作。需要牛棚 30 m^2，兽医工作室 100 m^2。

5. 粪便综合利用和污水处理量

对养殖场产生的污水进行物理和生化处理，使其达到农用无害化灌溉标准。需要建设污水沉淀及过滤池 40 m^2，并设 60 目筛网的格栅一道，75 m^2 的

酸化调节池 1 座，50 m³ 贮气柜 1 座，100 m³ 的厌氧沼气池 3 座，共计 300 m³；这些池可以建在 4 000 m² 的干化场下方，而不需新场地。但在污水收集管网中必须实现雨、污水分离收集，以增加污水处理量。

十、配套基础设施建设

为了使项目区更好地发挥作用，产生更大的社会、经济和生态效益，在建设 5 区 9 大重点项目的同时，同步做好交通、绿化等配套工程建设。

1. 示范园区科研管理培训中心

（1）中心功能

规划用地 100 亩。科研管理培训中心主要功能如下：

管理功能：加强对示范园区建设及运行的管理。

技术服务功能：加强科技信息的培训与教育，提高管理者和农民素质。

产品营销功能：及时向农民提供各种准确的产品供求信息；组织示范园区内特色农产品及外来特色的农产品展示、销售，维护产品形象。

生活服务功能：供游人休憩、餐饮。

（2）中心体系建设

①信息网络体系：建设信息服务站 100 m²，通过因特网等现代科技手段，建立示范园区信息中心及产品营销网络中心，为示范园区农产品的供求、市场、价格等提供及时的信息动态，引导和指导农民调整种养计划，减少种养的盲目性和风险性，以获得最大的经济效益；②科技培训体系：以甘文科技中心为载体，重点建设农业培训中心 1 200 m²，配套多媒体电教设备，组织示范园区农民进行全员培训，提高示范园区农民接受新技术的能力；③病害检测中心：重点建设水产、水禽病虫害监测站 100 m²，配备现代化安全检测仪器设施，为项目区的环境水质、产品质量、病害检测等提供安全生产服务；④休闲服务中心：重点建设园区名优产品销售、餐饮等设施，为游人提供休憩、购物、餐饮等生态旅游配套服务与活动场所。

2. 防洪大堤与观光大道

建设 4 km 防洪海堤，宽 6 m，以完善甘文开发区的防洪特性，为水产养殖和农业生产提供保障。同时，在大堤上配备休闲设备，供游客观光休闲使用。

3. 机耕路网建设

包括 7 km 主干道硬化、8 km 二纵二横机耕路路网连接和 4 km 环岛内平台公路。

4. 水利配套工程建设

建设主排灌渠道14 km，修建水闸4座、机耕桥8座，港道清淤改造5 km。

5. 农用电力设施工程建设

架设农用输变线路12 km，变压器增容600 kV。

6. 旅游码头

建设500 t位旅游码头1座。

7. 环境美化

在项目区周边及田间道路、机耕路、排灌渠两侧种植防护林，并间种防风、观赏性较强且有一定经济价值的林木、果树，形成集经济生产、引种示范、防风、水土保持、休闲观光为一体的现代果林示范小区。

在抓好农田防护林建设的基础上，重点对项目区的环境进行绿化、美化建设。主要包括草坪绿化，造景植树，种植配景植物、配景观花、观叶灌木及草本花卉、地被、藤本植物、绿篱花篱植物，配设园林小品等。

树种以木麻黄为基础，间植经济林，在示范中心内形成错落有致，集防风、观赏及经济三位一体的防护林带。

生态绿化要求"三化"：①树种本土化：绿化是百年大计，原生树种能适应当地的风土条件，抗性强，生长强健，寿命长，应作为首选树种；也可适当采用一些引进多年，经驯化的树种；②树种多元化：为营造生态绿化的环境，在适地适木的原则下，将不同性质的植物组合起来，建造多元化的复层园林。如将生长快速的树种与生长迟缓的树种、落叶树种与常绿树种、深根性树种与浅根性树种、观花植物与观叶植物混合种植；③地表铺面透水化：为保证和改善土壤的渗透功能，铺面工程应尽量采用多孔质的高压连锁砖、植草砖、碎石、自然石等材料。

第五节 重点项目投资概算

本项目投资估算以拟定的建设方案和标准为编制依据，根据项目特点，参照类似项目的投资水平，并考虑龙海市物价行情及项目地具体条件对投资的影响。

示范园区总投资14 190.9万元（不包括土地、投劳、原有设施等费用）。其中固定资产投资3 278.7万元，占总投资的23.1%，递延资产投资351万元，占总投资的2.48%，流动资产投资10 561.2万元，占总投资的74.42%。详见表8-1。

表8-1 重点项目投资概算

序号	名称	规模	单位	投资额（万元）	备注
1	基础设施与生态环境建设			1 274.5	
	主干道	7	km	300	固
	排灌渠	14	km	200	固
	电路建设及改造	12	km	60	固
	防护林种植			33	固
	道路绿化	7	km	31.5	固
	机耕路	8	km	80	固
	水利配套工程			100	固
	平台公路建设	4	km	120	固
	港道清淤改造	5	km	50	固
	甘文旅游码头建设	500	吨位	300	固
2	名优水产生态养殖示范	6 500	亩	3 722.8	
	标准池塘整治与建设	5 890	亩	117.8	固
	良种中试基地	500	亩	10	固
	高位池水产养殖	100	亩	200	固
	优质水产育苗池	10	亩	100	固
	鱼塘埂绿化	1 000	m²	15	固
	标准化管理房			30	固
	水产种苗及饲料等农资			3 250	流
3	水禽生态养殖示范区	3 000	亩	6 799	
	养鸭基地（规范化鸭池）	2 500	亩	125	固
	现代化育种研究中心	1 000	m²	158	固
	标准化鸭棚	8 000	m²	16	固
	产品加工设施建设			100	固
	观赏鸭园建设	500	亩	100	固
	饲料等农资	600	万头	6 000	流
	鸭苗等流动资金投资	600	万头	300	流

（续表）

序号	名称	规模	单位	投资额（万元）	备注
4	城郊型精致农业示范区	2 000	亩	276	
	大棚设施	50	个	90	固
	滴喷灌系统			20	固
	深水渔塘	7 500	m³	15	固
	土壤改良	400	亩	4	递
	品种引进			15	递
	名特优蔬菜观赏园	30	亩	3	流
	无公害名优蔬菜示范园	370	亩	37	流
	莲藕观赏区	1 000	亩	50	流
	名优生态示范果园	600	亩	42	流
5	红树林生态保护区	4 000	亩	405	
	新增红树林保护地	1 000	亩	150	固
	教育馆等建筑设施	200	m²	15	固
	其他设备设施			20	固
	休闲农渔园池塘整治	1 000	亩	20	固
	休闲农渔园种苗及农资			200	流
6	生态养猪示范基地	100	亩	481.2	
	生猪粪尿综合利用设备			60	固
	猪场绿化	10	亩	10	固
	良种引进	320	头	32	递
	商品肉猪	6 320	头	379.2	流
7	生态奶牛养殖示范基地	300	亩	627.4	
	奶牛牛棚	1 600	m²	19.2	固
	运动场	3 200	m²	16	固
	污水处理干化场	4 000	m²	2	固
	其他处理池	465	m²	18.6	固
	防治片牛棚	30	m²	0.6	固
	工作室及医疗检测设备		m²	31	固
	奶牛引种	300	头	300	递
	精饲料费用	300	头	240	流

(续表)

序号	名　称	规模	单位	投资额（万元）	备注
8	科研管理服务中心	100	亩	205	
	信息网络体系建设			15	固
	产业化科技培训中心	1 200	m²	60	固
	管理服务中心绿化	30	亩	30	固
	病害检测中心	100	m²	30	固
	生态旅游服务体系			10	固
	科技推广建设	3 000	人次	60	流
9	其他费用			400	
10	合　计			14 190.9	

第六节　政策措施

一、加强组织管理，确保规划实施

为了保证示范园区建设的顺利开展，实现预期的经济、社会和生态效益，由龙海市有关领导及市、镇有关部门组成示范园区领导小组，下设办公室，具体负责项目实施过程中的统筹和协调工作，解决项目实施过程中的重大决策问题，落实项目建设资金，监督和检查项目的实施。

项目执行单位紫泥镇政府具体负责园区的建设和维护等工作，项目建设完成后接受项目领导小组验收和上级验收。

项目协作单位甘文农场、军垦农场、龙海市锦财食品有限公司为自主经营、自负盈亏、独立核算的企业法人，根据项目领导小组的要求，按照园区发展规划执行产业化等生产任务。

项目技术依托单位福建省农业科学院负责成立专家顾问组，其任务是加强技术指导服务，负责跟踪项目实施过程中各个产业的技术状况；为项目领导小组技术决策提供咨询服务；协助园区管理机构开展科技培训等。组织结构见图8-5。

各有关单位要以高度的责任感，切实把农业生态环境建设作为一件大事

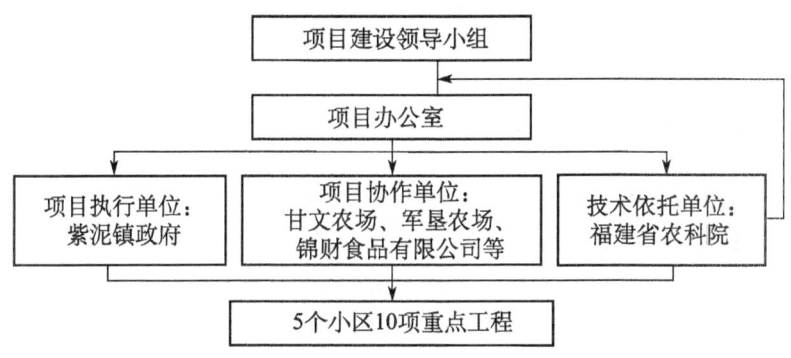

图 8-5 示范园区组织结构

来抓。要广泛宣传，强化农民的生态环境保护与建设意识，采取积极有效措施，保证规划目标的实现。各部门应密切配合，各司其职，形成合力，精心组织实施重点工程建设。

二、以科技为先导，大力推广先进适用的科学技术

加快推广农业生态环境建设的先进适用科技成果与技术；加强水土保持、生态农业、环境保护等方面科技知识的宣传和普及，举办科技培训，培养和造就多层次的生态环境建设人才，提高农民科技素质，确保各项新技术措施在生产中得到落实；稳定市、镇、村三级科技队伍，壮大科技力量；依托福建省农科院、福建农林大学、漳州市农科所等高层次科技力量，在项目的辐射区域建立起功能齐全的农业技术服务站，并在专家组的统一协调下，有计划地开展技术服务工作，促进示范园区的农业优新品种技术向周边地区辐射，完善生态环境监测。

三、建立多元化投入机制，保证稳定的资金来源

坚持多渠道、多层次、全方位筹集建设资金。各级财政要加大农业生态环境建设资金投入。加强信贷对生态园区建设的支持，增加中长期信贷投入，并给予一定的政策支持。积极开辟新的投资渠道，逐步建立起以国家投入为主导，地方和社会投入为主体，其他投入为补充的多元化投入机制。园区建设采取"国家引导，配套投入，民办公助，滚动开发"的投入机制，即"部门投入一点，招商引资一点，群众自筹一点，向上争取一点"的办法，多渠

道筹措资金。政府投资的重点是基础设施建设；引进企业资金进行项目开发；农户投工投劳。

四、抓好工程管理，确保工程质量

各有关部门应根据示范园区建设规划，抓好重点项目的前期工作，严格执行基本建设程序，强化重点工程建设的监管，实行按规划立项，按项目监管，按设计施工，按效益考核。要建立和完善质量管理和技术监督体系，严格执行项目法人责任制、招标投标制、建设监理制、合同管理制和竣工验收制等各项规章制度，定期对工程建设情况进行检查、考核和评估，确保工程质量。

五、建立科学的利益分配机制与经营管理机制

园区的利益原则必须是风险共担，利益共享。具体操作可通过签定合同等方式来规范双方的权利与义务。

园区系多种所有制，采取多种经营形式。核心区作为农业优良品种和新技术的示范基地，将不断带动周边地区的推广应用。完善经营管理机制：①强化示范园区的内部经营管理，特别要借鉴台湾有效的管理办法，用现代企业制度管理农业，推进农业经营机制的创新；②建立产供销一体化运行机制，采用企业＋基地＋农户的农业产业化形式，企业为农户提供优良种苗、技术指导等服务，农户承担生产，示范园区产品产出后，组织加工、包装、销售。

第九章　生态农业科技园规划
——以向阳农业生态科技园为例

福建省惠安县向阳农业生态科技园（简称向阳农业生态科技园），以惠安县黄塘溪上游笔架山的绿色山川为背景，以东南沿海丘陵山地农业综合开发为主线，通过与福建省农科院协作建立福建省野外科学研究基地——"泉州丘陵山地农业生态过程试验站"，组织开展闽东南沿海丘陵山地农业生态过程研究与良好生态环境再造，发展多元化的生态农业经济。项目规划面积2 520亩，重点组织实施"151"农业生态科技示范工程，即1个泉州丘陵山地农业生态过程试验站（丘陵山地水土保持科技园），5个功能区（生态园林观光区、设施园艺区、森林养生康复区、科普健身区、立体种养区），1个中心（管理服务中心）。园区立足惠安，面向"海西"，以科技实验创新为先导，以发展生态农业和生态旅游业为目标，建设集研究、实验、生产、观光、休闲、科研与生产密切结合于一体的生态农业综合开发基地。

第一节　建设的背景和意义

一、转变农业增长方式，推进惠安都市型农业发展

惠安县地处泉州市洛江区和泉港区之间，随着泉州市中心城区的大范围扩张、泉州湾城市圈的形成和泉州台商投资区立项建设的启动，以小规模、肩挑手提为特征的传统农业生产方式已远远不能适应城市化发展的需要，传统农业与现代工业并存的二元化社会经济结构即将成为制约惠安经济持续发展的瓶颈，因而统筹城乡发展，加快惠安都市型农业建设，促进农业增长方式转变，拓宽现代农业发展空间，已日渐迫切。

都市型农业，是面向城市为城乡居民提供优质服务的科技农业、设施农业、安全农业、观光休闲农业，其特征是农业产品多元化、优质化；农业生产工具设施化、机械化；农业经营方式企业化、集团化。都市型农业着眼于健康、文明、富裕的目标开拓，既为城市居民提供优质、安全的农产品，又为城市居民营造良好的生态环境和生活空间。国内外经验表明，建设观光休闲农业园区是现阶段发展都市型农业的重要模式和有效途径。因为观光休闲农业能够为农村引入现代商业、酒店、宾馆、通讯、金融、交通、文化等现代化生产要素，促进农业从第一产业向第二、第三产业转变，吸纳农村剩余劳动力，加快农村城市化进程。

由于城市人群集聚、交通拥挤、环境污染、节奏紧凑，人们的心理和生理压力日益加大，向往自然，回归自然，追求空气清新、环境幽静、景色宜人的山野田间生活，已成为当今的时尚。向阳农业生态科技园区将立足农业面向城市，引入"融于自然、健康长寿"的经营理念，用科学的内容、艺术的外貌，生产一流农产品，创一流生态休闲农业，最大限度适应新时代都市人们生活的新追求，为泉州市乃至闽南三角地区城乡居民提供一流的生态服务。

二、探索红壤丘陵生态过程规律，为资源开发利用提供科学依据

福建省丘陵山地面积占土地总面积的84.1%，其中红壤丘陵山地占68%，多数集中在闽东南沿海经济发达地区。这些地区由于林分结构不合理，山地开发利用不当，生态环境脆弱，水土流失严重。2010年全省水土流失面积占土地总面积的8.1%，其中五分之一是由于不合理开发利用造成的。因此，探索沿海红壤丘陵山地环境质量演化规律和整治修复途径，提出科学合理的对策措施，是事关闽东南地区经济社会可持续发展的重大课题。2005年以来，国家科技部、农业部先后在全国设立120多个野外观测站，其中福建省只有一个。农业生态环境野外观测研究滞后，已直接影响到福建省丘陵山地资源的保护和利用。通过向阳农业生态科技园区的规划建设，与福建省农业科学院农业生态研究所协作建立"泉州丘陵山地农业生态过程试验站"和"水土保持科技园"，可以在较大地域尺度上研究红壤丘陵山地生态过程的变化规律，积累大尺度、长系列数据资料，深入研究改善丘陵山地生态系统可持续性的途径和方法，并建立可供借鉴的治理模式，为有效解决福建省沿海

丘陵山地农业生产和生态的实际问题，提供科学依据和典型示范。

三、加强洛阳江上游生态保护，为流域提供良好的生态屏障

黄塘溪是惠安县第一大溪流，长 23.7 km，流域面积 13 844 hm^2，年平均径流量 8 684 m^3。黄塘溪又是洛阳江的重要支流和泉州湾海域的上游，发源于惠安县笔架山，经紫山镇、黄塘镇后，在洛阳镇内注入洛阳江并与晋江汇合入海形成泉州湾海域。多年来由于洛阳江上游不合理的山地开发和沿岸浅海滩涂围垦，洛阳江波浪滚滚的江面不见了，著名军港后渚港每年以 1 m 左右的速度变浅，泉州港被迫外移，泉州湾南北两岸红树林衰竭，大米草入侵，水环境恶化，赤潮时有发生，这种状况与包括黄塘溪在内的洛阳江上游山地生态破坏不无关系，维护洛阳江上游良好的自然生态系统迫在眉睫。

向阳农业科技园区地处黄塘溪上游，北枕笔架山，南依黄塘溪，包括生态保护区在内占地 2 520 亩，既是黄塘溪上游自然生态系统的核心区域，又是惠安龙潭水库和尾山水库的集水区，其生态区位十分重要。园区建设将在循环经济原理指导下，致力于自然生态资源的维护和永续发展，保护自然植被和生物多样性，提高黄塘溪上游生态系统的稳定性，遏制水土流失，保护泉州湾水环境。

四、引入现代园区经营理念，促进跨越式发展

向阳林果综合场的前身是向阳林场，始建于 1972 年，1995 年更名为向阳林果综合场，30 多年来几经波折，虽然已经取得很大业绩，在果树引种栽培、生态果园建设、水土保持、种养结合、科普培训等方面积累了丰富的经验，但在地区经济快速发展的新形势下，也面临着许多新的挑战，其突出表现是内涵与目标、结构与功能已越来越不能适应城市化发展和人们生活消费的需要。要求得更大的发展，必须锐意改革、创新和开拓，依靠科技进步，调整优化内部结构，拓宽发展空间，创新经营体制和机制。园区农业是现代农业与旅游业的有机结合，是都市农业的新兴业态，是建立在经济、社会、自然复合生态系统基础上的农村第三产业。从向阳林果综合场向向阳农业生态科技园区转变，不是简单的名称更替，而是对传统农业经营体制和机制的一种创新，包括农业功能和目标创新，产业组织和技术与管理创新等。这种创新势必推动向阳农业生态科技园区的跨越式和可持续发展。

第二节 基础条件分析

一、有利条件

1. 自然地理区位优越

向阳农业生态科技园区位于惠安县西北部紫山镇，背靠惠安县最高峰笔架山（海拔756 m），距惠安县城17 km，距泉州中心城区35 km。园区周边有4万多亩国家级生态保护林和两座300万 m^3 以上的大中型水库。气候温暖湿润、林木茂密、四季常青，属南亚热带气候区福州—晋江热二级副区，海洋性气候特征明显，年平均气温17.2~20.8 ℃，年均降雨量1 200~1 400 mm，年均日照时数2 206小时，年均太阳辐射总量748 kJ/cm^2，无霜期306天；水资源丰富，交通便捷，距福厦高速公路口约10 km。

2. 园区建设初具规模

园区内现有果林面积2 520亩，其中林地800多亩、龙眼园600亩、余甘园200亩、油茶园600亩、枇杷园100亩、杨梅园200亩、种苗基地20亩以及亚热带水果香蕉、番石榴、荔枝及芒果等品种观赏园；果园内部套种豆科绿肥和优质牧草圆叶决明和百喜草；还饲养黑山羊、优质土鸡、肉猪、牛等；并根据笔架山区域鹅掌木多的特点放养蜜蜂，生产有特色的半岭冬蜜。近年来荣获福建省农村青年科技创业示范基地、农业部科技示范场、全国新农村科普示范基地、福建农科院牧草繁育及其综合利用示范基地、泉州市龙眼生产示范场等荣誉称号，是一个集品种良种化、生态良性化、管理科学化的现代农业生产基地，初步形成了一大特色（生态绿色无公害产品）、二大品种（研究推广果树新品种、牧草新品种）、三大模式（水土保持坡改梯模式，果—草—牧—沼生态果园循环体系模式，果树矮化、速生、早熟生产模式）、四大技术（晚熟龙眼种穗快速繁育技术、果园节水技术、果树高接换种技术、种草养畜技术）和五项富民措施（测土配方施肥技术应用、无公害栽培技术应用、节水灌溉技术应用、立体循环农业技术应用、果树新品种推广应用）。

园区现有办公室场所及仓库面积2 000 m^2，职工85人，其中高、中级技术职称12名，下设惠安向阳园艺研究所，常年向农民和农村青少年进行科技推广示范、科普讲座、展览与培训、咨询等科普活动。

3. 协作单位科技力量强

园区协作单位有福建农科院农业生态所、果树所、作物所、植保所、农业工程所，其中农业生态研究所是该院A级重点学科"农业生态学"的承担单位和福建省山地草业工程技术研究中心的依托单位。主要从事生态农业、南方草业与红萍研究，2003年进入全国农林科研机构科技竞争力百强。拥有农业生态、草业、土壤化学、果树、畜牧、微生物、机械、电子信息、自动化控制等多学科队伍。1995年以来开展生态果茶园示范推广工作，在建阳、南安、福州分别建立了生态果园示范基地、山地生态恢复示范基地、循环农业综合示范基地以及山地果、茶园水土流失长期定位观测站。

二、制约因素

1. 发展方向和目标定位不能适应新时代的需要

向阳林果综合场经过10多年建设，在规模和外观上虽然取得一些成效，已经形成一般林果场的基本框架，但其经营的内容和效益尚有许多不足之处。由于它是在短缺经济时期以追求面的扩张为主要目的而规划建设的，主要生产初级产品，产业链短，科技含量低，产业结构单一，生物、生态主题不突出，良好的自然生态资源优势没有充分发掘，围绕观光、休闲所需的生产、生活、生态、景观、服务等总体设计协调不够，经营较为粗放，景观较为凌乱、人工造景缺乏，尚不能适应现代人的生活需求。

2. 功能区界定不明确，整体结构不完整

由于缺乏总体规划，现有的龙眼园、余甘园、杨梅园、油茶园、枇杷园等区界交错，布局分散，分区功能不明确，整体布局比较零乱；园内道路系统不完善，供水、供电、通讯不配套，基础设施简陋，科普设施匮乏，园区大门、停车场、商务、旅游、管理服务等设施尚待规划建设；景点、景区、景物尚待充实，增加观光、休闲、科普项目，加强景观建设，调整优化内部结构至关重要。

3. 经营项目单一，经济效益欠佳

目前林果综合场经营项目停留在果树生产上，规模小，产量不高，如何增强自我发展能力，提高经济效益，还有待产业的拓展。

4. 高素质人才缺乏，管理有待加强

建立人力资源管理系统是提升园区竞争力的关键。目前园区虽然有 85 名职工，高级、中级科技人员 12 人，但管理机构不够健全，现代企业管理制度不够完善，一线科技人员短缺。

第三节 总体设计

一、园区的内涵和功能

1. 园区的内涵

向阳农业科技观光园区是以笔架山绿色山川为背景、立体生态多级循环为主题、丘陵山地生态科技研发为支撑、发展生态产业为目标的现代农业经营模式。园区通过丘陵山地生态过程研究与生态环境再造，把生态农业与旅游业密切结合起来，开发绿色食品，发展观光休闲农业，追求富裕、健康、文明，为城乡居民提供安全食品、科学体验、观光休闲、康复保健等服务，体现现代农业生态科技的最新成就，以适应现代人们日益提升的生活需求。就其结构而言，向阳农业生态科技园区是由异质的社会、经济、自然三个系统构成的复合自然生态系统，它既立足于园区企业的经济发展，又面向社会，着眼于自然生态的保护和环境再造，在生态系统承载能力范围内，运用生态经济学原理和系统工程方法去改变生产和消费模式，发掘园区的资源潜力，建设高效的生态产业，以实现经济、社会、生态三大效益的高度统一和可持续发展，提升园区的自我发展能力。

2. 园区的功能

（1）研究创新功能：以"泉州丘陵山地生态过程试验站"为平台，通过有计划、有目的定位观测研究，探索和建立符合农业生态系统养分循环规律和多级循环生产模式，引进国内外优良品种、先进技术和先进工艺，创一流产业，生产一流产品，提高园区自我发展能力，并与海内外著名专家学者合作，在生态学的相关领域开展合作研发，提升园区知名度和影响力。

（2）示范推广功能：根据惠安县、泉州市乃至整个"海西"地区城乡居民的生产生活需求，从无公害农畜产品供给和农业观光、休闲两个方面，组

织进行开发性生产，建设相应的高标准模式，以科学的内容、艺术的外貌以及先进的技术和管理开展示范推广、技术服务和技术咨询，为社会提供优质服务。

（3）科普培训功能：面向中小学校校外劳动素质教育活动，借助园区先进的技术、丰富的自然景观和多样化的实物展示，运用现代光电技术，组织各种益智性、参与性、健身性活动，寓教于乐，向青少年普及沿海丘陵山地为重点的生态学、生物学知识，充分发挥园区科普教育基地的作用。

（4）观光旅游功能：面向广大城乡居民，适应现代人追求自然、返璞归真、健康长寿的追求，以优美的果林、山川、水面、绿地、人工造景为依托，以自然、绿色、健康为主题，以果园观赏、采摘、游乐、休闲、疗养为主要内容和活动重点，融自然性、科学性、娱乐性于一体，为人们提供观光休闲服务，使之成为闽东南地区农业生态观光、休闲的新热点。

（5）生态保护功能：参照笔架山自然生态保护区的总体规划，抓好环园生态保护带建设，在山地维护、水资源开发利用、林带和果园建设以及其他生物多样性保护方面加强管理，正确处理自然植被与人工造景的关系，做到生态自然化、生物系统化、景观生态化，提高园区生态系统的稳定性。

二、建设思路和规划原则

1. 总体建设思路

明确科学定位：充分发挥惠安台侨优势，紧跟大泉州湾城市圈建设步伐，融入"海西"建设大局，突出对台交流合作，创一流生态产业，构建一流生态景观，发展都市型农业，为城乡居民提供多元化服务。

坚持可持续发展为纲：开发与保护结合，科学内容与艺术外貌兼容，突出惠安特色，致力于产业的有序拓展，经济的持续增长，资源的永续利用和地方传统文化的延续与创新，实现经济、社会、生态三大效益的统一。

注重人与自然和谐：强化科技研发与创新，科学处理人与自然的关系、资源开发与自然保护的关系，充分运用生态工程技术，寓生产于保护之中，建立以人的行为为主导，自然资源为依托，经济生产为脉络的自然—经济—社会符合系统，实现人与自然的共生共荣。

推动结构与功能统一：结构是园区构成要素的种类、数量、密度的时空分布和量比关系；功能是园区内生能量的量度及其对外部环境产生的有效作用，是园区自然生态系统物质、能量、信息、代谢的能力体现。结构与功能协调是园区持续发展的根本。要科学设计园区的布局，处理好园区各种生物与非生物的种类、数量、密度及其互相联系的内容和方式，以实现园区物质、能量、信息的高效运转，提升园区整体生产力。

2. 规划原则

全面规划、分步实施：既要面向未来，紧跟时代发展趋势，着眼于闽东南、福建全省乃至海内外发展的需求，全面规划设计，力求与国际接轨；又要立足当前，以经济效益为中心，因地制宜，量力而行，组织实施一些切实可行、投资少、见效快的项目，从小到大，从低到高，从近及远，分步实施，逐步推进。

开发与保护结合：以开发促保护，以保护促开发，建立开发与保护良性互动的协调关系。以山体保护、园林建设、环境美化、水体整治等为重点进行开发性建设，在果树、林带、草地、水生植物等造景的烘托下，加大绿色植被范围，正确处理人工设施和自然景观的关系，尽可能减少人工造景痕迹。

注重个性，突出特色：坚持生态景观与旅游业相结合的发展方向，以农、林、牧、渔、草、沼多层次种养、多级质能循环利用的生态农业，和以果业生态观光、休闲、保健、康复为主题的旅游业的有机结合，是本园区的特色，园内各功能区布局、建设内容、景点设置、建筑风格，都要突出这个主题，形成山水相依，果、林、牧、草配套，青山、绿水、碧草交相辉映的园区景象。

市场导向，社会参与：园区建设必须遵循市场经济规律，在功能分区、产业选择、观光休闲、科技研发创新等项目规模、数量、品位的设置上，充分考虑市场的容量和趋向，既要有高质量、高品位的产品，以满足高层次人群的追求，又要雅俗共赏，关注大多数人的需要。

三、建设目标和分区布局

1. 建设目标

围绕惠安县"十二五"经济社会发展总目标，遵照园区的建设思路和规划原则，在生态学和生态经济学原理指导下，以红壤丘陵山地生态过程研究为支撑，以发展立体生态农业、观光休闲农业与健身娱乐产业为重点，通过引进新品种、新技术、新工艺和新的经营管理经验，实现农业与旅游业的有效结合。至2020年，把向阳农业生态科技园建设成为集科研、生产、教育、观光、休闲、健身、康复于一体，与泉州湾城市圈建设相适应的现代化生态农业科技园区，成为海峡西岸经济区观光休闲农业对台对外交流合作的基地和窗口。

2. 功能分区设计

功能分区是生态园区资源整合与生产力发展的总体部署，核心是优化园区生产力要素的时空分布，以充分发挥园区的开发潜力。向阳农业生态科技园区的地形地貌特征是丘陵台地，中部有通向笔架山的公路，把园区分为东西两大片，周边有2个大中型水库和自然生态林保护区，分区布局必须充分考虑这些因素。

根据土地的产权关系和现有开发基础，园区总体规划控制面积为2 520亩，其中核心区800亩，生态保护区1 720亩。本规划以核心区为重点，根据园区功能和地形条件，在规划期内重点建设一站（丘陵山地农业生态过程试验站），五区（生态园林观光区、设施园艺区、森林养生康复区、科普健身区、立体种养区），一心（园区管理服务中心）。

3. 项目策划与建设阶段

根据全面规划，分步实施的原则，本规划分2011—2015年和2015—2020年两个阶段，分别实施以下主要项目（表9-1）。

表9-1 项目策划一览

功能分区	建设项目	建设期	
		2011—2015	2015—2020
丘陵山地农业生态过程试验站（水土保持科技园）	科技综合楼	√	
	生化实验室	√	
	气象分析室	√	
	基础数字库	√	
	学术交流室	√	
	标准径流区	√	
	牧草品比区	√	
	控制灌溉区	√	
	惠安石雕文化广场	√	

（续表）

功能分区	建设项目	建设期	
		2011—2015	2015—2020
生态园林观光区	垂钓池	✓	
	向阳寨	✓	
	茶艺馆	✓	
	儿童天地	✓	
	杨梅园	✓	
	余甘园	✓	
	石雕生日园	✓	
设施园艺区	阴生植物馆		✓
	旱生植物馆		✓
	种苗繁育圃	✓	
	组培生产线		✓
	台湾名果园	✓	
	自助生态园	✓	
森林养生康复区	老人福利院		✓
	TDS检测康复院		✓
	森林浴场		✓
	森林步道		✓
科普健身区	惠安生态文化展示厅	✓	
	山地生态过程体验室	✓	
	青少年体能检验基地	✓	
	健身房	✓	
	露营地	✓	
	休闲屋	✓	
	游泳池	✓	
立体种养区	果草猪沼种养模式	✓	
	林下养鸡模式	✓	
	草羊配套立体种养模式	✓	
	草鹅配套立体种养模式	✓	
园区管理服务中心	中心服务楼		✓
	办公室	✓	
	财务室	✓	
	商务中心		✓
	科技培训中心		✓
	多功能会议厅		✓
	餐厅	✓	
	客房	✓	

第四节 分区建设方案

一、泉州丘陵山地生态过程试验站建设

1. 设计思路

本区位于园区半岭路右侧中部,用地面积100亩。本区依托福建省农科院农业生态所,针对福建省沿海地区红壤丘陵山地农业发展过程中突出的生态问题,采取监测、研究和综合整治优化模式的构建和示范推广等方法,以土壤学、农业生态学和水土保持学为主要学科方向,以退化山地生态系统恢复与重建过程、典型农业生产系统水文过程与肥力演变规律、畜—沼—草生态系统污染物吸纳转化及其生态影响、丘陵山地复合农业系统生态功能优化模式构建等为主要研究内容,建成丘陵山地生态环境影响要素长期监测和数据积累共享平台,以及应用农业高新技术集成治理优化模式示范平台,为福建省丘陵山地水土治理与草业科学发展提供科学依据,并争取进入国家级试验站。同时结合惠安生态恢复与生态建设的历史实践、历程和成效,普及生态科学知识,弘扬惠安生态文化。

2. 建设内容

(1) 科技综合楼

综合楼是园区生态过程科学研究与生态科学普及的核心建筑,位于本区的中心位置,建筑面积1 000 m^2左右,内设生化试验室、气象分析室、基础数据库、学术交流室等科学研究设施和惠安生态产业文化馆、多功能电教室等生态科学普及设施。前者主要用于定量分析生态系统演变过程中水、肥、土壤、气候及生物物质能量循环的变化规律;后者旨在结合惠安实践,展示惠安环境生态建设历程、成就、经验及其与经济发展的关系。

综合楼既是福建省沿海丘陵山地生态系统演变规律和恢复重建过程研究的基地,又是福建省区域生态环境野外观测研究和对台对外学术交流的平台。综合楼前设置惠安石雕文化广场,周边种植花木草地,形成高雅、清新的自然景观,淡薄人工造景的迹象。

(2) 标准径流区

位于综合楼北边山坡上，包括径流小区和自动气象站。径流小区占地10亩，每个小区宽5 m，长20 m，投影面积100 m²。自动气象站是径流区微环境和径流量的定位观测设施。

(3) 生态型牧草品种比较观测区

位于综合楼南边山谷平地，每个小区畦宽4 m，长5 m，畦间用100 cm高筛网隔离以防止品种混杂。参与品比实验的品种主要有：①豆科热带品种：圆叶决明、闽引羽叶决明、平托花生、柱花草；温带品种：白三叶；②禾本科热带品种：南非马唐、百喜草、杂交狼尾草；温带品种：一年生黑麦草、多年生黑麦草、鸡脚草等；③其他品种：菊苣、串叶松香草、墨西哥玉米、高丹草等。此外，还将根据南方红壤山地特需，新引50~60份优质牧草品种参与区域性筛选和适应性观测试验。

(4) 灌水控制区

占地5亩，每个小区间采用宽50 cm，深50 cm的水泥沟阻隔，并埋设喷灌管道。

(5) 试验示范区

以园区为主建立280亩生态农业优化模式示范区3~4个，开展技术试验示范和推广重点实验项目：退化山地生态系统的恢复与重建过程、典型农业生态过程及对全球气候变化的影响、复合农业系统的水文过程与肥力演变规律、畜沼草生态系统污染物吸纳转化及其生态影响、丘陵地复合农业系统生态功能优化与试验示范。

二、生态园林观光区建设

1. 设计思路

本区位于园区入门左侧，与设施园艺区相邻，占地面积120亩，范围包括杨梅山及其山下的开阔草地和水塘。目前山下有水面约10亩，山上有杨梅、余甘近百亩，根据其地形和植被，本区将以山水融合为主题，以生态园林造景为特色，建成山水相依、天地合一的自然生态园林景观。山下地势平坦，水源充沛，通过拓宽水面，利用其立体地貌形成三个梯级水面，建成以水为主题的水上娱乐区；山上果林繁茂，绿色苍苍，奇岩异石众多，以杨梅、余甘植被和岩石为基础，整修建设生态果园，点缀石雕、石刻亭榭等人工造景，开辟上山步道和区内观光小道，形成曲径通幽、上下呼应、独具一格的生态园林景观。本区设计要引入"融于自然、返璞归真"的理念，营造优美、益智的生态环境，以适应人们回归自然的愿望。

2. 建设内容

（1）水上娱乐区

位于入园处左侧，利用现有水塘和零星草地、台地，依等高地形扩建成三级梯度水池。上部一级水面较小，建成纯欣赏性的荷花池；中部二级水面最大，建垂钓区，池边散落水榭、品茗长廊、垂钓台、渔翁棚等，水面放养各色水禽，水中立体养殖适于垂钓的草食性鱼类；下部三级水面建设儿童戏水区，是儿童天地的组成部分。此处布局自然灵活，岸边植树绿化，营造出优雅秀丽的环境。

（2）向阳寨

在荷花池北岸，背山面水，是一座三层别致的园林式建筑，面向荷花池，内设向阳园艺研究所，是园区生态园艺研究的中心。其任务是围绕园区主导产业和产品，组织优良品种和先进技术引进试验，解决产业化过程中的技术问题，负责园区生产技术指导，接受外来研究课题。

（3）儿童天地

在连接儿童戏水池边开辟一儿童游乐园，布设蘑菇亭、聪灵屋、组合梯、童趣池、转椅、秋千、木绳桥、飞天、植物迷宫等儿童游戏设施。

（4）茶艺馆

位于垂钓区右侧，园林式单层建筑，既可品茶又可供茶艺表演，有条件时还可以茶诗、茶具、茶歌、茶舞等形式宣扬中华"俭、清、和、静"的茶道文化，展示历代茶事、茶学、茶书、茶画、茶食等，让观光者接受中华茶文化的洗礼，促进社会和谐。

（5）杨梅园

位于杨梅山的上部。杨梅为福建省的特色水果，抗病力强，树姿优美，叶色浓绿，果色紫红，既可观叶又可观果，还具有药用价值，其根部与菌根共生，耐瘠薄，利肥土。将现有杨梅园开辟为观光果园，主要是按生态果园的要求，平整园地，修筑观光步道，疏伐整枝，保持适度株行距（5 m × 5 m），形成自然开心圆头形的优美树冠，采用生态果园栽培技术，进行行间牧草种植，生物防治褐斑病、卷叶蛾、蚧壳虫等病虫害，同时注意品种更新复壮，成熟时开放自助采摘或举办杨梅节。

（6）余甘园

本园与杨梅园紧邻，现已成林。余甘是惠安的特产，富含抗癌元素硒（0.24 mg/100 g）和抗衰老氧化物歧化酶 SOD，是联合国卫生组织推荐的保健植物之一。本园对外开放除加强园地整修外，要严格按照省定的四大综合性标准进行规范化栽培管理。结合果园观光开展余甘文化宣传教育，以余甘生态文化知识为主题，利用地形和岩石，按照植物迷宫的理念，构建余甘文化迷宫，让游客在娱乐中接受惠安余甘文化知识的熏陶。加强余甘品种选育和产品的深度加工。

（7）石雕石刻

地处杨梅山顶端，利用山上现有的巨岩异石，发挥惠安石雕的技巧，雕塑 12 生肖，配合建筑情人亭、生日纪念碑、生日纪念林，为游人提供生日纪念留影和活动场所；也可雕刻历代名人名事、字画，反映中华民族宝贵的精神成果。

三、设施园艺区

1. 设计思路

设施园艺是向阳农业生态科技园区现代化、科学化的重要体现，它把现代设施农业与传统园艺科学有机结合起来，以设施化、工厂化、自动化、良种化展示园林科学的最新成就。本区位于管理服务中心左侧，与生态园林观光区紧邻，并列为向阳园区生态园林观光游览的核心区域，游客在浏览生态园林观光区之后进入本区，从水景、山景再到室内不同的生态景观，将深刻感受到自然界生物生态的多样性，进一步认识到现代园艺科学的发展趋向。

2. 建设内容

（1）旱生植物馆

位于本区南端，面向向阳寨，是一座钢架塑制自动化控制的大棚温室，面积 $600 \sim 800 \ m^2$，装配全自动智能化温湿度控制设备。馆内露地与花架交错起伏，种植仙人掌多浆植物，营造沙漠旱生植物生态景观，让游客体验一种独特的生态环境。主要种植常见的仙人掌、仙人球种属：如球星属的瑞凤玉、玲珠兜、球星；仙人柱属的秘鲁仙人柱、冲天柱；顶花球属的象牙球、天司；鸟羽玉属的鸟羽玉、白花鸟羽玉；南国玉属的雪光、黄雪光等。还可借助人工嫁接，培育色彩缤纷的仙人球新品种。在种植和排列布展上，力争高矮搭配，群植散栽相配合，随沙丘起伏，花架高矮，构成自然生态景观。

（2）阴生植物馆

与旱生植物馆并排，构造大小与旱生植物馆相同。馆内种植各种耐阴观赏花木，常见的如天南星科的马蹄莲、火鹤花、红掌、万年青、花叶芋、海芋；凤梨科的红叶小凤梨、五彩凤梨；竹芋科的孔雀竹、双色竹等；秋海棠科的四季海棠、球根海棠、中华秋海棠；唇形科的一串红；旋花科的牵牛花、月光花；兰科的春兰、蕙兰、建兰、寒兰；石蒜科的君子兰、文殊兰、水仙等，许多品种既可观叶，又可观花，深得国人的喜爱。在布局上可架、吊、挂并用，模仿自然生境，形成立体结构，增加观赏趣味。

（3）种苗繁育圃

其功能是引种繁殖优良品种的花木种苗，既为园区绿化、美化提供苗木，又可开发生产商品苗木。苗圃由 2 栋 6 m×20 m 的大棚和 200 m² 遮阳棚构成，配备自动化喷灌系统，建立 200 m² 的植物组织培养生产线，包括器材室 20 m²、洗涤消毒室 20 m²、无菌接种室 20 m²、组培苗培养室 120 m²、工作室 20 m²，用以快速繁育商品种苗，同时供游客参观体验现代化苗木的快速生产流程。

（4）自助生态果园

利用本区上部现有龙眼果园，系统推广生态果园高效组装配套技术，如草生栽培技术、高接换种技术、产期调节技术、生物有机肥施用技术、生物防治技术等，提高果园生产力和果品品质，建设成为供游客参与的自助果园和命名果园。

（5）台湾名果园

在余甘园右侧，面积约 10 亩，集中引进种植适应于闽南栽培，有经济价值的台湾亚热带果树优良品种。可供选择的有：

芒果：海顿、金煌一号、台农一号、台农二号。

番木瓜：台农一号、台农三号、台农五号。

杨桃：二林种、马来西亚种、台农一号。

印度枣：黄冠种、肉龙种、金龙种。

杨梅：红杨梅、白杨梅、外来种、恒春杨梅。

百香果：台农一号、紫色种。

莲雾：粉红色种、麻六甲种。

芭乐：泰国拔、廿世纪芭乐。

荔枝：黑叶、糯米糍。

火龙果、台农蜜雪梨；黑珍珠；蜂蜜柚等。

本园展示宝岛台湾丰富的果树资源和两岸果业合作的最新成就。

四、森林养生康复区

1. 设计思路

森林作为地球上规模宏大的自然景观，具有形态、色调、声音、空气、气味、嗅觉等美学因素，是人类最佳的休闲、养生场所。森林生态景观能够陶冶人的情操，激发人的灵感，丰富人的精神生活。据调查，目前已有30万～40万游客开始从滨海、平原观光休闲转向森林休闲养身。

向阳园区拥有生态林保护区1 700多亩，邻近还有30万 m^3 的水库，其间树木参天、藤蔓交错、奇峰峭拔、峡谷深幽，具有"林茂、谷深、山青、水秀"的独特景观。

从农业生态观光休闲的角度出发，本区旨在依托园区生态林保护区，发挥森林生态环境的休闲养生功能，建设面向中老年人群体的休闲、养生、保健、康复场所。

2. 建设内容

（1）老人福利院

本区位于园区大门右侧、牧草品种园南边，在林间建一座闽南庭院建筑风格的老人保健院，以此为主体，为老年人提供住宿、休闲、养生服务，配备棋牌室、台球室、图书室、医疗室、理疗室等。福利院采用现代会员制管理，为中高收入家庭的老人提供一个环境优美、颐养天年的休闲和养生场所。

（2）TDS检测康复院

TDS健康检测系统是在传统中医药学基础上，通过医药生物技术和现代信息网络技术的结合，建立起来的远程健康检测系统，用以检测人体的亚健康疾病。本院将引进以TDS检测系统为主的亚健康检测技术，对严重危害中老年人体健康的现代疾病进行先期诊断，并提供相应的保健和包括咨询、疗养、游憩、心理治疗等康复服务。

（3）森林浴场

森林环境是理想的保健疗养场所。因为森林植物能够不断释放植物杀菌素，又称"植物精气",具有杀灭多种病菌、降血压、祛痰、镇静等功效;森林林间空气,还有高浓度的负离子,具有杀菌、降尘、清洁空气的作用,对呼吸系统、消化系统和五官科多种疾病有很好的治疗效果。根据"绿视率"理论,林间高氧气浓度,低细菌含量,噪音小,空气清新,能使人的身体和心理得到良好的感受,能使支气管炎、咽喉炎、肺炎、心血管病等患者的病况得到改善,因而森林与养生密切相关。森林浴是指人们在生机盎然的森林中漫步、唱歌、跳舞、对弈、览胜、娱乐、品茗、野营等活动,直接吸纳森林植物释放的"植物精气",借此养护肌肤,清洁脏腑,除病养身。本区可在周边林间设置适于老年人的森林氧吧、亭社、吊床、舞池等设施,拓宽森林浴场的活动空间。

(4) 森林步道

从森林浴场向东顺山坡林下修筑一条石砌林间步道,直至水库边。林间步道设计应利用地形、地貌造景,尽量与原地貌融合为一,构成曲径通幽景象,让游客穿行林间,领略大自然的风光;水库边设置若干观景平台、水榭,开辟人工垂钓区。从山上以森林为背景的森林浴到山下以水景为主体的垂钓、游憩,各具特色,全面体现向阳园区自然生态的山水野趣。

五、科普健身区

1. 设计思路

建设面向广大青少年的科普健身基地是向阳园区的重要使命。向阳林果综合场原本就是福建省农村青年科技创业示范基地、农业部科技示范场、福建省水土保持示范基地、泉州市龙眼生产示范场、全国新农村科普示范基地,为开展科技示范、科学普及打下了良好的基础,积累了丰富的经验。本区建设将在此基础上,根据青少年的特点,把科技普及与健身活动结合起来,以关注科技、体验自然为宗旨,一方面依托园区的精心设计和科学内容开展生态产业知识教育,另一方面引导青少年深入生态保护区的山林野处,去寻觅探险、猎奇求新、锻炼身心、陶冶情操,开阔科普视野,提高科普水平。

2. 建设内容

(1) 惠安生态文化展示厅

惠安生态文化展示厅设在试验站科技综合楼内,建成以惠安特定区域生态过程和产业发展为主题的科普阵地,总结和展示建国以来惠安是如何从一个严重水土流失著称的"地瓜县",通过生态恢复和环境生态建设,为现代产业发展奠定牢固生态基础的历史过程和主要经验,弘扬惠安生态产业文化,宣传可持续发展观。厅内设二厅一室,即惠安生态文化厅、惠安产业发展厅和科普电教室,结合学校教育,运用现代光电技术手段和组织专业教育、专题培训、讲座、论坛、考察等形式,为社会青年和中小学学生提供实践服务,培养青少年热爱自然、维护自然的生态观。

(2) 科普教育基地

以整个园区为载体,以惠安生态产业文化展示厅为重点平台,以丘陵山地生态演化过程为主题,面向广大社会青年和中小学学校学生组织开展各种形式的科技示范和科技普及活动,特别是配合中、小学学校学生校外素质教育的需要,组织学生参与不同农时各种生态产业的劳作实践,把园区建设成为泉州市中、小学学校实践课的课堂。

(3) 体能训练拓展基地

试验站右侧林边建一座以健身房为主体,内外结合的青少年体能训练基地,健身房内有乒乓球、台球、羽毛球、射箭、棋艺等设施;室外有滑竿、滑索、吊桩、滑步机、天梯、转体训练器;在顺着山谷小路直达水库的峡谷林间,设置爬山、爬树、软桥探险、徒手攀岩等项目;利用谷底水流构筑梯级水面,开展深谷探幽、戏水等活动;在水库边开辟露营、野炊、烧烤等场地,适时举办青少年体能训练、挑战自然极限训练等活动。

(4) 游泳池

利用径流区下方山洼处水池,整理拓宽,因地制宜,建设一个 1.6~1.8 m 深的自然式游泳池,充实青少年体能训练项目,举办游泳比赛。

(5) 休闲小屋

在牧草品种园东边山坡树林中,自下而上沿等高线建设十几座单体结构的休闲小屋,每座面积 30 m^2 左右,每幢配备空调、热水器、卫生间、电视、电话等,用于接待双休日家庭度假或小型会议。外观为坡屋面、绿瓦白墙,统一着装,有序地散落于林间,在布局上要充分利用地形、树影和建筑物之间的交错,以小路、绿地为联系纽带,形成错落有序的公共空间来点缀园区的景观。

六、立体种养区

1. 设计思路

立体种养是在单位面积土地上,通过种植业、养殖业和立体工程技术的结合，建立多物种共栖、多层次配置、多级质能循环利用的立体生产模式，旨在节约用地、增加产量，并借助生物间物质的消纳转化，控制环境污染。设置立体种养区既是园区发展多样化产品生产的需要，也是丘陵山地生态过程研究的试验示范区，本区建设要遵循循环经济资源再生与有效维护的基本原理，最大限度地增加生物产量，提高经济效益，减少环境污染。基于景观和环境方面考虑，本区拟从原先处于园区中心地带搬迁至园区北部坡下，顺坡而下构建相应的设施。

2. 建设内容

（1）果草猪沼种养模式

结合生态果园建设，在龙眼园里建立果、草、猪、沼立体生产模式，利用果园空地种植优质牧草，以草料养猪，以猪粪、牧草为原料生产沼气，利用沼气发电，沼气液肥果，形成以牧业为龙头，以果园套种牧草为基础，以沼气生产为纽带的循环农业生产体系。

果园中牧草品种选择和搭配，应遵照营养平衡与周年供草原则套种；在果园园面以种植圆叶决明、平托花生、白三叶等豆科牧草为主，搭配适量黑麦草、南非马唐等非豆科牧草；果园梯埂种植南非马唐为主，梯壁种植百喜草、圆叶决明护坡。猪场建设规模大小依园区供给废弃物处理后有机肥产出量多寡而定，形成良性循环；猪场选址宜在具有较大高低差的坡地，以利猪粪冲洗后进入沼气池；配合猪场大小建设相应容量的"斜流隧道式"沼气池，采用推流式厌氧发酵和斜流式厌氧滤床二级发酵工艺。

（2）林下养鸡模式

选在适宜果园、林间或山地灌木丛边，白天将鸡放养其中，晚上圈养于窝棚。棚舍宽 4~5 m，长 8~10 m，中间高 1.7~1.8 m，铺设垫草。选用耐粗料，抗疫力强的土鸡或土杂鸡，如桃源鸡、仙居鸡、肖山鸡、本地黑鸡、三黄鸡、河田鸡等，虽然生长慢，但品质好，放养于果园林间。通常以 40 日龄经过 7~10 天过渡期饲养的雏鸡为宜。放养期一般分两个阶段，中鸡阶段 40~90 日龄，大鸡阶段 90~150 日龄，期间适当增加蛋白质饲料补给。

（3）草羊配套立体种养模式

山羊是传统的草食性动物，惠安戴云山羊（又名黑山羊）属中小型肉用山羊，成年公羊平均体重 32.2 kg，母羊 29.1 kg，8 月龄可屠宰，屠宰率 50%

左右，肉质鲜美，是惠安一大特色。规划依照草牧结合的原则，引入试养。

科学建栏：坐北朝南，栏高1~1.5 m，每舍面积15~20 m²，每平方米放养羔羊3~4只，成年羊1只。

种羊选育：通过种羊隔离放牧和人工授精等措施，确保纯种，忌杂交换代。

科学放养：定区定时放牧，定时收牧，轮放轮牧，防止随意放养。

牧场建设：选用豆科牧草圆叶决明、平托花生、白三叶搭配少量非豆科牧草如黑麦草、南非马唐、鸡脚草、百喜草等，建设定位专业放羊操场。

适时补料：繁殖期适补精料。

(4) 草鹅配套立体种养模式

鹅是草食水禽，对青草、粗纤维的消化率可达45%~50%，有"青草换肥鹅"之称。鹅肉、鹅蛋营养价值高，鹅肉中的蛋白质含量为17%~22%，和鸡蛋相似；鹅蛋中的蛋白质高于鸡蛋和鸭蛋。鹅可以加工成风味多样的产品；鹅血、鹅胆、鹅掌、鹅皮等均可入药。鹅的羽绒量大、弹性强、保温性能好，可制作衣制品、体育文化产品和工艺装饰品等。

鹅的生活力强，适应性广，耐寒性、抗病力比鸡、鸭强，饲养管理较粗放。在果园地里放牧鹅群，既能清除杂草、虫害，增加土壤肥力，又可解决饲料短缺问题，达到果牧结合的目的。养鹅业是投资少、见效快、收益大的产业，以放牧、食草为主，除育雏期间需要一些简单保温设备外，稍大即可露宿和舍饲。

场地选择：选择地势较高而干燥，有电源、无噪音、无养殖过家禽类的新场地。放牧地要有流动的无污染水源。

品种选择：福建养鹅历史悠久，经过长期饲养和不断的选育，拥有优良的地方品种如闽北白鹅、长乐灰鹅、诏安灰鹅、狮头鹅等。

充足的牧草供应：黑麦草、杂交狼尾草、紫花苜蓿、饲料型苦荬菜、大雀稗、白三叶、菊苣等。选择上要长短结合，以短期见效为主，富含蛋白质、柔嫩多汁叶菜类和禾草科结合，以叶菜类为主的原则种植应以籽粒苋、苦荬菜、菊苣为主，搭配其他牧草如黑麦草、杂交狼尾草等。

科学饲养：Ⅰ 精养雏鹅：一般雏鹅饲养密度为20~25羽/m²，每群50羽，少食多餐，喂食专用雏鹅饲料和青料，适当调整温度、湿度和光照；Ⅱ 粗养中鹅：30日龄后鹅放牧要早出晚归，高温天气要增加放水次数和延长放水时间；Ⅲ速养成鹅：鹅的主翼羽长出后，可开始催肥速养成鹅，催肥期都宜圈养，饲料以富含碳水化合物且易于消化的玉米、稻谷、麦子、糠麸等为主，适当搭配蛋白质饲料和粗饲料；Ⅳ防疫灭病：防疫关乎规模养鹅的成败，1~3日龄的雏鹅要及时用小鹅瘟高免抗体血清注射，养到30日龄左右时，肌注霍乱菌苗；饲料用具每隔3~5天消毒一次，鹅舍每隔7~10天用2%烧碱水消毒一次。

七、管理服务中心建设

管理服务中心是园区行政管理、商务活动和社会服务的中枢，内设现代化办公、财务、商务、通讯、培训等部门和会议、接待、客房、餐厅等服务设施。近期以现有的二层办公楼为基础进行装修、调整，随着园区发展的需要，在原地扩建园区中心服务楼，扩大和改善服务条件，拓宽业务范围。

第五节 基础设施建设

一、大门

向阳农业生态科技园占地面积较大，景色优美，直上笔架山风景区的半岭路将园区分为东西两个部分。园区位于半山腰，大部分游客从南边紫山镇沿着山路进入园区范围，少量游客来自其北部半岭村村民，根据园区总体规划及分区状况，将主大门建于南边园区边界的半山公路上，以惠安特色的石雕配以生态园林景致为主体，突出自然情调，生态主题。为便于封闭管理，进入大门后至现在的管理中心前的东西两个路边设两个次门，分别进入东西两个核心区，东边以科研、科普、休闲为重点，西部以观光、旅游为主。在园区范围内的半山路两侧，种植带刺绿篱，将公路与园区分割。

二、停车场

园区根据分区功能和游客性质分别设置若干个停车场：一是园区大门停车场，位于主大门外东边林下，面积约300 m^2，社会公共游客大中型车辆停车处；二是根据各功能区的需要分别在园区管理服务中心、老人福利院、TDS

检测康复院和科技综合楼等处设置小型停车场，为专业工作人员、科研工作者、休闲康复人群提供车辆停放服务。

三、道路系统

向阳农业生态科技园区道路分为三级。

主干道：利用半山公路进行修整，适当拓宽，南北走向，南起园区大门，北至立体种养区东侧，全程约 1 km。水泥路面，道路两侧种植绿篱隔离。

园区干道：自东侧门进入经养生康复区、科技试验站、科普健身区、立体种养区、设施园艺区、生态园林观光区，由西侧门出，环园区中心地带一圈，并与主干道相连，用于园区内电瓶车游览和生产干道，通往各个园区，水泥路面，宽 3~3.5 m，两边因地制宜进行景观性绿化。

功能区连接道：园区各功能区内部的产业路、观光路和休闲步道。观光路、休闲步道力求与景区自然环境相协调，根据地势不同采用石板间草或木栈道，或沙土路，路边绿化、美化。

四、给排水建设及水系整治

1. 给水系统建设

园区所在区域为水源涵养地，目前园区用水主要取自山间径流，从大雾山引水 3 km 到园区，水质可符合《生活饮用水卫生标准》（GB5749-2006）标准，引水量平均 30 m³/天，在丰雨期最大可提供 300 m³/天，水量可满足园区现今用水。未来园区建成运行后，生活所需水源由市政水网供应，在市政水网未达之前，也可利用山泉，但必须经过常规净化处理（如絮凝、沉淀、过滤、消毒等），使其水质达 GB5749 规定。

生活用水设计平均日置容人数为 1 000 人，给水定额 Q_{max} = 250 L/人，测算平均日用水量为 250 m³。生产用水主要用于果园、苗圃、绿化、养殖等，主要来自山区地表径流和地下水，水源得以保障。园区设置蓄水池，以保证伏旱期生产用水。为节省用水，园区内已铺设部分管道，采用微灌、滴灌等节水灌溉技术。

2. 排水系统建设

向阳农业科技园区位于环境敏感区，属惠安县饮用水源保护区、自然保护区、风景名胜区、生态功能保护区、水土流失保护区等，所以园区内应实现雨污分流，以保护自然生态环境。园区实行绿色生产，生产区排水系统设计根据《灌溉与排水工程设计规范》（GB50288-99）要求，将排水沟与道路系统结合，形成梯形水沟断面，通往雨水管道排放；在市政污水管网未达之前，应建设污水处理设施，使水质达到排放标准后排放，也可直接作为农业生产灌溉用水。

3. 水塘整治

向阳农业科技园区规划后将有4个水塘，其中3个为生态园林观光区的儿童戏水池、荷花池和垂钓池，一个为科普健身区的游泳池。前3个将利用现有水塘进行整治，重点是净化水质，科普健身区的游泳池应按泳池的标准要求进行改造。

4. 溪涧拓宽整治

位于科普健身区青少年体能检验基地的山间有一自西而东向下的溪涧，可根据地形地貌对溪涧进行整治，以利于在丰水期形成不同落差的梯形水面，形成一条贯穿山路而行的水景世界，与山坡的树木辉映，流水淙淙，泉溪秀色集于一隅，游客可漫步其间，享受大自然山水一色的大好风光。

五、网络通讯设施

向阳农业科技园区内现有电话、有线电视，规划建成运营后，应增加数字电视、宽带网络等以满足顾客的需求。

六、绿化建设

向阳农业科技园区现有植被状态具有丰富的生物多样性，绿化建设的原则之一为开发与保护相结合，因地制宜，乔、灌、草、花合理配置，以绿色为主调，更多注重自然景观性，减少人工造景，力求改造最少化，朴素自然化。整体绿化以现有植物植被为主，根据分区设置需要加大绿化范围和增加绿化品种，形成高低错落有致的自然式景观，做到无裸露地面。主停车场利用现有树木遮阳，避免大面积裸露；环园主干道的开阔路段种植适量的行道树，配植黄心榕、马缨丹等开花灌木、绿篱，斜坡处做好护坡绿化处理；池岸适于种植垂柳，配置开花灌木；草坪绿化选用大叶油草、天鹅绒草等。

七、其他配套设施建设

向阳农业科技园区经营宗旨为"绿色、健康和可持续发展"，在实现园区自身的社会、经济、生态效益时,也应使游客得到绿色健康游。园区内除设置分类垃圾桶、卫生间、广播提示、造景桌椅外,还应注重在园区内各个路口及分区入口进行指示牌安放。在管理服务中心和停车场可设置导游栏,重点介绍园区的景点分布、推荐游览路线、科技示范点、特色项目及产品等,便于顾客快速了解园区并制定游览计划。

第六节 形象塑造和文化建设

一、形象塑造

形象塑造是向阳农业科技园区实力和管理水平的外在表现,成功的形象塑造有助于增加游客的信任感和亲和力,提高园区的社会知名度、美誉度和市场竞争力,是扩大影响和吸引游客关键性的一步。向阳农业生态科技园形象塑造要遵循总体规划原则,围绕"生态、休闲、科普、示范"的主题,突出区域特色,塑造"绿色、健康和可持续发展"的形象。

1. 总体形象塑造

根据园区的功能、环境质量、游人活动等要求,利用园区优越的地理位置、独特的地形和景观,设计出既能充分展示园区科技和生态相结合的特点,又能彰显园区科技内涵和文化内涵的形象标志或图案,使企业名称与标志内涵高度统一和谐,并使之得到游客的认可。总体标志或图案设置在园区制高点山头及入园处,造成以势夺人的景观效果和宣传效应。

完善园区统一标识系统,通过大型导游图与宣传册的配合使用,为游客提供景观名录和主要道路系统、建筑、设施的识别。提供园区公益、警示和指引标识,强化游客对园区整体形象的认知。

强化园区不同主题区块形象,营造具有场所气质的特色景观。农业生态科技园应当在强调农业与城市生活的对话中,构筑出"城市—郊区—田野"的空间休闲系统。充分利用原有的绿化树种、园艺作物作为植物材料进行园林景观营造,并以人本为主的原则出发,根据不同地块、不同区域主题,进行景观小品设计,延续区块的主题内涵,突出区块特色。

2. 局部形象塑造

各功能区或景点也要有不同的形象造型,以突出各自的特色和功能。各功能区标志必须扣紧主题标志，使不同的形象塑造既是一个标志，又是一个景点，既增添区块景观的生动性，使园区富有景致的变化，又有统一的艺术风格。

局部形象既要能够反映出各自的特色和优势，又要能够很好地烘托总体形象，使局部与总体形象相互辉映。局部形象的塑造要根据各功能区的内涵和不同对象（游客）的心理特质和要求，设计出具有鲜明特色的标志或图案。园区入口、各功能区或景点及交叉路口等都是塑造局部形象的关键所在。

园区入园处：入园处是整个园区的门面和灵魂，第一印象至关重要。入园的形象塑造除了标志性造型或图案外，还要考虑周边环境和背景环境，入口的造型、用材、大小、平面或空间立体都要给人以自然、朴实，以至浑然天成之感，让游客一进入园区就有"宾至如归"的亲切感，贴近生态园区的"田园性""乡村性"的景观主题。

各功能区及景点：各功能区及景点的形象塑造，是构成总体形象不可或缺的组成部分，其造型要生动多彩，并突出各功能区内涵。为了满足人们休闲、观赏目的，起到丰富园区、提示、标识、增加景观多样性目的，在功能区和景点设计中可大量使用景观小品设置。景观小品的设置必须符合相应园区主题，如在立体种养区设置露地园艺、瓜果长廊等观赏性景观；森林养生康复区设置休憩观景亭、遮阳廊架等功能性景观；在用材上既可用植物塑成各种造型，避免各功能区及景点形象塑造千篇一律、缺乏生气的弊端，丰富各个园区景观的层次和内涵，为游人提供休闲、娱乐的观赏节点。

交叉路口：各交叉路口要因地制宜地设立既规范又各具特色的交通指示牌或导游标识图，为游客指明方向和路线，达到既造景又起到游览指示的实际功用。

此外，园区局部空间布局的合理、相邻景区之间的自然过渡，都是在局部形象塑造及整体形象提升上不可或缺的内容。园区景观类型大致可分为静态景观、动态景观和文化景观。如何将温室、桥梁、建筑这些静态景观与旅客活动场景、科研生产、科研活动等动态景观结合，并注入历史人文、区域特色的文化意向，以提升园区的景观魅力和文化内涵，是至关重要的。

二、文化建设

向阳农业生态科技园企业文化包括园区的内涵和目标、价值观念、经营准则、企业精神、道德规范、规章制度以及它的外在表现——园区的形象等诸多方面。21世纪，经济全球化、知识经济和可持续的三大趋势已十分明显。在这一背景下，企业文化在很大程度上已不同于传统时代的企业文化模式。现代企业文化是传统文化与现代文化、政治文化与经济文化、世界文化与民族文化的融合点，具有鲜明的民族、地区和时代特征。企业文化建设对企业的发展至关重要，因为竞争的关键是特色，特色的核心是品牌，品牌的保障是文化。未来向阳文化建设应着重建设以下6个方面：

效率文化：效率文化要求园区建立精干、高效的组织机构和严格的劳动制度，使职工自觉树立起时间就是金钱、效率就是生命的价值观念。在新经济中的现代企业，已没有决策大小的问题，只有速度快慢的问题；在未来的市场竞争中，不再是大吃小，而是快吃慢。因此，培育一种重视速度的园区文化是当务之急。

创新文化：在信息化背景下，创新已成为社会的一个主题。创新文化是企业生存意识、危机意识、发展意识的集中体现。建立园区创新文化要从观念创新、技术创新、产品创新、组织结构创新和决策方式创新等方面下大力气。

融合文化：经济全球化使企业间的竞争内涵发生了根本性的变化，从原始的"你死我活"的竞争转变成合作型的"双赢"竞争。这种竞争中的合作要求园区不断融合多元文化。融合文化的特点是以园区自身文化为基础，充分吸收其他企业尤其是国外企业文化的精髓，从而促进园区文化品质的提升。园区有了包容性的文化，就能够突破有限的市场空间，实现优势互补和资源重组，更广泛地完成双赢或多赢的经营运作。

品牌文化：品牌文化的本质是通过自身的一流工作、一流服务，向顾客提供一流的产品，取得一流的营销效果。建立品牌文化要求园区树立品牌意识，提高技术水平，建立一支与名牌产品相适应的高素质的职工队伍和科学、规范、严格的现代管理制度。

人本文化：当今企业文化理论和本质特征是倡导以人为中心的人本管理哲学，反对"见物不见人"的经营思想，主张将培育进步的企业文化和发挥人的主体作用作为企业管理的主导环节。以人为本的企业文化就是要以科学的态度，承认人性、正视人性，使企业文化充分体现企业对人的尊重、信任和期望。正确对待人的个性，努力实现人的价值，积极开发人的潜能，尽量满足人的需要。

道德文化：道德文化建设要着重以下4个方面：一是在经营理念上，把"消费者满意"作为向阳的经营宗旨，在实现良好社会效益的前提下，追求企业的经济效益；二是在经营手段上，对顾客至真至诚，以称心如意的产品赢得客户的信任；三是在竞争方式上，摒弃相互排斥的落后竞争方式，追求联合、合作来求得发展与壮大；四是在管理模式上，由家族式管理向现代企业制度管理，由传统的强制性管理向职工自主性管理过渡，充分发挥每一个人的聪明才智，创造一个彼此尊重、互动互进、企业欣欣向荣的新局面。

第七节 营销策略和产品开发

一、营销策略

通过研究生态科技园的科研产品开发和旅游市场，选择目标市场，并对相关产品的定价、促销和宣传等活动的决策进行分析、规划、执行和控制，使产品具有独特性、合理性、多样性等竞争优势，以获取新的顾客资源，维护原有的顾客资源，进而让园区的产品更好地开拓市场空间，为企业创造更多的利润，打响向阳品牌的知名度。

宣传促销是营销管理的重要环节，一般的促销活动有广告宣传、人员推销、会展促销、公共关系促销等。

1. 宣传营销途径

宣传是打开知名度，树立企业形象，从而吸引游客的必要过程和手段。作为"农业生态科技园"，其观赏性、游览性、娱乐性、参与性等都比以往更富特色和魅力。而这些必须通过各种形式进行大力宣传，把自身的特色和优势"广而告之"，才能在旅游业竞争日益激烈的形势下，开创一片广阔天地和灿烂明天。

多种宣传形式和手段。现代科技的发展为宣传提供了多种传媒形式和手段。广播、电视、报纸、网络等都已成为企业传播信息、获取信息的重要途径。这些形式快捷、便利且有效，应充分利用现代技术所提供的手段，大力宣传向阳农业生态科技园及其企业文化，先声夺人，争取游客。

网络营销。设立自己的网站，提高主流搜索引擎关键词排行，注重网站的良好维护与及时互动，使之成为园区与市场沟通的渠道，设立动态及论坛栏目，反映本园的最新信息，包括产品信息、顾客意见及促销信息等，及时进行图像、文字和影像等多媒体的宣传，提高向阳生态科技园区的品牌形象。

通过学校、政府机关、旅行社等拓展宣传途径。通过与学校、政府单位和科研院所的链接，建立"青少年体能检验基地"、"中小学生素质教育基地"、"丘陵山地生态过程试验站"、"科学普及示范基地"等，结合对青少年的教育、政府工作会议的召开，扩展生态科技园的客源市场。与旅行社进行深度合作，采取旅行社代销的方式，制定相关的生态旅游路线，打造绿色旅游、城市周边游等模式，拓宽向阳农业生态科技园的市场。

扩大宣传区域范围。本着立足惠安，面向全省乃至全国的精神，在加大宣传力度的同时，积极扩大宣传区域范围。通过地区性乃至全国性的展会，进行宣传和推广。

2. 宣传营销策略

营销策略的制定需突出重点，直指目标市场，突出特色产品。农业生态科技园，主要是通过沿海地区丘陵山地生态建设、特色农产品和绿色生态理念寻找主要宣传的切入点。除了常规的宣传模式外，园区可组织各种社会活动，参与社会公益事业，举办特色文化节、采摘季，吸引不同客源；邀请名流政要进行观光考察或学术活动，以扩大生态科技园的知名度和影响力。

产品策略。生态科技园的农特产品应采取品牌策略，主打产品绿色认证、环保功效、卫生安全及营养健康价值，突出与市场普通产品的差异化。在生态科技园区的农业品种、休闲娱乐、游憩项目上，采取菜单式设计，并制定多个优惠促销套餐，游客可选取相应的项目，满足多元化的需求。

价格策略。生态园区的收费项目可采用定价策略吸引游客，如淡季优惠、团体折让、节事促销、常客奖励（会员价）、住宿客人优惠。

活动营销。利用我国现有的节日、节事活动进行相应的活动包装。如采摘季活动、中秋亲子游乐活动等，并在活动期间通过文艺表演、特殊仪式等，吸引受众和媒体，提高知名度。

宣传品制作。根据不同目标客户的需要，逐步建立完善印刷宣传品体系，包括宣传折页、导游图、宣传册、产品目录、宣传招贴画等，除了常规发放外,可与周边城市的商户、媒体、楼盘进行合作,定点投放目标客户。

销售促销。实行联票优惠、住宿客人优惠、淡季优惠、团队优惠、专业人士优惠、会员优惠、返券促销等销售促销手段。上门促销:对重点旅行社、重要团体客户、重要专业团体组织人员开展上门促销,并保持信函沟通。

二、旅游产品开发

根据向阳农业生态科技园区的特色和市场经营定位,园区旅游产品开发应在立足园区形象塑造的基础上,突显园区三重属性:一是农业的属性,包括维护生态平衡、改造自然环境、农业技术推广及展示、提供农副产品等;二是科技属性,包括科技普及、示范推广、技术传播等;三是旅游娱乐属性,包括观赏娱乐、文化旅游、夏令营、科普保健等。

旅游产品开发旨在促进旅游业发展,增加企业经济效益,提高园区品位和档次。原则上以自产产品为主,反映园区特色;发挥本地优势,开发特色旅游产品,满足游客猎奇心理;坚持多样化原则,以适应不同层次旅游者的喜好心理。商品开发要注重科技含量和文化内涵,集纪念性、知识性、趣味性、艺术性、观赏性、实用性于一体,不但能给游客留下良好的印象,还可创造经济效益,起到宣传和示范作用。

1. 观光旅游

利用园区得天独厚的资源,开发果园、花圃、垂钓池、茶艺馆、植物馆、森林浴、各项娱乐设施等旅游项目,可以组织游客进行观景、度假、水上娱乐、森林考察、避暑疗养等活动。组织余甘节、杨梅节等系列活动,吸引更大的游客市场。

2. 科技旅游

发扬园区的高科技支撑优势,建设高技术示范园区,发展科技旅游。结合试验站、科技示范基地、品种圃、育苗区、品种引进、循环农业技术等项目,吸引游客前来游览观赏、选购、学习和学生进行教育、实习。

3. 保健康复系列

保健、康复是现代旅游业发展的新趋势。向阳农业生态科技园区空气清新、满目苍翠,能够满足现代人回归自然的心理需求。园区内规划的保健康复设施将为老年人和亚健康人群提供高水平的保健康复服务。

4. 科普体验系列

以中小学生和青少年为主要对象，组织开发参与式的山地生态体验活动、农业旅游活动、校外素质教育活动、寓教于乐的科学实习活动、夏令营以及体能锻炼活动等，并对社会大众展示惠安生态恢复和环境保护历史，惠安特色产业文化等，令游人在观光娱乐之余对惠安的环境保护有一定的了解和认知。

5. 休闲度假、会展系列

充分利用休闲屋、管理服务中心等设施，发展适合大众需要的双休日、节假日休闲旅游和高档次的度假旅游。利用园区的科技优势，通过与与学校、政府单位和科研院所的链接，打响园区在社会各界尤其是在农业推广相关行业的知名度，发掘会议或博览会市场，成为惠安县、泉州市乃至福建省或全国性的科技交流基地，为会议或博览会提供服务。

6. 旅游商品开发

除以上旅游产品外，园区企业还应该开发代表自己品牌的各种系列旅游商品，满足游客的旅游休闲、购物和留念需要；并打响园区企业的知名度，开发更大的市场，为企业增加更多的收益。大致可以分为几下几种：

绿色无公害产品：包括自己生产和具有当地特色的绿色产品，如各种水果、半岭鹅掌木冬蜜、土产畜禽、无污染鱼等绿色和有机农产品。还可利用园区在外的加工厂生产延伸产品，如余甘干、余甘汁、杨梅干、鱼干、果蔬加工品等，便于游客携带、保存或赠送亲朋好友。

农业技术产品：增加科技研发力量，创新发展品种资源圃、种苗繁育圃，推广农业新品种、种苗和先进技术，成为当地农业的技术推广示范和培训基地。

农业工艺品：应用高新技术引进的台湾名果和花卉盆景、根雕、竹椅、藤器、果、叶、花朵加工的标本等。

地方文化工艺品：反映惠安乃至闽南地区的各种古玩、历史文物及其复制品、民间工艺传统产品和具有纪念意义的馈赠品等，如石雕、影雕、瓷雕小件、惠安女服饰等。

餐饮、购物等观光服务供应：充分体现农家乐风味，利用园区自产的特色产品，加入具有地方特色的烹食美味，令游客在感受自然气息时可以享受美味；除在果园、植物馆、种苗繁育圃处进行产品销售外，还可在管理服务中心成立特色商品店，满足游客的购物需要。

第八节　投资概算和资金筹措

根据规划内容，初步概算园区建设达到预期目标总投资 3 300 万元。其中首期（2011—2015 年）建设以丘陵山地生态过程试验站，生态园林观光区，设施园艺区的种苗繁育圃、自助生态果园，科普健身区，立体种养区及相应的基础设施建设改造为主，预期投资 1 970 万元。二期（2016—2020 年）建设重点是森林养生康复区、园区中心服务大楼和设施园艺区主体建筑，预计投资 1 330 万元。详见表 9－2。

表 9－2　项目投资概算

项目名称	主要建设内容	预计投资额（万元）		
		合计	2011—2015	2016—2020
生态过程试验站（水土保持科技园）	科技综合楼 1 000 m²		600	
	实验室		50	
	标准径流区		20	
	牧草品比区		20	
	控制灌溉区		20	
	石雕文化广场		10	
		720	720	
生态园林观光区	垂钓池		20	
	向阳寨		30	
	茶艺馆		30	
	儿童天地		40	
	杨梅园		10	
	余甘园			
	石雕生日园		10	
		140	140	
设施园艺区	阴生植物馆			50
	旱生植物馆			50
	种苗繁育圃		20	
	组培生产线			60
	台湾名果园		20	
	自助生态园		20	
		220	60	160

(续表)

项目名称	主要建设内容	预计投资额（万元）		
		合计	2011—2015	2016—2020
森林养生康复区	老人福利院 600 m²			100
	TDS 检测康复院 600 m²			400
	森林浴场			30
	森林步道			50
		580		580
科普健身区	惠安生态文化展示厅		250	
	山地生态过程体验		150	
	青少年体能检验基地		60	
	健身房		30	
	休闲屋		50	
	游泳池		50	
		590	590	
立体种养区	果草猪沼种养模式		200	
	林下养鸡场		30	
	草羊立体配套种养模式		30	
	草鹅立体配套种养模式		30	
		290	290	
管理服务中心	中心服务楼 600m²			500
	办公设施配套		50	
	科技培训中心配套			50
	客房、餐厅配套		40	
		640	90	550
基础设施		120	80	40
合计		3 300	1 970	1 330

项目总投资 3 300 万元（不含流动资金），其中丘陵山地生态过程试验站为与福建省农科院农业生态研究所合作项目，试验观测项目费用由农科院提供外，其它所需资金拟采用多元集资方式筹集，包括企业自筹、引资、合资、建设股份制公司模式。

附图1: 乡村生态农业观光园规划图

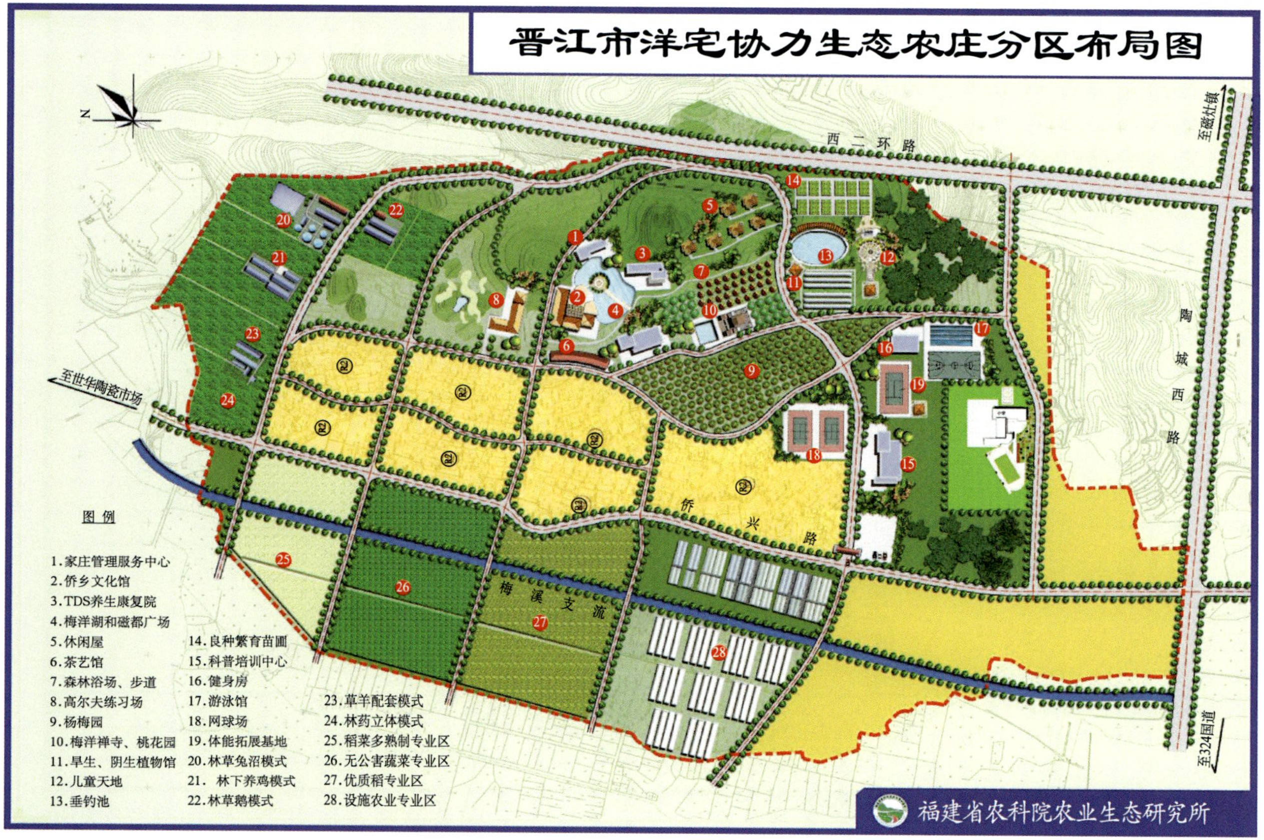

晋江市洋宅协力生态农庄分区布局图
西二环路
至磁灶镇
陶城西路
至324国道
侨兴路
梅溪支流
至世华陶瓷市场
N
图例
1.家庄管理服务中心
2.侨乡文化馆
3.TDS养生康复院
4.梅洋湖和磁都广场
5.休闲屋
6.茶艺馆
7.森林浴场、步道
8.高尔夫练习场
9.杨梅园
10.梅洋禅寺、桃花园
11.旱生、阴生植物馆
12.儿童天地
13.垂钓池
14.良种繁育苗圃
15.科普培训中心
16.健身房
17.游泳馆
18.网球场
19.体能拓展基地
20.林草兔沼模式
21. 林下养鸡模式
22.林草鹅模式
23.草羊配套模式
24.林药立体模式
25.稻菜多熟制专业区
26.无公害蔬菜专业区
27.优质稻专业区
28.设施农业专业区
福建省农科院农业生态研究所

附图2：茶业生态农业观光园规划图

福州满堂香茶文化村规划示意图

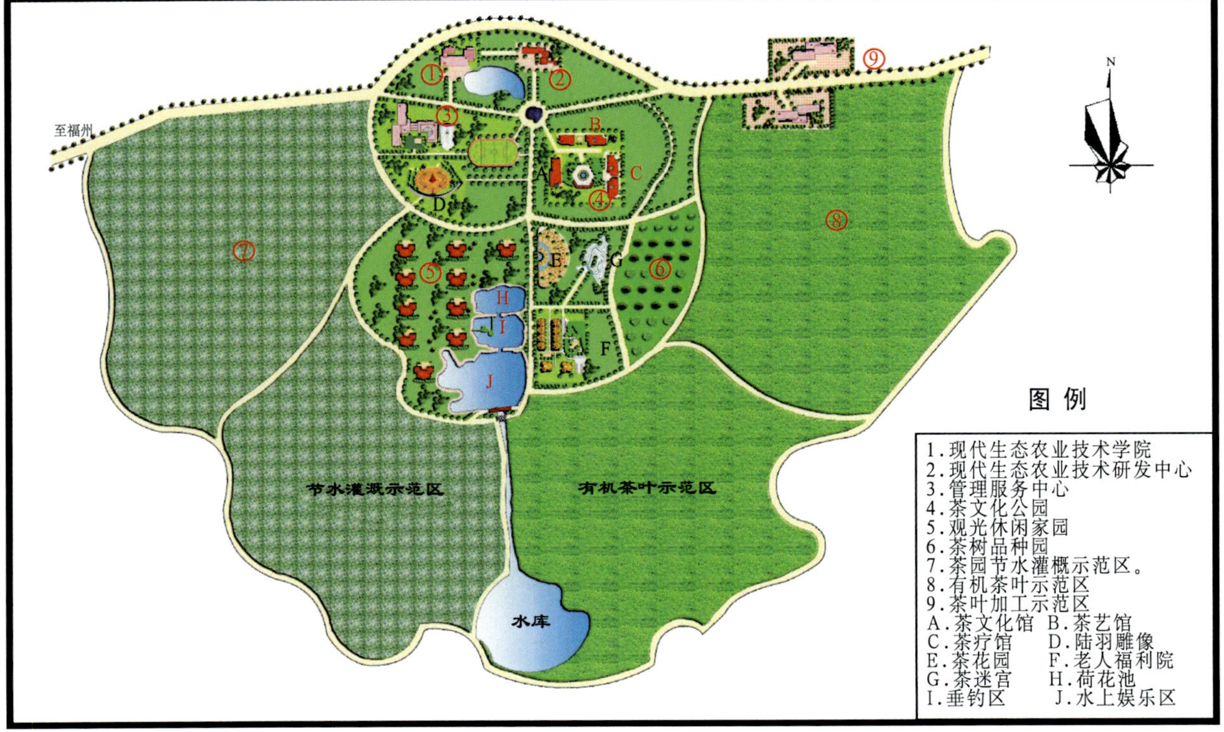

至福州
①
②
③
④
⑤
⑥
⑦
⑧
⑨
A
B
C
D
E
F
G
H
I
J
N
节水灌溉示范区
有机茶叶示范区
水库
图例
1.现代生态农业技术学院
2.现代生态农业技术研发中心
3.管理服务中心
4.茶文化公园
5.观光休闲家园
6.茶树品种园
7.茶园节水灌概示范区。
8.有机茶叶示范区
9.茶叶加工示范区
A.茶文化馆 B.茶艺馆
C.茶疗馆 D.陆羽雕像
E.茶花园 F.老人福利院
G.茶迷宫 H.荷花池
I.垂钓区 J.水上娱乐区

附图3：农业生态科技园规划图

惠安向阳农业生态科技园区效果图

附图4: 休闲生态农业观光园规划图（上）与建设情况（下）

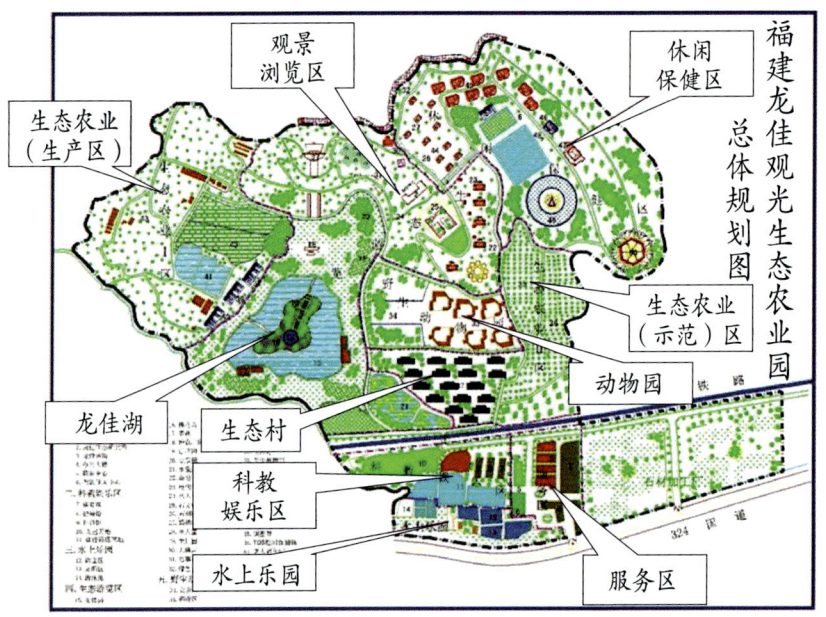